Räte in München

Cip-Titelaufnahme der deutschen Bibliothek
Gerstenberg, Günther: Räte in München
Auflage 1. Tsd; Bodenburg; Verlag Edition AV
ISBN: 978-3-86841-225-3

1. Auflage 2019
© Copyright der deutschen Ausgabe
by Verlag Edition AV, Bodenburg
Alle Rechte vorbehalten

Umschlag, Satz und Buchgestaltung: Günther Gerstenberg
Druck: Leibi / Neu-Ulm
Printed in Germany
ISBN 978-3-86841-225-3

Günther Gerstenberg

RÄTE IN MÜNCHEN

Anmerkungen zum Umsturz und zu den Räterepubliken 1918/19

Verlag Edition AV

EINLEITUNG

Die vorliegende Schrift wirft einige Schlaglichter auf die Zeit, als Baiern eine „rote" Republik war.[1] Kurt Eisner (USPD), unter dessen Führung in der Nacht vom 7. auf den 8. November 1918 der Umsturz gelingt, bildet als provisorischer Ministerpräsident ein Kabinett, in dem seine schärfsten Widersacher, die Mehrheitssozialdemokraten Erhard Auer (Inneres), Johannes Timm (Justiz) und Albert Roßhaupter (militärische Angelegenheiten), Minister werden.[2] Bei den übrigen Ministern hat er nur selten Rückhalt.

In Eisners Staatsarchitektur existieren Räte „als Schule der Demokratie" neben einem Parlament, das sich nach allgemeinen und freien Wahlen zusammensetzt. Über den Rätekongress meint er: *„Es sollte ein Parlament werden, in dem das ganze Volk mitarbeitet, wenn auch außerhalb des Saales ... und in dem nicht wieder die leere Mühle des bürgerlichen Parlamentarismus klappert."*[3]

Er will die Wahlen zum Parlament am liebsten erst dann ansetzen, wenn die Räte die „Demokratisierung des öffentlichen Geistes" erreicht haben. Im *Provisorischen Nationalrat* meint er am 17. Dezember 1918: *„Soll der Stimmzettel dieser unaufgeklärten Massen maßgebend sein für das Schicksal eines ganzen Volkes? ... Demokratie heißt nicht die Anerkennung des Unverstandes der Massen ... Demokratie ist eine ideale Forderung, aber das Zufallsergebnis eines Wahlrechts braucht man deshalb nicht wie ein Dogma hinzunehmen."*[4]

Nach dem Mord an Eisner am 21. Februar 1919 herrscht der *Zentralrat* der bairischen Arbeiter-, Bauern- und Soldatenräte bis zum 7. April, ohne dass eine Räterepublik proklamiert wird. Seit dem 17. März reorganisiert sich der Landtag und wählt den Mehrheitssozialdemokraten Johannes Hoffmann zum neuen Ministerpräsidenten.

Es etabliert sich eine Doppelherrschaft: Räte in München und die vom Landtag gewählte Regierung Hoffmann in Nordbaiern. Jetzt stehen sich zwei Konzepte grundsätzlich gegenüber: Die Räteorgane sind Ausdruck der permanenten Selbstorganisation der Arbeiterinnen und Arbeiter von unten und bilden einen Gegenentwurf zur Delegierung gesellschaftlicher Verantwortung, im Landtag bestimmen die notgedrungen hierarchisch aufgebauten Parteien die Regierung.

Nachdem wesentliche Teile der MSPD-Mitglieder das Rätesystem favorisieren, proklamieren mehrheitssozialdemokratische Parteiführer, Unabhängige Sozialdemokraten und einige Anarchisten am 7. April die erste Räterepublik in München. Die

---

1 Erst König Ludwig I. geruhte, dem Namen seines Königreichs ein nobles „y" zu verleihen. Der Verfasser dieser Zeilen dekretiert die Rückkehr zum „i", welches ihm angenehmer erscheint.

2 Während des Ersten Weltkrieges spaltete sich die Unabhängige Sozialdemokratie (USPD) von der Mehrheitssozialdemokratie (SPD bzw. MSPD), die die Reichsleitung in der Fortführung des Krieges bis zum bitteren Ende unterstützte, ab.

3 Freya Eisner, Kurt Eisner: Die Politik des libertären Sozialismus, Frankfurt am Mai 1979, 135.

4 A.a.O., 155.

MSPD-Führer handeln gegen ihre Überzeugung, wollen aber den Anschluss an ihr vorauseilendes Fußvolk halten. Kommunisten verweigern die Mitarbeit an der Räterepublik.

Am Palmsonntag, 13. April, erfolgt ein Putsch. Konterrevolutionäre verhaften führende Räterepublikaner und verschleppen sie nach Nordbaiern, der Handstreich kann aber niedergeschlagen werden. An der Ausrufung der zweiten Räterepublik sind Mitglieder der Mehrheitssozialdemokratie, Unabhängige Sozialdemokraten und Kommunisten beteiligt.

In den ersten Tagen des Mai erobern Freikorps und Regierungstruppen die Stadt; die „rote" Republik ertrinkt in einem Blutbad.

Julius Kreis, Der umgestürzte Huber, München 1935, 15.

Die Sieger der Geschichte prägen das Bild der Münchner Rätetage: Selbstverständlich sind Revolutionärinnen und Revolutionäre immer gewalttätig. Der arme Münchner Bürger und ein bairischer Hartschier ächzen unter der Last des militanten Pöbels. Rechts unten sehen wir einen Strizzi aus einer Münchner Vorstadt. Er trägt einen steifen Hut, Gocks genannt, und in der Hand ein Gewehr. Hinter ihm schwingt ein durchgedrehter Soldat eine Stielhandgranate. In der Mitte brüllen ein bebrillter Schwabinger Schlawiner, links unten ein raunzender Bierdimpfl mit Hacklstecken und links am Rand eine Revolutionsfurie. Erst den Vertretern der APO und der Studentenbewegung gelingt es seit Anfang der 70er Jahre, diese verzerrte Überlieferung Schritt für Schritt ein wenig zu korrigieren.

Allerdings zeichnet Legenden ein zähes Beharrungsvermögen aus. Noch 1999 kann der Münchner Zeitgenosse mit wohligem Schaudern lesen: *„Am 21.2.1919 wird der unabhängige Sozialdemokrat und bayer. Ministerpräsident Kurt Eisner von dem Grafen Arco ermordet, Spartakus reißt die Regierungsgewalt an sich, die Regierung des bayer. Staates flieht nach Bamberg. In München herrscht Bürgerkrieg."*[5] Das einzige, was hier stimmt, ist der Mord an Eisner.

Das Museum der Stadt Grafing bei München zeigt seit dem 26. Oktober 2018 eine Ausstellung mit dem Titel *„Das Alte stürzt, es ändern sich die Zeiten – Die Revolution von 1918/19 in ihren Auswirkungen auf den Grafinger Raum"*.

---

5   Michael Farin (Hg.), Polizeireport München 1799 – 1999, Katalog zur gleichnamigen Ausstellung im Münchner Stadtmuseum 23. April – 22. August 1999, 138.

Im Einleitungstext zur Präsentation heißt es: *„Auf die Bevölkerung des Grafinger Raumes blieben die dramatischen Geschehnisse der Revolutions- und Rätezeit, wie sie sich insbesondere in der nahen bayerischen Landeshauptstadt manifestierten, nicht ohne negative Auswirkungen. Und so nimmt es nicht Wunder, dass Ende April 1919 zahlreiche Männer aus Grafing und Umgebung einem Aufruf der SPD-Regierung Hoffmann folgten und sich als Freikorps-Mitglieder an der Niederschlagung der kommunistischen Rätediktatur in München sowie in Bad Aibling, Kolbermoor und Rosenheim beteiligten.“*[6]

Immer noch droht der Popanz der „kommunistischen Rätediktatur". Und es sind immer noch die Freikorps, die das arme Baiern vor der roten Flut retten. Tatsächlich plündern und morden die Freikorps. Sie werden zu Keimzellen der rechtsnationalistischen und protofaschistischen Gruppen, die stramm in ein Tausendjähriges Reich marschieren. Dass eine SPD-Regierung die Freikorps rief, ändert daran nichts.

Die meisten Autorinnen und Autoren, die sich heute mit der Geburtsstunde der Weimarer Republik beschäftigen, sehen es als selbstverständlich an, dass es vor 100 Jahren zwingend notwendig war, die Rätebewegung, die den Militarismus beseitigen, Kapital vergesellschaften und den Staatsapparat durchgreifend demokratisieren wollte, brutal niederzuschlagen. Andernfalls hätte eine Partei mit autoritärem Monopolanspruch die Räte dominiert und eine Diktatur errichtet, wie sie in den so genannten kommunistischen Staaten des 20. Jahrhunderts bestand.

Ob dies so geschehen wäre, kann bezweifelt werden. In der an der Jahreswende 1918/19 von ehemaligen Sozialdemokraten gegründeten KPD stritten sich heterogene Auffassungen über den Weg der Revolution. Die „Diktatur des Proletariats" sollte nicht die Diktatur einer Partei über das Proletariat sein. Sie sollte vielmehr dazu dienen, endlich die Forderungen der großen Mehrheit in der Bevölkerung, die nichts anderes auf dem Markt zu verkaufen hat als ihre Ware Arbeitskraft, nach einem besseren Leben umzusetzen.

Das Klischee, dass ein kleines Häufchen von Berufsrevolutionären bei den „Spartakistenaufständen" die Fäden zog, trifft nicht zu. Es handelte sich vielmehr um eine breite Massenbewegung, die das Ziel einte, die überholten Herrschaftsverhältnisse zu beseitigen und die Teilhabe aller am gesellschaftlichen Reichtum zu ermöglichen.

Gerade weil die Revolution ein Bastard blieb, war die Republik von Anfang an in Gefahr, von ihren Gegnern zerstört zu werden. Die einen hatten ihre Privilegien verloren oder befürchteten sie zu verlieren, die anderen wandten sich entsetzt ab, als sie erleben mussten, wie die neuen Herren der Republik Tausende dürftig bewaffnete Rätesympathisanten mit schweren Waffen niedermetzeln ließ.

Die neuen Herren der Republik hätten Alternativen gehabt. So wurden sie die Geister, die sie riefen, nicht mehr los und läuteten den Anfang des Endes ein.

Bis in unsere Tage behaupten führende Vertreter der Sozialdemokratie, Kurt Eisner und seine Mitstreiter ständen als positive Bezugspunkte in der Tradition der SPD. Eisner und seine Mitstreiter können sich gegen diese Vereinnahmung nicht mehr wehren. Zugleich schweigen führende Sozialdemokraten noch heute verschämt über das Bündnis mit dem nationalistischen Militär, das ihre Parteiführung 1918/19 einging, um alle Alternativen zur Errichtung einer bürgerlichen Republik exzessiv auszumerzen. Und sie

---

6   *http://www.museum-grafing.de/sonderausstellungen/Revolution.html*

schweigen darüber, dass sie diesen Vernichtungsfeldzug, der auch ihre eigenen Anhänger traf, nur mit Hilfe von Verdrehungen, Unterstellungen, Lügen und Hetze zum blutigen Ende bringen konnten. Ihre Propaganda, die ihren Konkurrenten von links das Menschsein absprach, nahmen alle die bereitwillig auf, die den Marsch in das III. Reich vorbereiten halfen.

2018 fand sich beim Archiv der Münchner Arbeiterbewegung eine Arbeitsgruppe, die für das Münchner Gewerkschaftshaus eine Ausstellung mit dem Titel „Revolution in München. Alltag und Erinnerung" konzipierte. Der Verfasser der vorliegenden Schrift wurde zur Mitarbeit eingeladen. Die Ausstellung, die seit dem 5. November 2018 zu sehen war, beanspruchte, die Zeit zwischen dem 7. November 1918 und 1. Mai 1919 nicht in der Form zu erzählen, die die politischen Prozesse beschreibt, sondern den Blick auf die Alltagskultur der Zeitgenossen zwischen Existenzsicherung und Unterhaltungsbedürfnis zu richten, die bis jetzt kaum untersucht worden ist.

Politische Akteure und ihre Anhänger waren eine aktive Minderheit, die allerdings in diesen Zeiten des Umbruchs weite Kreise der Bevölkerung politisieren konnte und in einer Massenbewegung aktiv wurde. Freilich sind traditionelle Überzeugungen und Haltungen zählebig; es kann vermutet werden, dass diese sich bei vielen Räteanhängern nach dem kurzen Zwischenspiel wieder restaurierten.

Trotz Aufbruchsstimmung und erregenden Ereignissen hatte für die meisten Arbeiterinnen und Arbeiter die Erledigung des Alltagslebens Priorität. Neben der täglichen Mühsal blieb den meisten nur wenig an freier Zeit für politisches Engagement, für Bildung und Vergnügen.

Die folgenden Aufsätze versuchen, einige Facetten der Revolutions- und Rätezeit zu beleuchten. Sie maßen sich nicht an, den Ablauf der Ereignisse in vollem Umfang zu verstehen. Wo die Quellenlage oder das Instrumentarium der Analyse dürftig sind, bleibt oft nur die vage Vermutung, „dass es so gewesen sein könnte". Allfällige Wiederholungen in den Aufsätze bittet der Autor zu entschuldigen.

Den stets freundlichen und hilfsbereiten Mitarbeiterinnen und Mitarbeitern der folgenden Sammlungen und Archive sei herzlich gedankt: Archiv der Münchner Arbeiterbewegung, Archiv der sozialen Demokratie in der Friedrich-Ebert-Stiftung, Bonn, Archiv des Bezirks Oberbayern, Bayerische Staatsbibliothek, Bayerisches Hauptstaatsarchiv, Bundesarchiv Berlin, Haidhausen-Museum, Landesarchiv Speyer, Münchner Stadtbibliothek / Monacensia, Münchner Stadtmuseum, Staatsarchiv München. Frau Gabriele Duschl-Eckertsperger hat zwei Gemälde Ihres Vaters für Abbildungen zur Verfügung gestellt. Auch dafür großen Dank!

Wertvolle Hinweise gaben Wolfgang Blaschka, Petra Dietrich, Dr. Wolfgang Habermeyer, Wolfram Kastner, Fritz Letsch, Richy Meyer, Werner Schmidt-Koska, Karin Sommer und Michael Wittmann. Dank gebührt auch den MitstreiterInnen der Initiative *Plenum R – Revolution und Rätedemokratie*. Mit Filmen, Vorträgen von Historikerinnen und Historikern, Kunstausstellungen und gemeinsamen Wissenswerkstätten warf und wirft sie neue Schlaglichter auf die Zeit der bairischen Revolution und der ihr folgenden

Räterepubliken. Näheres dazu findet sich unter https://plenum-r.org und http://raete-muenchen. de.

Der Autor dieser Schrift brachte in einigen Vorträgen in München sein Bild von den Ereignissen zu Gehör. Der häufigste Einwand, den er bei der anschließenden Diskussion vernahm, war der, er lasse an der SPD kein gutes Haar. Wie könne er der Partei, die gegenwärtig so um ihre Existenz kämpfe, auch noch einen Fußtritt geben!?

Offensichtlich ist es ihm nicht gelungen, zwischen moralisierender Anklage und politischer Betrachtung zu unterscheiden. Erstere sieht im Widerspruch zwischen guter Theorie und schlechter Praxis subjektives Versagen, das sie mit dem Vorwurf des Verrats verurteilt, letztere versucht die Gründe für den Widerspruch zu erkennen in der Hoffnung, dass sich daraus Schlussfolgerungen ziehen lassen.[7]

Friedrich Engels forderte schon 1851 *„die Untersuchung der Ursachen, die unweigerlich sowohl zu der letzten Erhebung wie zu ihrem Misslingen führten; Ursachen, die nicht in den zufälligen Bestrebungen, Talenten, Fehlern, Irrtümern oder Verrätereien einiger Führer zu suchen sind, sondern in dem allgemeinen gesellschaftlichen Zustand und in den Lebensbedingungen einer jeden, von Erschütterungen betroffenen Nation.“*[8]

Der Autor dieser Schrift zeigte vom 12. November bis 1. Dezember 2018 in einer städtischen Institution im Münchner Norden unter dem Titel „Anschläge" eine Ausstellung historischer Plakate aus der Zeit der Regierung Eisner und der Räterepubliken in Faksimiles.

Die Plakate hingen in den Schaufenstern des Erdgeschosses und waren sowohl von innen wie von außen sichtbar. Sie provozierten auch Hundert Jahre nach ihrem Erscheinen so sehr, dass eine der Fensterscheiben eingeschlagen und eine zweite zerkratzt wurde. Der Autor hofft, dass die vorliegende Schrift ähnlich brüskiert. Er bedankt sich im voraus für Ergänzungen, Korrekturen, Einsprüche und Demonstrationen.

---

7   Räterepublikaner des Jahres 1919, die regelmäßig der Führung der Mehrheitssozialdemokratie „Verrat" vorwerfen, hätten sich bei der Lektüre ihrer Klassiker eines Besseren belehren lassen können. Friedrich Engels schreibt in seiner Betrachtung des Beginns und Endes der Paulskirchenrevolution: *„Dass die plötzlichen Bewegungen des Februar und März 1848 nicht das Werk Einzelner waren, sondern der spontane, unwiderstehliche Ausdruck nationaler Bedürfnisse, die mehr oder weniger klar verstanden, aber sehr deutlich empfunden werden von einer ganzen Anzahl von Klassen in allen Ländern – das ist eine allgemein anerkannte Tatsache; wenn man aber nach den Ursachen der Erfolge der Konterrevolution forscht, so erhält man von allen Seiten die bequeme Antwort, Herr X oder Bürger Y habe das Volk »verraten«. Diese Antwort mag zutreffen oder auch nicht, je nach den Umständen, aber unter keinen Umständen erklärt sie auch nur das Geringste, ja sie macht nicht einmal verständlich, wie es kam, dass das »Volk« sich derart verraten ließ. Und wie jämmerlich sind die Aussichten einer politischen Partei, deren ganzes politisches Inventar in der Kenntnis der einen Tatsache besteht, dass dem Bürger Soundso nicht zu trauen ist."* Friedrich Engels, Revolution und Konterrevolution in Deutschland. In: Karl Marx/Friedrich Engels, Werke Band 8, Berlin (DDR), 1960, 6.

8   A.a.O.

RAUS AUF DIE STRASSE !

Von der symbolischen Geste zur Tat

> *München im Zweifel. »Wissen S', i kann's net begreifen,*
> *Herr Huber; vier Wochen lang soll'n wir die Räterepublik*
> *gehabt haben … i' glaub' alleweil, dass sie uns gehabt hat!«*[9]

Eine Kundgebung, an deren Ende alle brav nach Hause gehen, das kann's doch nicht sein! Solange wir bei symbolischen Gesten stehen bleiben, akzeptieren wir unsere Ohnmacht. Eine Demonstration ist nur der Anfang, das ist der Beginn der Tat." In der Runde blickt Betty Landauer am 31. Januar 1918 auch auf ihre Schwester, die gerade gemeint hat, sie habe Angst. Betty sagt leise: „Ich habe auch Angst. Wer keine Angst hat, hat keine Gefühle. Aber meine Angst, dass das Morden an den Fronten weitergeht, ist noch größer. Auf der Straße werden wir unsere Angst verlieren, wenn wir spüren, wie viele wir sind." Bevor die Aktivistinnen und Aktivisten der Streikbewegung in München ihre Wirkung voll entfalten konnten, wurden sie verhaftet.[10]

Kirche und politische Eliten dominieren seit alters den öffentlichen Raum. Ihre Manifestationen in Prozessionen, Kundgebungen und Umzügen begleitet und sichert die Hohe Obrigkeit. Je größer das Selbstbewusstsein der aufkommenden Arbeiterklasse im 19. Jahrhundert wird, desto massiver verlangt sie, der Selbstdarstellung der Bourgeoisie mit eigenen Massenauftritten zu antworten. Anlässe sind u.a. Lohnkämpfe und Streiks, Wahlkämpfe, Forderungen nach Wahlrechtsreformen und der Erste Mai.

Die Herrschenden und ihre Behörden aber sorgen vor: „*4. Mai 1894. Betreff Sozialdemokratische Maifeier. Aus Anlass der am nächsten Sonntag, den 6. diesen Monats, bei ungünstiger Witterung am nächsten schönen Sonntag, in Holzapfelkreuth stattfindenden sozialdemokratischen Maifeier, ersuche ich für diesen Tag von abends 7 Uhr ab ein geeignetes Parterrelokal im Schulhause an der Blumenstraße 61 zur Unterbringung einer Gendarmerie-Assistenz bereit zu stellen und hierüber gefälligst Mittheilung zukommen zu lassen.*"[11]

Stationäre Kundgebungen unter freiem Himmel und „wandernde" Versammlungen bedeuten: Man zeigt sich selbstbewusst in der Öffentlichkeit. Sie dienen der Meinungsäußerung, richten Forderungen an die Herrschenden, drohen auch, suchen Sympathisanten, die sich der Bewegung anschließen, vermitteln nach innen die Haltung, die alle

---

9   *Der* [mehrheitssozialdemokratische] *Wahre Jacob* 857 vom 23. Mai 1919, 9702.
10 Zum Januarstreik siehe: Günther Gerstenberg, Der kurze Traum vom Frieden. Ein Beitrag zur Vorgeschichte des Umsturzes in München 1918 mit einem Exkurs über die Gießener Jahre von Sarah Sonja Rabinowitz von Cornelia Naumann, Lich/Hessen 2018.
11 Polizeidirektion 469, Sta.

einen soll, schärfen das kollektive Bewusstsein und geben Anleitungen zum praktischen Handeln im politischen Raum. Eine Straßendemonstration gilt als die elementare Fortbewegungsform für gesellschaftlich engagierte Gruppen mit einem Anliegen.[12]

Schon im Kaiserreich sorgt der Gewöhnungseffekt einer sich kontinuierlich ritualisierten Kundgebung wie bei der Ersten-Mai-Kundgebung dafür, dass sie ihre Wirkung verliert. Solange Demonstrationen in Form und Inhalt sich aktuell auf Gegenwärtiges beziehen, sind sie potentiell überraschend und unkontrollierbar, üben sie sich aber lediglich in Variationen zu einem Thema, verliert ihre Kritik den herrschaftsgefährdenden Charakter; sie wird herrschaftsstabilisierend.

Das Regelwerk gesetzlicher Vorschriften definiert Erlaubtes und offeriert strafbewehrtes Einschreiten der Staatsgewalt beim Übertreten der Anordnungen. Schließlich garantieren die Behörden ja universellen Verkehr. Allerdings sind die Grenzen fließend. Die Behörden versuchen, Zu- und Unfälle so gut es geht auszuschließen. Dabei werden sie laufend behindert. Vorschriften werden von den Demonstranten ignoriert oder missachtet, Vorschriften werden von den Behörden verschärft oder aufgeweicht, je nach dem sich die Machtverhältnisse verschieben.

In der Arbeiterbewegung finden sich zwei Positionen: Die einen beharren auf einem streng legalistischen Kurs, indem sie argumentieren, mit Provokationen gebe man der Obrigkeit nur einen Anlass, einzuschreiten, oder schlimmer noch: rüste man die Exekutive auf und verfeinere und erweitere die Strafprozessordnung. Die anderen befürworten Grenzüberschreitungen, da man damit durch eigene Machtvollkommenheit den Freiheitsrahmen ausdehnen könne. Nicht zuletzt sei eine militante Demonstration Einübung in die kommenden Auseinandersetzungen bei der Revolution.

So analysieren beide Seiten, die Obrigkeit und die Bewegung von unten, ihre Maßnahmen, tarieren aus, was möglich ist, erwägen Vor- und Nachteile ihrer Strategien und Taktiken und beobachten den Wandel in den Rahmenbedingungen ihres Vorgehens. Die Straße ist Labor bis zu dem Zeitpunkt, an dem eine Seite der anderen mit körperlichem Zugriff die Grenzen zieht. Die Obrigkeit weiß seit der Französischen Revolution um die Gefahr, die von der Straße ausgeht.[13]

Im Ersten Weltkrieg sind Kundgebungen der Arbeiterbewegung untersagt. Je mehr die Herrschenden die Kontrolle über die Bevölkerung verlieren, desto öfter kommt es zu Protestmanifestationen. Am 31. Januar 1918 ziehen 6.000 Arbeiterinnen und Arbeiter in einem geschlossenen Zug von den Fabriken des Münchner Nordens in die Innenstadt, ohne dass sie von der Ordnungsmacht daran gehindert werden. In der folgenden Nacht und während der folgenden Tage können die Behörden die Streikführerinnen und -führer verhaften.

---

12 Saalveranstaltungen konnten auch „Demonstration" genannt werden. Daher: „Straßendemonstration"

13 Die Anlage von neuen Straßen und Plätzen und der Bau von Polizeipräsidien und -Stationen erfolgt auch unter prophylaktischen Gesichtspunkten. Das 1911 bis 1913 errichtete Polizeibezirksgebäude in der Kazmairstraße 19 sieht vom südlichen Ende der Parkstraße in die Schwanthaler Höh'. Von hier aus kann in kürzester Zeit berittene Polizei im ganzen Viertel eingesetzt werden.

Noch haben sie die aufwallende Beunruhigung und das verbreitete Murren im Griff. Im Sommer und Herbst des letzten Kriegsjahres aber häufen sich die Demonstrationen; Politik, Polizei und Justiz agieren zunehmend hilflos.

Die Kundgebung vom 7. November auf der Theresienwiese besiegelt das Ende der Wittelsbacher Herrschaft in Baiern. Die meisten Demonstranten marschieren programmgemäß und zunächst „ohne bösen Vorsatz" hinter der Spitze, die die Führer der Mehrheitssozialdemokratie um Erhard Auer bilden, zum Friedensengel. „*Irgendwo in der Landwehrstraße steckengeblieben, hörte ich aus der Ferne Trompetenstöße und dumpf im Marschtakt Trommeln und Tschinellen einer Musikkapelle. Knäuel aufgewühlter Menschen schwirrten dem Zug voraus.*"[14] Vorneweg schreitet eine Blaskapelle; sie steht gemeinhin für friedliche Absichten.

Aber da ist ein Gefühl in den Massen, dass etwas in der Luft liegt, dass da mehr möglich ist als das, was die sozialdemokratischen Redner auf der Wiesn versprachen. Zwischen zwei Polen bewegt sich jede Demonstration. Sie stabilisiert und sichert den gesellschaftlichen Status quo ab und sie bereitet den Umsturz vor. In ihrem Kern trägt sie beides. Der Umschlag von einem Pol zum anderen hängt davon ab, wie sehr die Demonstrierenden vom Willen beseelt sind, nicht mehr mitmachen zu wollen, und wie sehr das Potential der herrschenden Gewalten geschrumpft ist. Im Januar 1918 waren diese noch aktionsfähig und konnten den Umschlag verhindern.

„*Dann näherten sich*" bei der Demonstration der Mehrheitssozialdemokratie am Abend des 7. November „*halbwegs geordnete Gruppen von überwiegend schlecht gekleideten Arbeitern, Fabrikbelegschaften, die an Stangen Tafeln und Spruchbänder emporhielten: »Frieden und Achtstundentag« – »Nieder mit dem Kapitalismus«. Herausfordernd schwangen sie ihre roten Fahnen. Bald sah ich auch Trupps von feldgrauen Soldaten. Sie hatten von ihren schildlosen Mützen schon die schwarz-weiß-rote Kokarde abgerissen, duldeten darauf nur noch die bayerische weiß-blaue ...*

Hier ein Infanterist, das Gewehr mit dem Lauf nach unten geschultert, der rief: »Nieder mit den Massenmördern«, dort ein anderer: »Es lebe das werktätige Volk«. Eine Frau mit dem schwefelgelben Gesicht und den schwefelgelben Haaren der Munitionsarbeiterin schwenkte ein Pappschild »Brot und Frieden«. Jedem Aufschrei antwortete ein drohender, ja schon siegesgewisser Chor mit einem dreimaligen zornigen »Hoch« oder »Nieder«. Immer mehr umsprühten den Zug die Funken der Begeisterung, der Empörung, des Hasses wie die Funken verbrennenden Metalls den weißglühenden Eisenbarren. Die alte Ordnung fing Feuer ...

Soldaten sprangen aus den Reihen, sie hatten auf dem Bürgersteig einen Offizier entdeckt, rissen ihm die Achselstücke herunter und schlugen auf ihn ein, als er sich wehrte. Jetzt klirrten Scheiben eines Autos. Demonstranten zerrten die Insassen heraus, rollten das Dach des Kabrioletts zurück, einer schwang sich mit einer roten Fahne auf den Kühler und der Fahrer gab mit den neuen Herren Gas.

Die Menschenmassen überschwemmten den Karlsplatz, den Lenbachplatz, ein nicht abreißender, die Straßen erstickender Strom wie schwarze Lava. Gerüchte liefen um: Man habe das Militärgefängnis gestürmt, in einer Kaserne habe die Besatzung den Weg zu Kleiderkammern und

---

14 Wilhelm Lukas Kristl, Als man auf der Wies'n den König stürzte … In: *Süddeutsche Zeitung* 256 vom 7. November 1978, 11.

Magazinen freigegeben, die Garnison weigere sich zu schießen. Irgendeiner glaubte zu wissen: preußische Truppen seien im Anmarsch."[15]

Die Gerüchte bewahrheiten sich: Die Anhänger Eisners stürmten, wie schon bald allgemein bekannt wurde, in einem ungeordneten Haufen zielsicher zu den Kasernen, um die Soldaten zu revolutionieren. Aber auch andere wie Erich Mühsam wurden tätig:

"Die Massen zogen sang- und klanglos durch die Stadt. Ich hatte kein Bedürfnis, Herrn Auer bei der Friedenssäule sprechen zu hören, und ging daher, um zu sehen, ob nicht die Soldaten etwas Tatkräftiges unternehmen. Vor der Türkenkaserne gewahrte ich, dass einzelne Soldaten ihre Gewehre entzwei schlugen, auch erfuhr ich, dass mit Reizgas geschossen worden sei. Plötzlich befand ich mich auf einem Lastauto und sprach zu den Massen. Ich war der erste, der nachmittags 5 Uhr die Absetzung der Monarchie verkündete. Ich kleidete das in die Worte: In diesem Augenblick »proklamieren wir Bayern zur Republik«, geleitet von seinen Arbeiter- und Soldatenräten. Alle waren mit Befriedigung erfüllt, dass man keinen König mehr anzuhochen brauchte und dass der Krieg zu Ende geht. Ich unternahm sodann die Führung auf dem Auto und fuhr zu verschiedenen Kasernen. Bei der des 2. Infanterie-Regiments wurden wir beschossen. Am Abend erfuhr ich, dass Eisner seinerseits anderwärts etwas unternommen habe. Es war das keine Organisation, sondern alles ging ganz spontan."[16]

„Ruhe und Ordnung" sind dahin. Unter die revoltierenden Massen mischen sich Studenten, die sich zur Aufrechterhaltung der Ordnung zur Verfügung stellen wollen. Anarchist Mühsam herrscht sie an: *„Unordnung ist die erste Pflicht der Revolutionäre!"*[17]

Über der erregten Masse flattern schwarze und rote Fahnen. Schwarz als Nichtfarbe schluckt das Licht und bleibt Negation aller positiven Signale, die mit Farben und Formen um Aufmerksamkeit werben. Schwarz bedeutet, wir sind allein auf uns gestellt, nichts außer uns kann uns Hoffnung geben. Schwarz ist kompromiss- und illusionslos. Die, die schwarze Fahnen tragen, sagen von sich: „Wir sind alle Tote auf Urlaub." Gegner der Revolution empfinden Schwarz als höchst bedrohlich.

Rot ist die Farbe des Blutes, des Feuers, der Aggression und des Kampfes, der Liebe, bedeutet Leben und Hoffnung, ist eine Signalfarbe. Gegner der Revolution sprechen, wenn sie rote Fahnen sehen, abfällig von „Kaminkehrerfetzen".[18] Rot ist für sie nicht bedrohlich, sondern lächerlich. Während auf der Straße Geschichte gemacht wird, sitzen die Bierdimpfl an ihren Stammtischen beim Kartenspielen. Wanns nua griabig is![19]

---

15 A.a.O.

16 Erster Verhandlungstag im „Hochverratsprozess gegen Mühsam und Genossen" am 7. Juli 1919, *Münchner Neueste Nachrichten* 263, Morgenausgabe vom 8. Juli 1919, 4. – Mühsam spricht vor dem Standgericht in Anwesenheit vieler ehemaliger Genossen. Das Gericht bestätigt ihm, dass er in seinen Aussagen die Wahrheit gesprochen hat.

17 Von einem Augenzeugen zitiert in: *Neue Zeitung* 248 vom 7./8. November 1926, 6.

18 Wenn in diesen Jahrzehnten ein Kaminkehrer den Rauchfang eines Hauses reinigt, hängt er an die Eingangstüre des Hauses eine rote Fahne, die darauf aufmerksam macht, dass das Haus nicht brennt, sondern dass der Kaminkehrer die erhebliche Rauchentwicklung verursacht. Die rote Fahne soll den Feuerwehralarm verhindern.

19 Hauptsache, es ist gemütlich.

Eduard Thöny: Thronstützen – *Simplicissimus* 37 vom 10. Dezember 1918, 461.

Der provisorische Ministerpräsident Kurt Eisner hat in sein Kabinett die Mehrheitssozi-aldemokraten Erhard Auer, Johannes Timm und Albert Roßhaupter geholt. Viele An-hänger Eisners sind irritiert. Hatte er nicht am 23. Oktober in einer großen Wahlver-sammlung im *Schwabinger Bräu* über „Regierungssozialisten oder Sozialistenregierung" geredet?! Er forderte damals „Rettung, Reinigung und Abrechnung". Schärfer konnte man die Kriegsbegeisterung und die Annexionsgier der Mehrheitssozialdemokraten nicht verurteilen.

Er meinte, Deutschland müsse nicht nur Elsaß-Lothringen den Franzosen und Posen und die anderen polnischen Gebiete den Polen zurückgeben, Danzig müsste polnischer Hafen werden. An alledem habe die Mehrheitssozialdemokratie Mitschuld. Jedem Zu-hörer war klar, es gibt kein Zusammengehen von MSPD und USPD.

Die neue Zeit bringt Reformen, auch die Meinungs- und Versammlungsfreiheit. De-monstrationen müssen nicht mehr genehmigt werden; jede und jeder ist zugelassen. Sie finden jetzt öfter statt und werden attraktiv, da ja die Massenbewegung vom 7. Novem-ber bewiesen hat, dass unumkehrbare Ergebnisse möglich sind.[20]

Schon am 10. November feiert der *Arbeiter- und Soldatenrat* in einer wuchtigen Ver-sammlung vor dem Hauptbahnhof den erfolgreichen Umsturz. Auf dem Plakat, das dazu einlädt, heißt es enthusiastisch: *„Die Fesseln sind gesprengt. Wir haben die Gewalt. Die Freiheit leuchtet uns. Die goldene Freiheit! Knechte und Sklaven waren wir Zeit unseres Lebens. Jetzt sind wir frei. Wir gebieten. Wir sind die Herren. Freut Euch!"*[21]

Die Stimmung ist gelöst. Mehrere Demonstrationszüge bewegen sich zum Bahnhofs-platz. Schwarze und rote Fahnen flattern, Arbeiterlieder werden gesungen. *„Ein Priester will in der Sonnenstraße von einer Straßenseite zur anderen wechseln. Er traut sich nicht und wendet sich hilfesuchend an einen gutmütig dreinblickenden Demonstranten, der eine große rote Fahne trägt: »Sag, mein Sohn, wie komme ich da hinüber?« »Kennas Latein«, ist die Gegenfrage. »Was geht das Dich an?« »I frog, obs lateinisch kenna«, meint der Mann. Der Priester wird är-gerlich: »Ja freilich spreche ich lateinisch!« »No, i hob ollwei ghört, dass ma durch die ganze Welt kimmt, wemma Latein ko. Oiso gengans zua«"*[22]

Für den 17. November plant die gesamte Münchner Garnison einen Aufmarsch unter Waffen um ihre Unterstützung der neuen Regierung zu bekunden. Eisner meint, vor lauter Demonstriererei käme man gar nicht mehr dazu, das neue Gemeinwesen aufzu-bauen. Er rät den Soldatenräten erfolgreich, den Aufzug abzublasen.

---

20 *„Wia d Muatta zur kloa Annamirl dengerscht fürsichti gsagt hat, »dass der Großpappa jetzt dort ist, wo wir alle einmal hingehen müssen«, hats Deandl gfragt, »Issa eppa auf da Demonstrati-on?« – »Ist er vielleicht auf eine Demonstration gegangen«, hat die kleine Anna-Maria gefragt, als die Mutter zu ihr behutsam gemeint hat, »dass der Großvater jetzt dort ist, wo wir alle einmal hingehen müssen.«"* Notizheft der Margarethe Kapfhammer, Privatsammlung. In diesem Heft sind mit Bleistift einige kleine Episoden und Witze aufgeschrieben, die oft nur schwer zu entzif-fern sind. Über Margarethe Kapfhammer gibt es keine weiterführenden Informationen.
21 Plakatsammlung 2/1/68, Bundesarchiv Berlin.
22 Kapfhammer, a.a.O.

Münchener Post 266 vom14. November 1918, 5.[23]

Wie wenig hat sich doch verändert! Die Revolution hat zwar die versehentlich abgebrochene Staatsspitze ausgetauscht, die königlichen Beamten arbeiten aber weiter. Hier könnte sich ein weites Feld der Kontrolle für die Räte eröffnen. „Linke" bestehen darauf, dass eine neue Regierungsform sich nur dann behaupten kann, wenn das gestürzte System entwurzelt und sein Apparat vernichtet wird.

Grundeigentum in privater und kirchlicher Hand erstreckt sich über das weite Land. Räte, die die lokalen Verhältnisse kennen, könnten Parzellen an Landarbeiter und kleine Bauern verteilen. Räte, die ihre Arbeitsplätze am besten kennen, könnten entscheiden, was an Produktionsmittel zu vergesellschaften ist. Sie könnten große Unternehmen in die Verfügungsgewalt der Belegschaft geben und vieles mehr. Nichts dergleichen geschieht.[24]

Eine politische Revolution scheitert in der Regel dann, wenn sie nicht mit einer sozialen Revolution verbunden ist. Soziale Revolution heißt ultimative Enteignung der wirtschaftlichen Eliten, Vergesellschaftung aller Produktionsmittel und sofortiges Verbessern der alltäglichen Lebensumstände der Arbeiterklasse.

Auch in den bürgerlichen Kreisen finden sich viele, die Reformen als notwendig ansehen und sie befürworten. Da die neuen Herrn ihre Macht nicht nutzen, ziehen sie sich die Verachtung vieler Bürger zu.

Aus Verachtung wird Gegnerschaft. Schon am 10. November forderten die bairischen Verkehrsbeamten in einer Massenkundgebung im *Bavariakeller* die Einberufung einer verfassungsgebenden Nationalversammlung. Am 1. Dezember schicken die *Vereinigten Verbände des bayerischen Verkehrspersonals* an alle Minister im Kabinett Eisner ein Telegramm, in dem sie *„kraft der Macht, die in unseren Händen ruht, mit der der Staat steht und fällt",*[25] die sofortige Einberufung einer konstituierenden Nationalversammlung verlangen.

---

23 Kocherl = Dienstmädchen
24 „*Was wir jetzt erleben, ist ja gar nichts anderes als der Zusammenbruch des kapitalistischen Systems, und die Pflicht, die uns daraus erwächst, ist die Niederhaltung aller Bestrebungen, die aus dem Schutt und dem Mörtel des zerstörten Gebäudes auf dem zerwühlten Grunde der alten Gesellschaft den überlebten Betrieb bloß mit veränderter Fassade wieder aufbauen zu wollen. Jetzt ist der Augenblick zum Sozialisieren, und wenn Eisner nichts findet, was zu sozialisieren wäre, so ist ihm zu erwidern: Alles.*" Erich Mühsam in: *Kain. Zeitschrift für Menschlichkeit* 1 vom 10. Dezember 1918, 3.
25 Zit. in: Franz August Schmitt, Die neue Zeit in Bayern, München 1919, 38. – Der Minister für soziale Fürsorge, Hans Unterleitner (USPD), antwortet empört: „*Auf das frivole Telegramm: 4½ Jahre haben Sie die elendeste Knechtschaft stumm ertragen. Jetzt, da Sie weitestgehende Freiheit genießen, drohen Sie mit dem größten Verbrechen, das am Volke begangen werden kann. Es ist nicht anzunehmen, dass das gesamte Personal die unverantwortliche Gesinnung teilt. Da sich kein bayerischer Minister gegen die Nationalversammlung ausgesprochen hat, entbehrt dieses Telegramm jeder Grundlage.*" A.a.O.

Am 3. Dezember demonstriert der *Bayerische Beamten- und Lehrerbund*, der „das Vaterland in hoher, naher Gefahr" sieht, vor Diktatur und blutigem Bürgerkrieg warnt und die schnellstmögliche Wahl einer Nationalversammlung fordert, andernfalls müsse man sich wirksamere Methoden als den öffentlichen Protest suchen.

Einzelne Truppengliederungen vertreten unterschiedliche Positionen, wenn es um die Zukunft der Rätebewegung geht. Oft sind immer noch Offiziere an leitender Stelle. Frischgebackene Soldatenräte sind ihnen meistens unterlegen.

Räte oder Landtag? Am 4. Dezember marschieren 500 Pioniere aus Fürstenfeldbruck begleitet von einigen Offizieren sowie das 2. Infanterieregiment unter Vorantritt einer Musikkapelle und bis an die Zähne bewaffnet zum Regierungssitz und fordern auf dem Promenadeplatz ultimativ die sofortige Einberufung des Landtags. Sie rufen „Hoch Auer!" und „Nieder mit Eisner!".

Der mehrheitssozialdemokratische Berliner *Vorwärts* schildert den bedrohlichen Aufmarsch in sehr freundlichen Farben:

Vorwärts 334 vom 5. Dezember 1918, 5.

Am Abend des 7. November hat die „Herrschaft der Straße" Geschichte geschrieben. Alles konnte geschehen. Schon wenige Wochen später beginnen die Gegner der Rätebewegung, dem „Plebs" die „Herrschaft der Straße" zu entwinden. Ihre wichtigstes Medien: Flugblätter, riesige Plakate und die bürgerliche Presse, die mit Unterstellungen, beispiellosen Lügen und antisemitischen Invektiven die Stimmung anheizt.[26]

---

26 In einer Antwort auf eine Rede von Rosa Kempf im *Provisorischen Nationalrat* meint Eisner am 18. Dezember 1918, nicht die Revolutionäre übten Terror aus, es wachse vielmehr der Terror der Konterrevolutionäre. Diese seien nicht davor zurückgeschreckt, am 2. Dezember sogar *„bewaffnet, mit klingendem Spiel am Mittag vor dem Ministerium des Äußeren"* zu erscheinen, um ihrer Forderung nach einer Nationalversammlung Nachdruck zu verleihen. Verhandlungen des Provisorischen Nationalrats, 1. Band, Protokolle, 119 f., http://daten.digitale-sammlungen.de/~db/

Die Antwort ist eine Offensive der Linken. Am Abend des 6. Dezember protestieren einige Tausend Räteanhänger im *Kolosseum*, im *Mathäser* und in der *Schwabinger Brauerei*. Hier spricht Erich Mühsam. In der Diskussion fordern mehrere Redner, man solle die Redaktionen besetzen und die Zeitungen für ihre Belegschaften genossenschaftlich sozialisieren. Demonstrationen würden jetzt nicht mehr ausreichen: „Lasst uns zur Tat schreiten!" Mühsam, der zunächst zögert, da ihm das Vorhaben zu wenig vorbereitet erscheint, wird zum Anführer bestimmt.

Die Empörung ist so groß, dass Hunderte Arbeiterinnen und Arbeiter nach den Versammlungen in den drei Bierburgen zu den Verlagshäusern der *Münchner Neuesten Nachrichten*, der *Münchner Zeitung*, der *München-Augsburger Abendzeitung* und des *Bayerischen Kurier* ziehen. Etwa Tausend Soldaten schließen sich den Protestmärschen an.

Mühsam eilt mit seinen Anhängern zum christlich-konservativen *Bayerischen Kurier* in der Paul-Heyse-Straße, um ihn gegen 23 Uhr in eine Genossenschaft zu „vergesellschaften". Setzer und Drucker sind nicht abgeneigt. Mühsam entwirft den Inhalt des *Neuen Münchner Tageblattes*, das im gleichen Haus herausgegeben wird.

Da erscheint der inzwischen vom Geschäftsführer alarmierte Ministerpräsident in Begleitung des Münchner Polizeipräsidenten und des Stadtkommandanten Dürr am Tatort. Es kommt zu einem erregten Disput zwischen Eisner und Mühsam, Eisner redet dann begütigend auf die anderen Räteanhänger ein und lässt Dürr weiter argumentieren, während er unbemerkt in den Setzersaal geht und das Personal heimschickt. Am Ende erreicht er, dass viele der Protestierenden gehen, einige bleiben. Dann lässt er das Haus von der *Republikanischen Schutztruppe*, die auf der Seite der Mehrheitssozialdemokratie steht, räumen.[27]

Eisner eilt in Begleitung des mit ihm befreundeten Anarchisten Gustav Landauers weiter zur Druckerei der *Münchner Neuesten Nachrichten*. Auch hier stehen überall Soldaten mit roten Armbinden. Sie wollen den Laden übernehmen. Eisner sinkt im Zimmer des Chefredakteurs erschöpft in einen breiten Sessel. Er hält nichts von der Zeitungsbesetzung, er will „Pressefreiheit". Landauer wird zornig. Diese „Pressefreiheit" sei nur Camouflage. „Kein Setzer soll setzen, was er nicht als wahr erkannt, keine Zeitungsausträgerin soll ein Blatt zustellen, in dem Unwahres oder Verhetzendes steht." Polizeipräsident und Stadtkommandant sind auch eingetroffen. Eisner behält das letzte Wort.

Nur einige wenige Exemplare eines Flugblatts, die am nächsten Morgen an Münchner Hausmauern kleben, zeugen von dem gescheiterten Versuch, die Gegenrevolution aufzuhalten:[28]

---

bsb00009665/images/

27 Das Infanterie-Leibregiment stellt den Großteil der Mannschaften der *Republikanischen Schutztruppe*, die Alfred Seyffertitz im Dezember 1918 mit finanziellen Mitteln der *Antibolschewistischen Liga* aufbaut. Zunächst zählt die *Schutztruppe* 750 Köpfe, Anfang Januar gliedert sie sich schon in drei Abteilungen mit insgesamt 1.200 Mann.

28 Erich Mühsam: „*Gegen das ekelhafte, würde- und ehrlose Gebaren* [der Presse] *war unser Putsch ein Protest. Mag das Ministerium Eisner gegen dergleichen Aktionen im Ton kommandierender Generäle rücksichtslose Anwendung von Waffengewalt androhen oder mag der Stammtisch zum blauen Ochsen mir Rache und Tod schwören – zu schämen haben sich des Putsches vom 7. Dezember die, die ihn provozierten, nicht wir, die ihn ausführten.*" Kain. Zeitschrift für Menschlichkeit 2 vom 17. Dezember 1918, 4.

Brüder!

Die Soldaten und Arbeiter München haben heute Nacht die Zeitungen besetzt. Sie haben der schändlichen Hetzpresse, die das Volk durch 51 Monate belogen und betrogen hat, die eine ungeheure Blutschuld an diesem Völkermorden trägt, in Haft genommen. Die Uebernahme der Zeitungen geschah in größter Ruhe und Ordnung und sie erscheinen von nun ab unter unserer Leitung.

Gleichzeitig haben wir mit der Vergesellschaftung dieser Betriebe begonnen und sämtliche Angestellte zu Mitinhabern gemacht.

Kameraden! Folgt unserem Beispiel und verwirklicht die sozialistischen Ziele.

Es lebe die internationale, sozialistische Weltrepublik!

Die revolutionären Internationalisten Bayerns.

Eisner hetzt nach der abgewendeten Zeitungsbesetzung weiter in die Wohnung des Innenministers Auer. Dort haben Demonstranten, die Auer vorwerfen, die Revolution zu unterminieren, diesen gezwungen, schriftlich seinen Rücktritt zu erklären. Eisner beruhigt und macht den Rücktritt rückgängig.

Am 11. Dezember findet die erste große Versammlung des *Spartakusbundes* im Saal des Hotel *Wagner* in der Sonnenstraße statt.[29] Anwesend sind auch Kurt Eisner, sein Finanzminister Dr. Edgar Jaffé, Gustav Landauer, Erich Mühsam und Soldatenrat Fritz Sauber. Sie widersprechen den Worten des führenden KPD-Mannes Max Levien, der die Einrichtung von Revolutionstribunalen zur Bestrafung der Konterrevolutionäre und die Gründung einer Roten Armee fordert. Eisner kritisiert die sich überall ausbreitende „Demonstrationslust".

Die Soldaten der Wache am Hauptbahnhof führen sich auf, als ob es nie einen Umsturz gegeben hat. Reisende werden rüde abgefertigt, Hamsterern gnadenlos Lebensmittel beschlagnahmt, wahllos werden Passanten kontrolliert, einige verhaftet und auch mit Schlägen traktiert, wenn sie ihre Unschuld an was auch immer beteuern. In den frühen Morgenstunden des 18. Dezember stehen mehrere Hundert Menschen auf dem

---

29 Der *Spartakusbund* wurde während des Ersten Weltkriegs gegründet. Aus ihm entstand um die Jahreswende 1918/1919 die KPD, eine zunächst kleine Partei.

Bahnhofsvorplatz und verlangen die Soldaten der Wache und ihren Kommandanten Aschenbrenner zu sehen. Zunächst schießt aus dem Bahnhof ein Maschinengewehr über die Köpfe der Demonstranten, was aber nur die Wut der Menge steigert, die nun gegen das Gebäude anstürmt.

Gerade noch rechtzeitig trifft eine Kompanie Soldaten ein, die Warnschüsse abgibt und mit brachialen Methoden auf die Menschen einschlägt. Nach zwei Stunden ist der Bahnhofsplatz leer. Ein Verwundeter mit zwei Schussverletzungen liegt am Boden. Daraufhin demonstrieren etwa 200 Menschen zur Stadtkommandantur.

Selten war die Silvesternacht so laut wie die von 1918. Für Böller und Knallfrösche hat kaum jemand Geld. Aber die brauchts auch nicht. Viele Soldaten mit roten Armbinden sind unter den Münchnerinnen und Münchnern, die die Straßen und Plätze beleben. Aus Hunderten von Gewehren wird in die Luft geschossen, Maschinengewehre rattern und sogar Handgranaten explodieren. Sie begrüßen das neue Jahr mit einer kleinen Machtdemonstration.

Anfang Januar unterstützt die Stadtgemeinde 18.000 registrierte Erwerbslose und ihre Familien. Tatsächlich dürften sich 40.000 Erwerbslose in der Stadt aufhalten. Lebensmittel sind noch knapper geworden, die Löhne sind gesunken, Wohnungen überfüllt; ansteigende Inflation frisst den Geldwert.

Am 5. Januar demonstrieren Tausende Erwerbslose von der Theresienwiese zum Ministerium für soziale Fürsorge am Promenadeplatz gegen Massenentlassungen von Kriegsinvaliden und für die Einrichtung staatlicher Werkstätten für blinde und verkrüppelte Soldaten.

Heinrich Hoffmann: Demonstration vom 5. Januar auf dem Promenadeplatz.

Zwei Tage später kommt es zu einer zweiten Demonstration. Nachdem Minister Hans Unterleitner keine Erhöhung der Arbeitslosenunterstützung zusagt, stürmt die Masse gegen 17 Uhr das Ministerium. Die *Republikanische Schutztruppe* treibt mit scharfen Schüssen und Maschinengewehrfeuer die Menge auseinander. Drei Tote und acht Verletzte liegen auf der Straße. Manchen Bürgerlichen ist das zu wenig. Die Regierenden sollen doch endlich mit ihrer Gefühlsduselei für die Schwachen und Kranken und für das Arbeitergesindel aufhören und Ordnung schaffen!

> Als die Herren Eisner, Unterleitner usw. in München die Revolution „machten", da legten sie sich nicht erst die Frage vor, ob Anwendung von Gewalt am Platz sei oder nicht. Jetzt, wo es sich darum handelt, gegen die arbeitscheuen Elemente unter den Erwerbslosen vorzugehen, sträubt sich das zarte Gemüt des Ministers für soziale Fürsorge mit Händen und Füßen dagegen, Gewalt anzuwenden.
> Aber was hilft uns die humanste Gesinde-Ordnung, wenn nicht unter dem Gesindel Ordnung geschaffen wird?

Simplicissimus 147 vom 18. Februar 1919, 601.

Für Freitag, den 10. Januar planen der *Revolutionäre Arbeiterrat* und die KPD eine Demonstration, die gegen den militärischen Einsatz vor dem Ministerium für soziale Fürsorge protestieren soll. Am Abend des 9. Januar sind überall in der Stadt Plakate angeschlagen, auf denen Eisner dekretiert, dass nur noch Demonstrationen erlaubt seien, die der Vollzugsausschuss der Arbeiter- und Soldatenräte gebilligt habe. Der Eisnersche Erlass soll nun selbst zum Gegenstand des Protestes werden.

Da lässt Eisner in den Morgenstunden des 10. Januar die Urheber des Verdrusses, unter anderem den Kommunisten Max Levien, den Anarchisten Josef Sontheimer, die Sozialistin Hilde Kramer und Erich Mühsam verhaften.

Mühsam: *„Herr Eisner, der den Haftbefehl gegen mich persönlich unterschrieben hatte, berief sich dabei auf die Paragraphen 125 und 127 des Reichsstrafgesetzbuches, die vom Landfriedensbruch handeln. Man fragt sich erstaunt, was er wohl gegen sich selbst gemacht hätte, wenn er die Handgranate des politischen Strafrechts aus der Bismarckzeit schon vor dem 7. November hätte schleudern dürfen, als ihm die Massen zu Demonstrationen gegen eine unfähige und feige Regierung auf die Theresienwiese folgten. Er ließ uns also – 12 Personen im ganzen – nach Stadelheim schleppen, wo wir – am 10. Januar ! – in ungeheizte Einzelzellen gesperrt und 14 Stunden festgehalten wurden."*[30]

Am Nachmittag versammeln sich mehrere Tausend Demonstranten auf der Theresienwiese, umstellt von einem Militäraufgebot, das diesmal nicht einschreitet. Die über die Festnahme der zwölf erregte Menge marschiert zum verschanzten Außenministerium, dem Montgelas-Palais am Promenadeplatz, um die Freilassung der Verhafteten zu verlangen. Den Offizieren scheint es geboten zu sein, die Empörung der Masse nicht noch weiter anzustacheln.

---

30 *Kain. Zeitschrift für Menschlichkeit* 4 vom 21. Januar 1919, 3.

Oskar Maria Graf: „*Schon waren wir vor dem Ministerium. Hin und her drängte sich alles. Hinter dem verschlossenen Tor, hieß es, stünden schussbereite Maschinengewehrschützen. Man ratschlagte einige Minuten. Auf einmal kletterte ein Matrose* [Rudolf Egelhofer] *auf dem Kandelaber zum Balkon empor, schwang sich drüber und verschwand unter lautem Jubel in der Tür. Kurz darauf erschien er mit Eisner, der furchtbar erregt auf uns herunterschrie: »So holt sie euch, in Gottes Namen! Sie sind enthaftet!« Er verbat sich energisch derartige diktatorische Druckmittel der Straße und drohte wie ein berserkerischer Schullehrer mit dem ausgestreckten Zeigefinger. Wenn er sich nicht geschworen hätte, in München keine Berliner Zustände aufkommen zu lassen, ergriffe er andere Maßregeln, und ein anderes Mal lasse er schießen, ließ er verlauten.* [Der Dichter Ernst] *Toller stand bleich und verstört hinter ihm und bewegte die Arme. Ein ohrenbetäubender schimpfender Lärm erhob sich, das dumpfe Rollen von Lastautos dröhnte, im Eilschritt zogen wir ab.*"[31]

Gegen Abend sprechen im vollbesetzten *Mathäser* Levien und Mühsam. Die Versammlung ist sich ziemlich einig: Eisner besorge die Geschäfte der Gegenrevolution. Und die schlimmsten Konterrevolutionäre befänden sich in der *Republikanischen Schutztruppe* und in der Bahnhofswache, die immerhin 600 Mann stark ist. Nach Schluss der Versammlung strömen viele auf den Bahnhofsvorplatz; sie protestieren und drohen, den Bahnhof zu stürmen. Die Leute rufen: „*Heute muss der Bahnhof geräumt werden, damit die Räuber, Volksaussauger, Bande etc. unschädlich gemacht werden.*"[32] Da schießt eine Maschinengewehrbesatzung ohne Not vom Hauptbahnhof aus in die Menge.[33] Ein Chauffeur wird getötet, ein Lehrling verwundet.

Oskar Maria Graf: „*Haufenweise liefen Leute in die Prielmayr- und Schützenstraße, dem Bahnhof zu. Jäh krachte von dorther eine Salve, und die Vorwärtsrennenden jagten schreiend zurück, und im Nu war der ganze Platz dicht voll Menschen, die erregt durcheinanderredeten, schimpften, schrien und jammerten. Die Schützen hatten in die Menge geschossen, sechs Tote und fünfzehn Verwundete waren am Platze geblieben. »Los! Nicht davonlaufen! Sturm machen auf den Bahnhof!« rief ein Matrose und brachte die Zurückflutenden zum Stocken. Aber schon rasselten durch das Karlstor und vom Promenadeplatz her Lastautos mit Soldaten. Ohnmächtig*

---

31 Oskar Maria Graf, Wir sind Gefangene. Ein Bekenntnis aus diesem Jahrzehnt, Berlin 1928, 251. – Wie sich Erinnerungen unterscheiden! Richard Förster schildert die Ereignisse völlig anders: „*Der revolutionäre Arbeiterrat und der Spartakusbund hatten in der ganzen Stadt durch Flugblätter zu einem Protest gegen die traurigen Zwischenfälle aufgefordert, die sich gelegentlich eines Umzugs der Arbeitslosen zugetragen hatten. Wohl fand sich auf der Theresienwiese zunächst ein kleines, sich allerdings nach und nach vergrößerndes Häufchen ein, aber auf eine eindrucksvolle Kundgebung durch diese Handvoll Leute hätte man nicht rechnen können. Inzwischen war die Regierung nicht untätig gewesen, sie hatte fast sämtliche Anführer der Spartakisten und Kommunisten verhaften lassen … Die so ihrer Führer beraubte Menge forderte zwar unter den furchtbarsten Drohungen deren sofortige Entlassung, als aber die Regierungsorgane festblieben, begnügte man sich, durch ein paar Straßen mit den unvermeidlichen roten Fahnen und dem üblichen viehischen Gebrüll zu ziehen und ging schließlich nach einer herzlich belanglosen Demonstration vor dem Ministerium des Äußeren auseinander!*" Richard Förster, Erich Mühsam. Ein „Edelanarchist", Berlin 1919, 22.

32 StAnw Mü I, 2915, Max Schöpf, StAM.

33 Bahnhofskommandant Aschenbrenner sagt, zuerst sei ein scharfer Schuss aus der Menge gegen seine Leute abgefeuert worden.

betroffen hoben alle die Gesichter, dann flohen die Zusammengeströmten kopflos. Erst am Sendlingertorplatz sammelte sich wieder ein Zug und marschierte durch die Müllerstraße.“[34]

Nach den Landtagswahlen vom 12. Januar 1919 und den Wahlen zur Verfassungsgebenden Nationalversammlung am 19. Januar erkennen Räteanhänger – die allermeisten sind „abhängige“ und unabhängige Sozialdemokraten –, dass ihrem politischen Konzept das Scheitern droht. Sie stellen fest, dass die alten Strukturen mit ihrem zähen Beharrungsvermögen weiterbestehen, Verwaltung und Politik haben sich kaum gewandelt, Monarchisten und Konterrevolutionäre treten wieder öffentlich auf und werden zudem von führenden Mehrheitssozialdemokraten unterstützt oder zumindest toleriert.

Ende Dezember veröffentlichte das Ministerium für militärische Angelegenheiten einen Erlass, dass alle Offiziere auf ihren alten Posten innerhalb der Truppenteile zu belassen oder in die Militärverwaltung einzugliedern seien, so dass sie wieder zu Vorgesetzten würden. Ausschlaggebend für diese Maßnahme sei nicht ihre Einstellung zur Republik, sondern ihr ehemaliger Dienstgrad. Der Landessoldatenrat war damit nicht einverstanden. Er verlangte, dass Offiziere mit einer mindestens 4/5-Mehrheit von den Soldaten im Amt zu bestätigen seien.

Die Münchner Garnison plant nun einen Protestmarsch. Die Kasernenratsversammlung fordert vom Vollzugsausschuss der Münchner Soldatenräte:

1.) *Beschränkung der Offiziere auf die geringstnotwendige Zahl.*
2.) *Führerwahl aus dem Mannschaftsstande nach Maßgabe der Verhältnisse.*
3.) *Entfernung der Offiziere, welche der Revolution feindlich gegenüber stehen, um deren Einwirkung auf den Militärminister fern zu halten.*
4.) *Gestaltung des Militärministeriums zu einem solchen, dass das Ministerium im Sinne einer sozial. Regierung homogen ist.*
5.) *Bei der Besetzung der Stellen darf nur Fähigkeit und Tüchtigkeit im Sinne der neuen Zeit maßgebend sein. Rang und Alter spielen absolut keine Rolle.*
6.) *Wahl der Führer mit einer Mehrheit von 3/5 Stimmen. Ohne Zustimmung des Vollzugs-Ausschusses der Münchner Soldatenräte können nicht gewählte Offiziere auf keine Stelle kommen.*
7.) *Die gewählten Offiziere genießen den unbedingten Schutz des Staates und der Soldaten.*
8.) *Alle Maßnahmen, die den Abbau des bestehenden Heereskörper betreffen, erfolgen den Verhältnissen Bayerns entsprechend.*

Antrag

Die neuerliche Verschleppung der Offiziers-Frage veranlasst die heute stattfindende Kasernenratsversammlung zur Frage der Demonstration erneute Stellung zu nehmen. Die Versammlung beschließt, dass eine Demonstration am Montag, den 27.1.19 unter allen Umständen stattfinden muss. Sind die Forderungen der Soldaten angenommen, so ist es eine Kundgebung für die Regierung, andernfalls eine solche zur Unterstützung der Forderung.[35]

---

34 Graf, Gefangene, a.a.O.
35 Plakat- und Flugblattsammlung F.Mon unsigniert, Münchner Stadtbibliothek / Monacensia.

Demonstrationsordnung:

Am Tage der Demonstration haben alle Soldaten dienstfrei. Sämtliche Büros der Mil. Behörden sind geschlossen.

Die Kasernensicherheitswachen und die der bewachten Gebäude bleiben bestehen.

Sämtliche Kasernenräte usw. der Garnison sammeln sich am Montag den 27.1.19 mittags 12 Uhr 30 Min. mit ihren Kameraden in den Kasernen. Nach Aufstellung marschieren dieselben um 1 Uhr geschlossen zum Marsfeld (Türkenplatz). Die Zeit des Mittagessens ist dementsprechend einzurichten. Die Kasernenräte als Führer ihrer Truppenteile melden schriftlich nach Ankunft der Demonstr. Leitung auf dem Marsfeld die Stärke der Beteiligung des ganzen Truppenteils, zugleich einen Kameraden, der bei der Deputation mit vorgelassen wird. (Die in Betracht kommenden Kameraden müssen von ihrem Truppenteil schon in den Kasernen aufgestellt sein. Die Redner sind der Demonstrationsleitung zu melden zur Bekanntmachung an die Demonstranten.)

Nach Aufstellung des Zuges erfolgt der Abmarsch in der Richtung Arnulfstr., Bahnhofplatz, Prielmayerstr., Lenbachplatz, Promenadeplatz, Theatinerstr., Ludwigstr. zum Minist. f. mil. Angel.

Aufstellungsplan:

Republikanische Schutzgarde rückt mit Gewehren aus in 2 Zügen. Der 1. bildet die Spitze, der 2. den Schluß des ganzen Zuges. Alle anderen Truppenteile sind ohne Waffen und zu Fuß. Die Ordnung der Straße übernimmt die Münchner Schutzmannschaft in ungefährer Stärke von 40 Mann zu Pferd.

Die Ordnung innerhalb des Zuges übernehmen die Truppenteile selbst. (Zugleich auch die Verantwortung.) Die Kasernenräte bestimmen Truppenführer, welche zugleich als Ordnungsmänner fungieren.

Teilnehmer können nur Soldaten, welche sich schon in den Kasernen angeschlossen haben. Befindet sich der Zug in Bewegung, können Kameraden sich nicht mehr anschließen, da sonst Unordnung entsteht.

In Aufstellung des Zuges auf dem Marsfeld ist folgende:

	Verteilungsplan
1. Zug Schutzgarde	2 Exemplare
Inf. Leib-Rgt.	4 "
1. Inf. Rgt.	4 "

2. Inf. Rgt.	Verteilungsplan	4 Exemplare
Lstm. Inf. Btl. T.F. 16 u. Inn. Rg.		4 "
1. Chev. Reit. Rgt.		4 "
1. Feldart. Rgt.		4 "
7. Feldart. Rgt.		4 "
1. Fußart. Rgt.		4 "
Pionier Batl.		4 "
Eisenbahn Batl.		4 "
Fernspr.- Telegr. Abtlg. u. Funker		4 "
Kraftfahrer		4 "
Luftschiffer		4 "
Trainersch. Abtlg.		4 "
Lazarette		10 "
Min. f. m. Ang. u. Zg. Büro		4 "
Generalkdo. u. Intendantur		4 "
Kassenüberbüro		2 "
Proviantamt u. Garn. Bäckerei u. Korpschlächterei		4 "
Bekleidungsamt		4 "
Untero. Schule, Art.-u. Traindep.		4 "
Bezirkskommandos		2 "
usw.		

Rote Fahnen und Plakate mit Bezeichnung des Truppen-
teils sind mitzubringen. Weitere Anordnungen zum
Aufmarsch an Min. werden am Sammelplatz von der
Demonstrationsleitung bekanntgegeben.

Die Kasernenräte u. Ordner haben besonders darauf
zu sehen, daß sich während des Marsches u. am Sammelplatz des Minist. f. mil. Angel. keine Soldaten oder Zivilisten in den Zug hineindrängen.

i. A. Geschäftsausschuß des
Garnisonsrates München.

◄ Als Autographie verteilter Organisationsplan für die geplante Demonstration am 27. Januar 1919.

Die Erregung unter den Soldaten ist groß. Ihr demonstrative Auftritt hat durchaus soldatischen Regeln zu entsprechen, um den Forderungen Nachdruck zu verleihen. Aber dann geschieht das, was Minister und Behörden inzwischen als Gegenstrategie entwickeln. Oft heißt es, der Gesetzgebungsvorgang sei kompliziert, aber man werde die vorgebrachten Anliegen wohlwollend prüfen. Oft heißt es auch, man werde eine Kommission einrichten, die die strittigen Punkte besprechen und der Regierung einen Vorschlag unterbreiten werde. Hier verspricht der Minister für militärische Angelegenheiten, Albert Roßhaupter, die meisten Forderungen zu bewilligen. Die Demonstration wird prompt abgeblasen.

Die Hinhaltetaktik bewährt sich, wenn Demonstranten verlangen, dass sich in den Strukturen etwas ändern soll. Forderungen, eine unmittelbare Maßnahme zurückzunehmen, haben scheinbar Erfolg.

Am Abend des 27. Januar, besuchen zwei Polizisten eine Kundgebung, die die KPD einberufen hat. Auch während der Regierung Eisner sind die Spitzel des Politischen Nachrichtendienstes der Polizeidirektion tätig. Einer der beiden, Lorenz Reithmeier, war schon während des Januarstreiks 1918 aktiv.

Der Festsaal im *Mathäser* ist überfüllt; die Leute stehen sogar im Treppenhaus. In ihrem Bericht teilen die Beamten ihren Vorgesetzten mit, ein Matrose habe gesagt, *„die Demonstration habe einzig und allein deshalb nicht stattgefunden, weil die einzelnen Kasernenräte von reaktionären Leuten bestochen worden seien. Trotzdem die Demonstration abgesagt worden sei, habe sich eine Gruppe, gegen 1.200 Mann, vor dem Kriegsministerium eingefunden. Bei diesem Anlass sei ein Soldat von einem Feldwebel der Republikanischen Schutztruppe geohrfeigt worden. Diese Mitteilung löste unter den Zuhörern lebhafte Unruhe aus. Ebenso wurde die Mitteilung, dass bei der Republikanischen Schutztruppe die Prügelstrafe eingeführt sein solle sowie das Vorgehen der Truppen bei Razzien mit Reitpeitschen mit starkem Protest aufgenommen.“*[36]

Auch im Justizapparat hat sich nach dem Umsturz fast nichts verändert. Justizminister Johannes Timm sieht seine Aufgabe lediglich darin, den Motor am Laufen zu halten.[37]

Max Levien hat Anfang Februar 1919 vor den Arbeiterräten eine aufrüttelnde Rede gehalten und Begeisterungsstürme geerntet. Der päpstliche Nuntius berichtet nach Rom, er *„habe dort die Notwendigkeit einer neuen zweiten Revolution propagiert. Seiner Ansicht nach hätten die Räte bis jetzt noch nichts erreicht und müssten in Zukunft das Ziel verfolgen, die gesamte Macht im Staat und die Kontrolle über die Wirtschaft an sich zu reißen, bis sich der Sozialismus in Deutschland durchgesetzt habe.“*[38]

---

36 Pol.Dir. 15590/2, Erich Mühsam, StAM.
37 Timm fürchtet Veränderungen wie der Teufel das Weihwasser. Er meint am Freitag, 22. November, bei der Münchner *Gesellschaft für soziale Reform*, einer Vereinigung, in der vor allem Hochschullehrer, Beamte und Intellektuelle wirken und deren stellvertretender Vorsitzender er ist, wenn in Deutschland die Methoden der Bolschewiki angewendet würden, würde dies zur inneren Auflösung des Landes und zur Zersetzung des Volkes führen.

Levien wird am 7. Februar erneut verhaftet. Die Behörden lassen ihn auf seinen Geisteszustand untersuchen. Wer derart aufrührerisch redet, kann nur geisteskrank oder ein Verbrecher sein. Die Arbeiterräte Gustav Landauer, August Hagemeister und Mühsam zwingen am 9. Februar den Justizminister, Levien wieder freizulassen.

Am gleichen Abend tagt der *Arbeiter- und Soldatenrat* im *Deutschen Theater* in der Schwanthalerstraße 13. Erich Mühsam erinnert sich:

> *Wegen der Bedeutung der Sitzung – handelte es sich doch um die Verteidigung des Grundrechts der freien Meinungsäußerung – waren die Vertrauensleute der Münchner Betriebe eingeladen worden, der Sitzung des Arbeiterrats beizuwohnen. Sie füllten die Tribünen des Erdgeschosses und des ersten Stockwerks, während die Galerie im zweiten Stock dicht besetzt war von Kommunisten. Als der »Revolutionäre Arbeiterrat«, Levien unter der roten Fahne an der Spitze, in geschlossenem Zuge in den Saal einrückte, brach auf den Tribünen frenetischer Jubel los.*
>
> *Die Sitzung selbst verlief äußerst dramatisch. Levien hielt eine zündende Rede, in der er betonte, dass man ihn zwar aus Angst vor der Wut des Proletariats jetzt freigelassen habe, dass aber das Strafverfahren gegen ihn weitergeführt werde. Währenddem zeigten mir zwei Genossen Vorladungen vor den Untersuchungsrichter als Zeugen in einer Strafsache gegen mich, aus denen hervorging, dass die Regierung jetzt nach zwei Monaten noch wegen der Besetzung der Zeitungen am 6. Dezember einen Landfriedensbruchs-Prozess inszenieren wollte.*
>
> *Ich teilte das der Versammlung mit, und nun wurde stürmisch eine Demonstration verlangt, die die Zusicherung von der Regierung erzwingen sollte, die alten politischen Strafbestimmungen unter keinen Umständen gegen Revolutionäre anzuwenden. Die Debatte über die Demonstration verlief sehr erregt, und als wir Radikalen verlangten, dass zugleich die Abdankung Auers, Timms und Roßhaupters sowie die Nichteinberufung der Nationalversammlung verlangt werden sollte, entstand ein Tumult, bei dem die Sozialdemokraten, die die große Mehrheit des Münchner Arbeiterrats bildeten, unter Protest den Saal verließen.*
>
> *In diesem Moment sprang Landauer auf den Vorstandstisch und forderte die Vertrauensleute der Betriebe auf, als die wahren Vertreter des Proletariats sogleich die freigewordenen Sitze einzunehmen. Unter dem brausenden Beifall der Tribünen und während ich am Rednerpult die rote Fahne schwenkte, vollzog sich die Umgruppierung.*
>
> *Darauf wurde der einmütige Beschluss gefasst, die Demonstration am 16. Februar stattfinden zu lassen. Sie sollte als positive Forderung die Nichtanwendung der politischen Paragraphen durchsetzen und im übrigen die revolutionäre Entschlossenheit des Proletariats der Regierung und dem ganzen Volk vor Augen führen.*[39]

---

38 Eugenio Pacelli. Kritische Online-Edition der Nuntiaturberichte von 1917, http://194.242.233.158/denqPacelli/index.htm, 1929, Dokument 315.

39 Erich Mühsam, Von Eisner bis Leviné. Die Entstehung der bayerischen Räterepublik. Persönlicher Rechenschaftsbericht über die Revolutionsereignisse in München vom 7. Nov. 1918 bis zum 13. April 1919, Berlin-Britz 1929, 28 f.

Bei dieser Demonstration am 16. Februar fordern Tausende Teilnehmer: „Alle Macht den Arbeiter- und Soldatenräten!". Ihr Zug führt von der Theresienwiese, auf der zunächst Kurt Eisner spricht, um halb 2 Uhr über die Lindwurmstraße, durch das Sendlinger Tor zur Theatiner-, Ludwig- und Briennerstraße über den Maximiliansplatz und den Stachus durch die Schwanthalerstraße zurück zur Wiesn. Hier reden um ½5 Uhr Mühsam, Sauber, Levien und Landauer.

Eisner nimmt zunächst n an diesem Massenaufmarsch teil. Die Erinnerungen daran widersprechen sich. Räterepublikaner meinen, sein Ansehen sei inzwischen auf einem Tiefpunkt angelangt. Nur noch wenige hätten ihm applaudiert. Auf halbem Weg habe sein Auto den Demonstrationszug verlassen. Anhänger der USPD entsinnen sich, dass viele Soldaten und Zivilisten immer wieder gerufen hätten: „Hoch Eisner!"

Die Kundgebung wird von mehreren Fotografen festgehalten. Sie rechnen damit, dass bei großen Ansammlungen genügend Menschen, die teilgenommen haben, sich eine Erinnerung kaufen, besonders wenn sie abgebildet sind. Auch Gelegenheitsdichter Otto Vollgold versucht, sein auf einen Zettel gedrucktes Poem für 20 Pfennige unter die Leute zu bringen:

Auf! Auf zur Demonstration!
Erinnerung an Sonntag, den 16. Februar 1919

Auf! Auf zur Demonstration!
Auf! Auf! Erscheint in Massen!
So hieß's die ganze Woche schon
Auf Straßen und in Gassen.

Die Losung war „Theresienwiese",
Am Sonntag 1 Uhr sammelt Euch,
Wir protestier'n scharf gegen diese,
Die Verräter sind am deutschen Reich.

Es kamen viele, kam'n in Scharen,
Sie folgten diesem Schlachtenruf.
Auch früh're Mehrheitssozialisten waren
Dem Wahlspruch treu: »Nur feste druff!«

Obwohl das Wetter nicht ergötzlich,
So fragte man doch nicht danach.
Im Gegenteil, es ward ganz plötzlich
Ein großer Strom, ich schreib's und sag'!

Nachdem der Zug sich formulierte
Und er sich setzte in Bewegung
Da gab es viel, die's interessierte
Obwohl ihr Herz voll von Erregung.

Sie alle, alle wussten zwar,
Dass der Ministerpräsident
Kurt Eisner an der Spitze war,
Und jubelnd hoben sich die Hände,

Jetzt Augen auf! Jetzt konnt' man lesen
Plakate, Schilder in großer Zahl.
Es war somit ein jedes Wesen
Dahin gestellt vor freie Wahl.

Nun hört' man immer Hoch und Nieder,
Nieder mit Ebert-Scheidemann.
Der Bluthund Noske darf nicht wieder
Zu morden wagen EINEN Mann!

Und als der Zug nun durch die Straßen
Sich wälzte mächtiger werdend fort,
Da strömten Gaffer heran in Massen
Und keiner blieb an seinem Ort.

Spartakus kommt, so tönt's von Mund
Zu Munde und ein jeder spannt:
Spartakus kommt. O diese Hunde
Werden auch noch überrannt.

Der dieses sprach und dieses dachte,
Der irrte sich wohl durch und durch,
Wenn man ein Hoch auf Liebknecht brachte
Und die Genossin Luxemburg.

Da bebte alles, als man wahrnahm,
Dass beider Schweigen in dem Grabe
Nach Reden Landauer, Levien, Mühsam
Zukünftig noch große Folgen habe.[40]

Und wieder tönt's aus vollem Munde
Dem Rätesystem ein dreimal Hoch.
Lasst schlagen ihnen ihre Stunde
Die glaub'n an die Vernichtung noch.

---

40 Die Berliner Regierung der Mehrheitssozialdemokraten Ebert/Scheidemann tut alles, um die Rätebewegung abzuwürgen und die Gründung einer bürgerlichen Demokratie vorzubereiten. Gustav Noske (MSPD) ist der Oberbefehlshaber der Truppen, die dies mit Waffengewalt durchsetzen. Er sagt von sich selber: „Einer muss den Bluthund machen." Der Mord an den KPD-Führern Rosa Luxemburg und Karl Liebknecht liegt in der Verantwortung eben dieser Truppen genauso wie das Gemetzel an Hunderten von Räterepublikanern in Berlin und an anderen Orten in Deutschland.

Die Weltrevolution, sie lebe hoch.
Es wehen rote Fahnen auf und nieder.
Zu allem diesen kamen noch
Arbeiter- und Sozialistenlieder.

Und jetzt kommt Timm, Roßhaupter, Auer,
Verlangt wird stürmisch, tret't zurück!
Ihr liegt ohn' Zweifel auf der Lauer,
Um zu zerstören unser Glück.

Der Zug schwoll an, die Menschenmasse
Wuchs von Minute zu Minute mehr.
Sie lockte alle auf die Straße,
Wohnung und Häuser waren leer.

Und Rache schwor man diesen Männern,
Die nicht gehalten, was vor Wochen
Sie haben Laien und auch Kennern
Im November 18 hab'n versprochen.

Und nun, was leicht ist zu verstehen,
Jetzt wuchs die Wut und alles stimmte ein.
Wer drüber höhnte, musste schleunigst gehen,
Sonst schlug man feste auf ihn drein.

Es ist passiert, man späht und blickte
Nach einem Feind, o weh, ich denke sein.
Man schlug ihn blutig und dann rückte
Man glücklich wieder in die Reihen ein.

Für viele war's ne Gaudi, es zu sehen,
Wie manch einer ihr zum Opfer ward,
Doch muss ich offen eingestehen,
Ein Sonntag war's in eigner Art.

Trotz dieser Wucht der Demonstration
Verlief sie ruhig, was mancher nicht gedacht.
Es ist für manchen direkt Passion
Zu sagen, ich habe ebenfalls mitgemacht.

So zog man nun mit dem Bewusstsein
Zurück zur Theresienwiese, seine Pflicht getan.
Man hofft es nun, man red't sich ein,
Ein neuer Tag bricht wohl nun an.

Sich auch für Politik zu interessieren
Gilt für alle, Jung und Alt,
Dann ist es schön zu demonstrieren
Und mancher wünscht, nur wieder bald.[41]

Unbekannter Fotograf: Demonstration am 16. Februar 1919 durch die Pfandhausstraße,
heute Pacellistraße, rechts im Hintergrund der Wagen mit Kurt Eisner – Postkarte.

Der päpstliche Nuntius berichtet nach Rom: *„Die Demonstration fand am 16. Februar statt und endete mit offiziellen Kundgebungen der Ziele: Verstärkung der Soldatenräte, Trennung von Kirche und Staat, Aufhebung der Verfahren gegen Levien und Mühsam, die Abschaffung einer kapitalistischen Presse. Levien charakterisierte die Demonstration als Ultimatum gegen die Regierung und den Landtag."*[42]

---

41 Plakatsammlung 20106, BayHStA. – Der Text wurde um der besseren Lesbarkeit willen behutsam korrigiert.
42 Pacelli. Nuntiaturberichte, a.a.O., Dokument 316.

Heinrich Hoffmann: Demonstranten am 16. Februar 1919 auf der Theresienwiese.

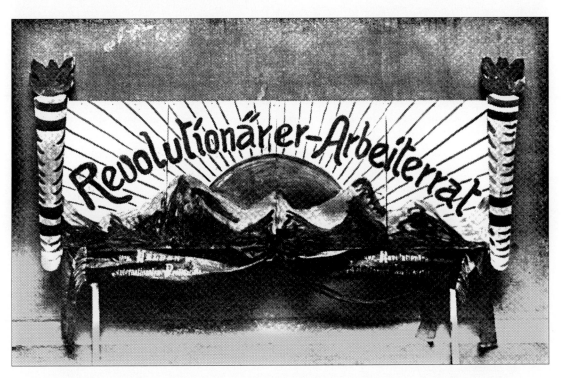

Unbekannter Fotograf: Das große Demonstrationsschild vom 16. Februar 1919. – Hinter einer Gebirgs-
landschaft geht die Sonne auf. Das Bild wird von geschnitzten „Fackeln der Aufklärung" flankiert.

Revolution hat Konjunktur. Wer springt da nicht alles auf den fahrenden Zug auf. Wer bis jetzt nichts Rechtes auf die Reihe gebracht hat, hofft, dass die neue Zeit ihm neue Chancen bietet.

Da sind vor allem die Kleinbürger, denen es in erster Linie „um ihr Sach geht", das sie entweder im Krieg verloren haben oder das sie zu verlieren befürchten. Da sind vor allem die einsamen Männer, die nach langem Grübeln die Welterlösungsformel gefunden haben und diese nun dem Volke mitteilen wollen. Sie suchen Anerkennung und einen Weg aus der Isolation. Da sind die naiven Gemüter, die nach der Lektüre des *Rinaldo Rinaldini* oder der Schmöker von Karl May von der Karriere eines Robin Hood träumen. Und da sind die, die mitschwimmen, weil „mia san überall dabei, wo die Majorität a Mehrheit hat".

Wer die Demonstration vom 16. Februar sieht, glaubt, hier sind die Massen, die ihren Willen kund tun. Im *Vorwärts* steht, es seien 150.000 Frauen und Männer auf der Straße gewesen. Im Zentralorgan der Mehrheitssozialdemokratie heißt es:

„Eisner demonstriert gegen Eisner. München, 16. Februar. Die angekündigte große Demonstration, die eine Woche lang die Gemüter erregte, hat heute unter überaus großer Beteiligung – es mögen wohl 150.000 Menschen gewesen sein – stattgefunden und ist bis zu ihrem Schlusse durchaus ruhig und ohne Zwischenfälle verlaufen. Der Riesenzug, an dessen Spitze Ministerpräsident Eisner in einem Automobil fuhr, setzte sich von der Theresienwiese aus um 1 Uhr mittags in Bewegung, um nach Durchschreiten des Stadtinnern wieder nach seinem Ausgangspunkt zurückzukehren. Im Zuge wurden zahlreiche rote Flaggen und Fahnen mit den Inschriften: »Hoch die russische Räterepublik!«, »Hoch das Rätesystem!«, »Hoch die Diktatur des Proletariats!« usw. getragen. Auch Bilder von Karl Liebknecht und Rosa Luxemburg waren zu beobachten. Auf der Theresienwiese hielten dann verschiedene Redner, darunter Ministerpräsident Eisner und Dr. Levien, Ansprachen an die Versammelten. Letzterer stellte die Forderung auf, das gesamte Ministerium hinauszuwerfen und trat für die Errichtung einer Räterepublik ein." [43]

Auch *Wolffs Telegraphenbureau* und die *Neue Zeitung* nennen diese hohe Teilnehmerzahl. Ein Mehrheitssozialdemokrat meint später, seine Parteigenossen seien anfangs mitgegangen, hätten sich dann aber zurückgezogen. Es seien höchstens 8.000 Teilnehmer gewesen, *„lauter blutjunge Leute, Mädels; die hohen Zahlen sind entschieden übertrieben. Es war der ganze Abschaum der Bevölkerung, dessen Anblick unsere Genossen davon abgehalten hat, sich an der Sache zu beteiligen."* [44]

Eigenartig, dass die Zeitungen davon nichts berichten. Den Korrespondenten wäre dies aufgefallen und sie hätten genüsslich darüber geschrieben. Nüchtern betrachtet sind es etwa 20.000 Teilnehmer, von denen viele später, wenn es ernst wird, ganz woanders stehen.

Der Mord an Kurt Eisner löst am 21. Februar spontane Demonstrationen aus. Oskar Maria Graf: *„Ich sah Zitternde, ich sah Wutblasse und Blutgierige. Überall wiederholte sich das gleiche Schreien nach Rache. Die Massen kamen ins Treiben, der Strom floss durch die Stadt. Das war anders, ganz anders als am 7. November. Wenn jetzt einer aufgestanden wäre und hätte*

---

43 *Vorwärts* 88, Abendausgabe vom 17. Februar 1918, 2.
44 Zit. in: Freya Eisner, Kurt Eisner: Die Politik des libertären Sozialismus, Frankfurt/Main 1979, 181.

gerufen: »Schlachtet die Bürger! Zündet die Stadt an! Vernichtet alles!«, es würde geschehen sein. Die tausend kleinen Stürme hatten sich vereinigt, und ein einziger dumpfer, dunkler, unge- wisser Losbruch begann. Ich spürte es an mir am genauesten: Noch nie war ich so völlig Massen- trieb gewesen wie jetzt. Auf die Theresienwiese jagten die Züge. Unter der Bavaria redeten viele; Toller trug ein Gedicht vor. Die Frauen wurden ergriffen davon, die Männer schrien nach Waf- fen. Dann wurde verkündet, im Zeughaus seien sie. Ein dichter Haufe zog dahin ab, ich lief mit dem Zug wieder in die Stadt. Voran marschierten Matrosen und Soldaten wie zum Sturm. Die roten Fahnen wehten. Die verschlossenen Türen des Deutschen Theaters wurden eingeschlagen, die Scheiben klirrten, es krachte, und alles peitschte in den Saal. »Der Arbeiter- und Soldatenrat tagt von heut ab in Permanenz!« brüllte ein Matrose. Zuerst war es ein unbeschreibliches Durcheinandertrampeln, ein wirres Schreien und kommandomäßige Rufe, dann ordnete sich der Trubel nach und nach. Die Räte hatten sich zusammengefunden, die Leute setzten sich, hinten stand alles, und die Galerien füllten sich derart, dass sie jeden Augenblick herunterzubrechen drohten. Ich war so eingekeilt zwischen Körper, dass ich nichts sah als Rücken, Nacken und Haa- re, Mützen und Hüte. Ab und zu hörte ich wen reden, dann wieder Beifallrufe und eine dumpfe Bewegung rundum. Ich drückte mich hinaus. »Gegen die Zeitungen!« rief ich einigen zu, und die wanden sich ebenfalls mit mir ins Freie ... Wir liefen die Bayerstraße lang und sahen schon von weitem Rauchsäulen und aufschlagende Flammen. »Endlich brennt die Pestbude!« sagte ein Arbeiter neben mir ... Ankommend sahen wir einen Flammenberg auf der Straße, um welchen lärmende Menschen förmlich tanzten. Man hatte die herausgekommene Auflage der »Münchner Zeitung« herausgeschleppt und angezündet. Vor den Eingängen postierte schon republikanische Schutzwehr. In der Paul-Heyse-Straße, über dem Tor der »München-Augsburger Abendzei- tung«, war ein großes Papierplakat angebracht: »Vom Arbeiterrat besetzt«."[45]

Unbekannter Fotograf: Demonstration vom 21. Februar auf der Theresienwiese.

---

45 Graf, Gefangene, a.a.O., 257 f.

Der tote Eisner ist jetzt wieder der Liebling der Massen. Am 26. Februar marschieren von 9 Uhr ab etwa 100.000 Menschen in einem Trauerzug, der zugleich den Charakter einer Demonstration bekommt, von der Theresienwiese zum Ostfriedhof. Benno Scharmanski, der als Kind am Zug teilnimmt, erinnert sich, dass über der Menschenmenge ein Aeroplan kreiste, der ein langes Spruchband hinter sich her zog mit der Aufschrift (den Eisner-Mörder betreffend): *„Verschonet Graf Arco nicht!"*[46]

Bei der Beerdigung spricht Heinrich Mann: *„… Die hundert Tage der Regierung Eisners haben mehr Ideen, mehr Freuden der Vernunft, mehr Belebung der Geister gebracht als die fünfzig Jahre vorher … Wer so unwandelbar in der Leidenschaft der Wahrheit und, eben darum so mild im Menschlichen, ist, verdient den ehrenvollen Namen eines Zivilisationsliteraten. Dies war Kurt Eisner. Er ging aus einer Zeit des Wahnsinns und Verfalls mit ungebrochener Vernunft hervor. Er liebte die Menschen, traute ihnen die Kraft zur Wahrhaftigkeit zu und erwartete daher noch so viel von ihnen, dass er sich hütete, alles auf ein Mal zu verlangen. Er sah, wie furchtbar grade dieses Volk von seinen alten Machthabern überanstrengt worden war im Blutdienst eines Staats- und Machtwahnes, dem Menschen nichts galten … Der erste wahrhaft geistige Mensch an der Spitze eines deutschen Staates erschien jenen, die über die zusammengebrochene Macht nicht hinwegkamen, als Fremdling und als schlecht. Dass er am Quell der Macht noch lauter blieb, widerstrebte ihren Begriffen. Seine Güte, die um keinen Preis, nicht einmal um den seines eignen Lebens, Blut vergießen wollte, ihnen war sie Schwäche. Er hatte keine breiten Schultern und die herkömmliche Regierermiene. Der Gemeinheit machte er keine Furcht, sie konnte auf ihn hetzen, bis einer schoss …"*[47]

Michael Greßberger: Die Penzberger Knappen – Penzberg ist eine Bergarbeiterstadt – am 26. Februar 1919 im Trauerzug am Sendlingertorplatz an der Einmündung zur Müllerstraße, Postkarte.

---

46 Mündliche Auskunft an den Verfasser am 1. Dezember 1985.
47 *Die Weltbühne* 7 vom 17. Februar 1921, 191 ff.

Der Landtag ist auseinander gelaufen, vom 25. Februar bis 8. März verhandelt der Kongress der Arbeiter-, Bauern- und Soldatenräte auch darüber, ob der künftige Staat als repräsentative Demokratie oder als Räterepublik weiter bestehen soll. Tägliche Massenversammlungen und Kundgebungen sprechen sich für eine Herrschaft der Räte aus. Nachdem der Kongress die Proklamation der Räterepublik mit großer Mehrheit ablehnt und sich für eine Kompromissformel entscheidet, demonstrieren am 29. Februar Hunderte vor dem Landtagsgebäude in der Prannerstraße.

Der Vertreter einer Arbeiterdelegation, Tobias, meint am folgenden Tag vor dem Plenum: *„Proletarier! Ich habe auch in den Zeitungen lesen müssen, dass das »Gesindel«, das gestern vor das Landtagsgebäude gezogen ist, lauter Spartakisten seien. Nein, muss ich Ihnen sagen, es waren in der Mehrheit Mehrheitssozialisten und Gewerkschaftler, die genauso gegen ihre Führer sind wie wir es sind. Wir haben abstimmen lassen und ich werde Ihnen vielleicht das Resultat beibringen, um Ihnen zu zeigen, dass es gerade die Mehrheitssozialisten sind, die gegen ihre Führer sind. (Rufe: Sehr richtig! und Widerspruch) Gerade die Mehrheitssozialisten und die Gewerkschaftler waren es, die gestern Protest eingelegt haben, wie sie gehört haben, dass die Räterepublik glatt abgelehnt worden ist. Ich kann Ihnen eines sagen, dass die Masse darüber sehr empört ist. Sie verlangt mit allem Nachdrucke die sofortige Ausrufung der Räterepublik. (Beifallsrufe und Händeklatschen)"*[48]

Am 1. März versammeln sich um 10 Uhr vormittags mehrere Hundert Menschen auf der Theresienwiese. Sie protestieren dagegen, dass die *Republikanische Schutztruppe* am 28. Februar vier Räterepublikaner aus dem Plenum heraus verhaftet hat. Die Redner sprechen dann über das Für und Wider einer Räterepublik. Da fallen von der Bavaria her scharfe Schüsse, alles stiebt auseinander. Drei Tote und neun Verletzte bleiben liegen. Tobias kämpft sich durch die Schreienden, Laufenden, Fallenden und Stürzenden zu den Soldaten, die schießen. Er verlangt, den Befehlshaber zu sprechen. Dieser meint, *„er habe vom Stadtkommandanten Dürr den Befehl, auf jede Masse, mag sie sein, wer sie will, sofort zu schießen".*[49]

Tobias fährt im Räteplenum fort: *„Proletarier! Ich sage Ihnen noch einmal: Wir werden uns das Straßenrecht nicht nehmen lassen. (Sehr richtig!) Wir werden uns solange versammeln, wie lange wir wollen. Wir tagen nächtelang, wenn es sein muss. Wir werden so lange auf die Straße gehen, bis die Arbeiter ihr Recht haben, und das geschieht mit Recht. Wir fordern die sofortige Bewaffnung des gesamten Proletariats."*[50]

---

48 Stenographischer Bericht über die Verhandlungen des Kongresses der Arbeiter-, Bauern- und Soldatenräte vom 25. Februar bis 8. März in München, 83 – http://daten.digitale-sammlungen.de/bsb00009689/images/ index.html?fip=193.174.98.30&seite=1&pdfseitex=

49 A.a.O.

50 A.a.O.

Dr Levien spricht für das Rätesystem
am Oberwiesenfeld 7. IV. 19.

Unbekannter Fotograf: Postkarte

Ursprünglich sind die meisten Mitglieder der kleinen KPD für die Proklamation der Räterepublik, wie sie vor allem der mitreißende Redner Max Levien fordert. Eugen Leviné, den die Berliner Zentrale nach München geschickt hat, warnt vor diesem Schritt; die Verhältnisse in Baiern seien noch nicht reif dafür und mit den unsicheren Kantonisten der Mehrheitssozialdemokraten könne man nicht zusammenarbeiten.

Begeisterung für eine gute Sache reicht nicht aus. Auch der Vorsitzende der bairischen Arbeiter-, Bauern- und Soldatenräte, Ernst Niekisch, ist skeptisch: „Wo es des Rausches bedarf, um ein Werk zu vollbringen, hat man stets Anlass, Verdacht zu schöpfen."[51]

Felix Fechenbach notiert in seinem Tagebuch: „So ist die bairische Räterepublik geboren worden an einem warmen, sonnigen Apriltag, ruhig, ohne jeden Putsch, ohne Blutvergießen und Plünderungen. Der Straßenbahnverkehr ruht, die Geschäfte sind alle geschlossen. Mittags viertelstündiges Glockengeläute zur Feier des Tages. Auf der Theresienwiese sind die Kommunisten versammelt, die gegen die Räterepublik sind, weil sie nicht auf kommunistischer Grundlage aufgebaut sei. Auf den Plätzen der Stadt ist ein beängstigendes Gedränge. Lebhaft debattierende Gruppen, Zeitungsverkäufer, Passanten, alles wogt durcheinander. Autos fahren durch die Straßen und werfen antisemitische Hetzflugblätter aus. Am Marienplatz versuchen Studenten gegen den Bolschewismus zu demonstrieren, zerstreuen sich aber wieder. In der Nähe des Wittelsbacher-Palais sammelt sich eine Gruppe von Offizieren und Studenten zur Demonstration gegen die Räterepublik. Sie ziehen zum Wittelsbacher-Palais. Ein Soldat der Republikanischen Schutzwache, der dort Posten steht, gibt einen Warnschuss in die Luft ab und die Demonstranten laufen auseinander."[52]

---

51 Ernst Niekisch, Gewagtes Leben. Begegnungen und Begebnisse, Köln/Berlin 1958, 33.
52 Pol.Dir. 15586, Felix Fechenbach, StAM. – Am 7. April proklamieren MSPD, USPD und Anarchisten ohne die KPD die Räterepublik. Niekisch tritt zurück, Ernst Toller wird sein Nachfolger.

Die Räterepublikaner wagen Neues: Otto Neurath kündigt die Vergesellschaftung der Fabriken an. Arnold Wadler will Villen beschlagnahmen. Gustav Landauer arbeitet an einer modernen Universitätsreform. Silvio Gesell erwägt die Geldwirtschaft zu verändern. Erich Mühsam verlangt die radikale Beseitigung des Militärs, fordert die Revolution in Permanenz … Am Abend des 8. April demonstriert die Münchner Garnison. Sie steht hinter der Proklamation und betont, sie sei bereit, die Räterepublik zu verteidigen.

Diese ist im Grunde unspektakulär und harmlos. Das berichten viele Zeitgenossen. Die Schauspielerin Tilla Durieux erinnert sich: *„So traf ich einmal nachts auf zwei Soldaten der Wache, die meinen Ausweis verlangten. Zu meinem Schreck musste ich bemerken, dass ich ihn vergessen hatte. Da entspann sich folgendes Gespräch:* »Freilein, was machens denn so spät in der Nacht?« *–* »I bin vom Theater.« *–* »So, vom Theater sans, nacha missns doch an Ausweis ham!« *–* »Ja, i hab ihn vergessen.« *–* »Na, irgendwas werdens do ham.« *Da fand ich in meiner Tasche einen Heimatschein, auf dem ich unglücklicherweise als Hofschauspielerin vermerkt war.* »Was, königli sans a no?« *–* »Aber gengans, i bin do net königli, das war bloß mei letztes Angaschma, i pfeiff aufs königliche.« *–* »Na, wanns aufs königliche pfeiffn, nacha gengans halt zhaus.« *Und ich konnte passieren.“*[53]

Adrien Turel sieht genauer hin und resigniert. Sein Resümee ist illusionslos: *„Ich [interessierte] mich überhaupt nicht für die albernen Palaver in Sitzungen, wo Gustav Landauer und seinesgleichen über Volkserziehungsprobleme, über die Eignung des Spießers, zum militanten Kosmopazifisten zu werden, kostbare Stunden verplauderten. Nach einigen Kostproben blieb ich fort, schon aus Sorge, ich möchte gegenüber so tief wohlwollenden Humanisten die Grenzen der Courtoisie überschreiten und von ihnen alsdann sogar als militarister Rohling verschrien werden. – Auch wenn man mir in der Münchner Straße zeigte, wie Zehntausende von Bürgerbräuhaus-Habitués mit mächtigen roten Schärpen über dem Leib (auch mit Kind und Kegel) und mit einem ungeladenen Militärgewehr auf der Achsel durch die Hauptstraßen lustwandelten, genau so wie Berliner Familien nach dem Müggelsee in die Mutter Natur, erfasste mich Ekel. – Einmal stand ich am Straßenrand, neben mir ein gewisser Herr v. Martini, Sohn eines kommandierenden Generals, jetzt aber in ein schwarzes Trikot gehüllt, einem Erzengel sehr ähnlich. Wie er auf einen solchen Zug von watschelnden Enten wies und erklärte: das sei die militärische Garantie für die Unstürzbarkeit der Münchener Revolution, habe ich mich stumm und schmerzbewegt abgewandt, denn da ich eine Pistolenforderung niemals annehmen würde, kann ich nicht allen Menschen sagen, was ich von ihnen denke.“*[54]

Für den Nachmittag des 9. April ruft die KPD erneut zu einer Kundgebung auf die Theresienwiese. Der Redner betont, die Räterepublik sei nur ein Ergebnis des Geschachers von Parteiführern. Eine wirkliche Räterepublik sehe anders aus. Die Köpfe heben sich, als ein Flieger über der Menge kreist. Die Flugblätter, die er abwirft, sind von der Regierung Hoffmann, die inzwischen vom unsicheren Nürnberg ins katholische Bamberg übersiedelt ist. In den Blättern heißt es, die fränkischen Bauern und die der Oberpfalz und des Rieses würden sich weigern, Lebensmittel nach München zu schicken. Die Empörung ist groß. Nachdem der Redner berichtet, Oberst Epp marschiere auf Befehl

---

53 Tilla Durieux, Meine ersten neunzig Jahre. Erinnerungen, Frankfurt am Main/Berlin 1991, 284.
54 Adrien Turel, Bilanz eines erfolglosen Lebens. Autobiographie, Zürich/Hamburg 1989, 237.

Hoffmanns mit einem Freikorps nach München, ruft er unter dem Beifall der Menge zum Generalstreik und zur Bewaffnung des Proletariats auf.

Im Hauptbahnhof herrscht immer noch das Schreckensregiment der Bahnhofswache. Die neue räterepublikanische Regierung besitzt so wenig Autorität, dass sie die unhaltbaren Zustände nicht abstellen kann. Reisegepäck wird wahllos „untersucht" und geplündert, Reisende werden schikaniert und geprügelt.

Am 11. April trinkt einer der Schläger eine Halbe im Wirtshaus *Zum Steyrer*, das unweit vom Bahnhof in der Schützenstraße liegt. Er wird vom dortigen Publikum erkannt und vom Schenkkellner verprügelt, humpelt zum Bahnhof zurück und taucht mit zehn Mann Verstärkung erneut im Lokal auf. Hier heben sich drohend die Fäuste, die Gäste stehen auf und expedieren die Männer unsanft hinaus. Auf der Straße kommt es zu einer Massenschlägerei, die Leute der Bahnhofswache geben Schüsse ab. Eine Frau und ein Kind liegen verletzt auf der Straße. Die Menge, die anschwillt, jagt die Soldaten wütend über den Bahnhofsvorplatz und dringt in die Bahnhofshalle ein. Über ihre Köpfe hinweg rattert ein Maschinengewehr. Erst weichen die Menschen zurück, dann stürmen sie erneut den Bahnhof. Inzwischen ist die *Republikanische Schutztruppe* aufmarschiert. Auch sie gibt Salven in die Luft ab, die mit einem Trommelwirbel angekündigt werden. Langsam leeren sich Bahnhof und Vorplatz. Sanitäter bemühen sich um neun Verletzte.

In den Morgenstunden des Palmsonntags verhaften Angehörige der *Republikanischen Schutztruppe* Mitglieder der Räteregierung und proklamieren den Sturz der Regierung. Auf Plakaten, die an Hauswänden kleben, steht, die Stadtkommandantur habe gestützt auf die Münchner Garnison den *Zentralrat* und die Räteregierung abgesetzt. Für den, der weiß, was die Garnison vor fünf Tagen beschlossen hat, ist die Lüge offensichtlich.

Abteilungen der *Republikanischen Schutztruppe* patrouillieren durch die Stadt. Unter Rempeleien entwaffnen Arbeiter einige Trupps, die sie als „Weiße Garde" heftig beschimpfen. *„Ein sehr schöner Sonntag, die prächtigste Frühjahrsstimmung ohne jeden Aprilschauer, begünstigte die Sache der Spartakisten."*[55]

Am frühen Nachmittag des 13. April kommt es zu weiteren Auseinandersetzungen zwischen Räteanhängern und Putschisten. Diese kontrollieren mit einem vollbesetzten Lastwagen und einem Panzerwagen die Straßen rund um den Bahnhof und den Karlsplatz. Der Anarchist Josef Sontheimer fährt ebenfalls mit einem Lastwagen, der an beiden Seiten rote Fahnen trägt, und mehreren bewaffneten Männern durch die Stadt, wirft Flugblätter des *Zentralrats*[56] in die Menge, lässt an ausgewählten Orten anhalten und hält eine Rede. Auf dem Marienplatz begegnen sich die Fahrzeuge. Schüsse fallen; Passanten stieben auseinander. Zwei Straßenbahnen stehen in der Schusslinie; fünf Personen werden verletzt, ein Matrose wird getötet.

---

55 Reichsbahnoberrat Max Siegert, Aus Münchens schwerster Zeit. Erinnerungen aus dem Münchener Hauptbahnhof während der Revolutions- und Rätezeit, München/Regensburg 1928, 59.
56 Gebildet aus Vertretern der MSPD, der USPD, den Vollzugsorganen der Arbeiter-, Bauern- und Soldatenräte und dem *Revolutionären Arbeiterrat*.

Revolutionäre Proletarier!

Eine kleine Gruppe von mehrheitssozialistischen Führern hat mit einigen Soldaten, die an der Räte-Republik Verrat übten, in dieser Nacht einen Putsch versucht. Sie verhafteten eine Anzahl von Mitgliedern des Zentral-Rates.

Der Putsch ist mißglückt.

Die Räte-Republik ist nicht gestürzt.

Aber dieser reaktionäre Angriff gegen Euch, revolutionäre Proletarier, wird das Gegenteil erreichen von dem, was beabsichtigt war. Nunmehr wissen die Arbeiter, daß der Gegner im Hinterhalt lag; daß er zum Sprunge ansetzt, wenn er seine Zeit gekommen glaubt. Die Räte-Republik ist nun gesichert. Allen gegenrevolutionären Elementen zum Trotz wird die Räte-Republik bestehen bleiben. Sie kann erschüttert werden. Aber nach jeder Erschütterung wird sie immer kühner wieder dastehen. Jede Umwälzung führt nur zu umso radikaleren Zielen. Das soll jeder Reaktionär bedenken.

Auf, Proletarier, schützt Eure Räte-Republik! Zieht auf die Theresienwiese, demonstriert für Eure großen Ziele!

Revolutionäre Proletarier, es handelt sich um Eure große Sache; es handelt sich um Eure Macht.

Nieder mit der Reaktion! Serbien ist seit gestern Räte-Republik.

Es lebe das revolutionäre Internationale Proletariat! Es lebe die Welt-Revolution!

Abends 6 Uhr versammeln sich alle Betriebs- und Arbeiter-Räte im Löwenbräukeller.

Die Garnison München steht hinter der Räte-Republik. Die Garnison München wird niemals wortbrüchig an ihrem Gelöbnis werden. Nur verräterische Elemente unter den Soldaten, die keine Ehre im Leibe haben, begingen Verrat an der großen Sache des Proletariats. Ein bairischer Soldat hält, was er versprach. Das mögen sich Bürgertum und Offiziere, die jahrelang die Soldaten zu Sklaven machten, merken.

Der prov. revolut. Zentralrat

Münchner Buchgewerbehaus M. Müller & Sohn

Am Nachmittag versammeln sich 5.000 bis 7.000 Menschen auf der Theresienwiese, um gegen den Putsch zu demonstrieren und die Bewaffnung der gesamten Arbeiterschaft zu fordern. Ein Teil von ihnen bringt die Waffen mit, die an die Arbeiter der Großbetriebe verteilt worden sind, ein anderer Teil sind radikale Soldaten. Zu ihnen stoßen die ArbeiterInnen und Soldaten unter der Führung Sontheimer, und viele Mehrheitssozialdemokraten, die in der Innenstadt vom Putsch überrascht wurden. Sie sind wütend und es braucht nicht viel, dass ein Funke das Feuer entfacht. Aus der Demonstration erwächst die Tat.

„Unter dem Jubel der Menge entwaffnet Sontheimers Truppe die Wache der Republikanischen Schutztruppe im Ausstellungspark und bricht die Waffenkammer dort auf. Die Gewehre werden an die Arbeiter auf der Theresienwiese verteilt, darüber hinaus ein Lastwagen requiriert. Dann gehen die Bewaffneten zur nahe gelegenen Stielerschule, ... einem weiteren Stützpunkt der Republikanischen Schutztruppe. Auch dort lassen sich die Soldaten, es sind nur eine Handvoll, widerstandslos entwaffnen; die Waffen werden an die Versammlung verteilt."[57]

Als gegen Abend ein Auto mit Rotgardisten am Bahnhof vorbeifährt, wird es beschossen. Jetzt fahren und marschieren viele Räteanhänger zum Bahnhof. Sie wollen nicht mehr klein beigeben wie am 10. Januar. Sie schicken drei Unterhändler mit einer weißen Fahne los: Die Putschisten sollen den Bahnhof übergeben und verschwinden!

Die weiße Fahne bedeutet für die Männer der Bahnhofswache und der *Schutztruppe* nichts. Die Räterepublikaner sind für sie „Aufrührer", „Anarchisten", „Bolschewiken" und „Bestien in Menschengestalt". Sie schießen die Unterhändler nieder. Da dämmert es auch den Verhandlungswilligen, dass ihre Gegner nur ein Ziel haben: ihre physische Vernichtung.

Oskar Maria Graf, der mit zwei Freunden die Nymphenburger Straße stadteinwärts geht, hört von Ferne Schüsse und Kanonendonner. Er schreibt:

„Wir rannten, was wir konnten, die Nymphenburger Straße hinunter auf den Stiglmaierplatz zu. Da jagten Menschen mit und ohne Gewehr, massenhaft. Vor dem Löwenbräukeller war ein Geraufe und Geschrei. Das Schießen war jetzt ganz nah und ungewöhnlich heftig. Immer mehr und immer mehr Leute stürmten die Dachauer Straße hinunter. – »Was ist's denn? ... Was?! Putsch!?« fragte ich einen dahinrennenden Arbeiter. – »Ja! Die Hoffmann-Regierung und die Mehrheitler!« flog es abgehackt zurück. Weg war der Mann. In der Luft knatterten Flugzeuge und spieen weiße Blätterwolken. Dahin, dorthin rannten Menschenrotten und haschten nach den herabfallenden Flugblättern, balgten sich um sie, lasen und fingen wild zu schimpfen und zu fluchen an. Rotarmisten und Soldaten legten an und feuerten nach den Fliegern, schossen, schossen. Das Trommelfell drohte einem zu zerspringen ... In der Luft blinkten, über die Köpfe hinweg, unablässig kleine Funken aus den Gewehrläufen und lösten sich in Rauchwölkchen auf. Ich schob mich mit aller Mühe vorwärts, stieß um mich, lief wieder etliche Schritte und gelangte bis an den Rand des Bahnhofsplatzes. Der sah aus wie eine immerfort sich ablösende Ebbe und Flut. Von der Prielmayr-, von der Schützen-, Schiller- und Bayerstraße heraus liefen bewaffnete Massen andauernd Sturm gegen den feuerspeienden Hauptbahnhof, glitten brüllend und heulend wieder zurück und stürmten mit erneuter Erbitterung vor. – »Nie-der! Nie-der! Nie-der!« dröhnte auf, die Maschinengewehre knatterten, die Stürmenden jagten abermals vor und schossen, was aus ihren Gewehren herausging. Im Rauchgeschwader tauchte Sontheimer auf, schwang das Gewehr und schrie zurück: »Vorwärts! Sturm! Sturm!« Zwei Gewehre hatte er außerdem

---

57 Michael Seligmann, Aufstand der Räte. Die erste bayerische Räterepublik vom 7. April 1919, Grafenau 1989, 518.

umgehängt, auf seinem Bauch baumelten zwei Feldstecher, eine breite rote Schärpe trug er, drinnen steckte ein mächtiger Revolver. Um ihn herum pfiffen die Kugeln. »Vorwärts! Auf! Sturm!« brüllte er abermals und alles stürzte hinter ihm nach, wieder ein Kanonenschuß, Fensterscheiben klirrten, Getroffene fielen um, Boden und Häuser zitterten, die Menge, in der ich steckte, wogte weiter vor mit den Stürmern und mit furchtbarem Geschrei in den krachenden Bahnhof."

Schwere Minen explodieren, Geschosse durchsieben die Fahrplanständer. *„In den Fahrkartenschalter Nordbau schlugen ebenfalls mehrere Geschosse ein; eine Kugel ging gerade in dem Augenblicke durch das Fenster in die Wand, als sich die Fahrkartenverkäuferin Fräulein Nothaft zufälligerweise eben gebückt hatte."*[58]

Die „Hoffmänner" fliehen mit einem Zug, ihr Putsch ist gescheitert. *„Das Schießen hatte ziemlich aufgehört, schallend schrie es durch die hohen Hallen: »Sieg! Sieg! Hoch die Räterepublik!« Der Bahnhof war genommen und von Kommunisten besetzt. Lachende Gesichter kamen in mein Blickfeld, von der Arnulfstraße aus war unsere Masse in die Halle gedrungen, bei der Bayerstraße kam ich mit ihr hinaus. Das dichte Gemeng floß wie ein gehackter Brei auseinander, rann über den Platz und in die Straßen."*[59]

Die Aktion kostet 17 Menschen das Leben und fordert zahlreiche Verletzte. Viele, die bis dahin gezweifelt haben oder an den „Sozialismus" der Regierung Hoffmann glaubten, wenden sich nun ganz der Räterepublik zu. Während noch am Bahnhof Schüsse fallen, wählen die Betriebs- und Soldatenräte im *Hofbräuhaus* einen Aktionsausschuss, der aus neun USPD- und MSPD-Mitgliedern und sechs KPD-Mitgliedern besteht, der den alten sozialdemokratisch-anarchistischen *Zentralrat* ersetzt, und der den Generalstreik, für den 22. April eine Großkundgebung und den Aufbau der Roten Armee beschließt.

Jetzt erst recht! Es erfolgt die Proklamation der zweiten Räterepublik.[60] *„Die Sozialdemokratie wagte nicht, offene Parteiversammlungen einzuberufen, so groß war die Angst, dass ihre eigenen Anhänger ihnen den Schädel einschlagen würden."*[61]

Die Hoffmann-Regierung erlässt am 14 April einen Aufruf zur Bildung einer „wahren Volkswehr" und erklärt, sie habe ein Hilfsangebot des Württemberger Freikorps angenommen. Truppen marschieren Richtung München.

---

58 Siegert, Aus Münchens schwerster Zeit, a.a.O., 62.

59 Graf, Gefangene, a.a.O., 281 ff.

60 Nach herrschender Lesart handelt es sich hier um die zweite „kommunistische" Räterepublik. Schließlich seien Kommunisten militant, die anderen nicht! Tatsächlich bilden Mehrheitssozialdemokraten und Mitglieder der USPD während der ganzen Dauer dieser Räterepublik die Mehrheit in den leitenden Gremien, einige Kommunisten sitzen in führenden Stellungen. Im Vollzugsrat, dem obersten Gremium, wirkt neben drei Arbeitern Eugen Leviné. Kontrolliert werden die Gremien von der beinahe jeden Abend tagenden Versammlung der Münchner Betriebsräte. Als gegen Ende Mai diese den Vollzugsrat abwählen, verlässt Leviné seinen Posten ohne Widerspruch. Die „kommunistische" Räterepublik, die zur zentralen Aufgabe die Verteidigung vor den heranmarschierenden Weißen erklärt, wird von vielen Anhängern der MSPD und USPD mitgetragen. – *„In München stammten die Anhänger des Rätegedankens aus allen drei sozialistischen Parteien ... Anhänger einer Räteverfassung, nicht Spartakisten dienten in der Roten Armee. Das ist die Wahrheit, während Militärs und Regierung mit der Lüge arbeiteten, da sie wussten, dass die Hassinstinkte des unaufgeklärten Volkes erregt wurden, wenn sie von Bolschewisten und Spartakisten hörten."* NN, Die Münchener Tragödie, Entstehung, Verlauf und Zusammenbruch der Räte-Republik München, Berlin 1919, 31.

61 Rosa Leviné, Aus der Münchener Rätezeit, Berlin 1925, 37.

Programm

für den Demonstrationstag des Münchener Proletariats

(Dienstag, den 22. April 1919)

Um 11 Uhr:

Truppenschau sämtlicher bewaffneter Arbeiter und Soldaten

vor dem Kriegsministerium in der Ludwigstraße

Um 3 Uhr:

Elf große öffentliche Versammlungen

(Arzbergerkeller, Bürgerbräukeller, Hofbräuhaus-Festsaal, Löwenbräukeller, Mathäser-Festsaal, Münchner Kindl-Keller, Kath. Gesellschaftshaus (Kreuzbräu), Schwabingerbräu, Thomasbräu, Tonhalle, Wagnersaal.)

Um 5 Uhr:

Massen-Versammlung auf der Theresienwiese

(Die Versammlungsteilnehmer in den obengenannten Sälen ziehen in geschlossenen Zügen dorthin).
Nach kurzen Ansprachen:

Demonstrationszug

durch die Lindwurm-, Sendlinger-, Theatiner-, Ludwigstraße zum Siegestor; von dort zurück zur Brienner-straße. Vor dem Wittelsbacher Palais löst sich der Zug in einzelne Trupps auf, welche geschlossen in ihre Quartiere abmarschieren.

Rote Fahnen enthüllen.   Gebäude rot beflaggen.

Die Arbeiter-Sängerschaft verteilt sich gruppenweise auf den Zug.

München, den 21. April 1919.

Der Vollzugsrat der Arbeiter- und Soldatenräte Münchens

Wenden!

Über den 22. April berichten die *Mitteilungen des Vollzugsausschusses der Betriebs- und Soldatenräte*:

„Scharen von Menschen durchfluteten in kleineren und größeren Zügen die Straßen. Aber es waren nur Arbeiter, Proletarier; nirgends war ein fein gekleideter Herr oder eine elegante Dame zu sehen. Es war, als ob die Bourgeoisie der Stadt München von der Erdoberfläche verschwunden war. Nur Arbeiter, Lohnsklaven, die sonst das ganze Jahr hindurch von morgens früh bis abends spät in den dumpfen Fabriken und Werkstätten arbeiten und schuften, um für den Kapitalismus den Mehrwert aus sich heraus zu pressen, füllten nun an einem einfachen Werktage die Straßen. Aber sie waren alle im Zeichen der roten Fahne, im Zeichen des Kampfes da. Die Arbeiter waren bewaffnet. Mit roten Armbinden geschmückt, das Gewehr um die Schulter gehängt, marschierte das werktätige Volk Münchens hinaus vor das Kriegsministerium in der Ludwigstraße …

Es war ein erhabenes, noch nie dagewesenes Bild, wie die Schar der bewaffneten Proletarier in Uniform in einer endlosen Kette sich durch die breite Ludwigstraße dahin wälzte.

Nach flüchtiger Schätzung mochten es wohl 12.000 bis 15.000 Bewaffnete gewesen sein. – Wahrlich eine Zahl, die dazu angetan ist, der Bourgeoisie und ihren Helfershelfern vor der be-waffneten Macht des Proletariats Respekt einzuflößen!

Als die Scharen der bewaffneten Arbeiter und Soldaten durch die Straßen hindurch sich nach der Theresienwiese fortbewegten, sah man an den Häuserfronten entlang geschlossene Türen und herabgelassene Jalousien, hinter denen die Bourgeoisie lauerte in ohnmächtiger Furcht vor dieser Macht, deren sie niemals wieder Herrin werden wird.[62]

Heinrich Hoffmann: Demonstration und Truppenschau in der Ludwigstraße am 22. April 1919.

Am Nachmittag des 22. April finden in München elf Massenversammlungen mit je etwa 4.000 bis 5.000 Teilnehmern statt. *„In den Sälen waren viele Arbeiter mit Waffen gekommen. Hier und da hörte man den Gewehrkolben auf dem Boden aufschlagen und dies allein verlieh all den Versammlungen einen ganz besonderen Nachdruck."*[63] Um fünf Uhr versammeln sich 45.000 bis 50.000 Menschen auf der Theresienwiese, die von dort zum Sitz der Räteregie-rung im Wittelsbacher Palais demonstrieren.

---

62 *Mitteilungen des Vollzugsausschusses der Betriebs- und Soldatenräte* 10 vom 23. April 1919, 1.
63 A.a.O.

Unbekannter Fotograf: Demonstration und Truppenschau in der Ludwigstraße am 22. April 1919.

Zur gleichen Zeit rücken Regierungstruppen unter dem Oberbefehl des Reichswehrministers Gustav Noske gegen München vor.[64] Man hat ihnen gesagt, sie marschierten gegen eine Herrschaft, ausgeübt von „landfremden, kriminellen Demagogen", denen jedes Mittel recht ist, um Terror auszuüben. Am 15. April besetzen Soldaten des III. Armeekorps Dachau.

Hier sind einige gewerbliche Mittel- und Großbetriebe wie die *München-Dachauer Papierfabriken* und die *Pulver- und Munitionsfabrik* angesiedelt. Bei den Wahlen zur Nationalversammlung bekam die USPD in Dachau nur eine Stimme, die MSPD 1.940, die konservative *Bayerische Volkspartei* (BVP) 1.076 und die Liberalen 419 Stimmen. Die Arbeiterinnen und Arbeiter sind beinahe ausschließlich Mitglieder oder Anhänger der Mehrheitssozialdemokratie.

Mit dem Einmarsch der Regierungstruppen regt sich Unruhe. Immer mehr Männer und Frauen mit Kindern mischen sich unter die Soldaten, reden auf sie ein, beschwören sie, sich zurückzuziehen oder die Waffen niederzulegen. Ohne dass irgendjemand den Befehl dazu gegeben hat, kommt es zu einer demonstrativen Bekundung, in der Hunderte

---

64 *Das neue Deutschland ... Aber plötzlich ward es stille. / Noske ballte seine Faust, / Und es rollten seine Augen, / Dass es den Genossen graust, // Und er rief: »Euch lobt der Bürger, / Denn ihr meint's ja alle gut. / Aber hier, seht meine Hände: / Jeder Finger trieft von Blut. // Ruhe, Sicherheit und Ordnung / tun dem Kapitale not. / Fünfzehntausend Proletarier / schlugen meine Garden tot.« // Stürmisch schrien: »Prosit Noske!« / Ebert, Parvus, Scheidemann. / Bauer, David, Landsberg, Heine / stießen mit dem Sektglas an. // »Heil dir, Justav, Held und Sieger, / dir verneigen wir uns stumm. / Wir betrügen unser Volk nur, / aber du, du bringst es um!«* Erich Mühsam, Gedichte. Prosa. Stücke. Ausgewählte Werke Bd. 1, Berlin (DDR) 1985, 331 f.

– die meisten von ihnen Mehrheitssozialdemokraten, aber auch Bürger, die um ihr Hab und Gut besorgt sind – auf ganz individuelle Weise den Soldaten entgegentreten.

Am folgenden Tag verlangt eine Volksversammlung den Abzug der Truppen. Weiße Kontingente, die gegen Allach und Karlsfeld vorzustoßen versuchen, treffen auf den erbitterten Widerstand der Roten Armee. Die Kampfmoral der Regierungstruppen sinkt. Schließlich erfolgt der Gegenangriff. Inzwischen beschimpfen die Dachauer, unter ihnen viele Frauen, die Soldaten, entwaffnen sie zum Teil und jagen sie davon. Der Direktor der *Pulver- und Munitionsfabrik* berichtet:

„Die Roten kamen über Karlsfeld auf Feldwegen gegen die [Bahn-]*Station Dachau, überrumpelten die Bahnhofswache und drangen rasch in Dachau ein; dort fanden sie Unterstützung durch Dachauer Arbeiter und insbesondere Weiber, so dass die im Markt zerstreuten Regierungstruppen Hals über Kopf nach Norden aus Dachau in Richtung Reichertshausen flohen."*[65] Schließlich zieht die Rote Armee unter den Klängen einer Dachauer Kapelle ein.

Eines haben die Offiziere der weißen Truppen gelernt. Sie werden ab jetzt dafür sorgen, dass ihre Soldaten mit der Bevölkerung nicht mehr in unmittelbarer Berührung kommt. Es sei denn, die Waffen sprechen.

Dachau wird von der Roten Armee gehalten. Erst am 1. Mai gegen 16 Uhr marschieren die Regierungstruppen ein.

Flugzettel der Roten Armee.

Die Weißen Truppen umschließen Ende April München. Sie sind bestens ausgerüstet, werden in Panzerzügen transportiert, fahren Panzerautos, sind in funktionierende Abteilungen der Kavallerie, der Infanterie, der Artillerie etc. aufgeteilt und sind aufgehetzt von der gegenrevolutionären Propaganda: *„Bayern den Bayern! Weg mit den landesfremden Volksverhetzern, die sich selbst nur mit Hilfe russischen Geldes die Macht angemaßt haben!"*[66] *„Der Gewalt Gewalt entgegen! Dem Terror, deutscher Zorn! Dann werden sie bald in anderen Tonarten heulen."*[67] Den Rotarmisten ist bald klar: *„D' andern san hoit die mehran."*[68]

---

65 Zit. in: Stefan Gruhl, Rätezeit und Rote Armee in Dachau. Dargestellt anhand eines Augenzeugenberichtes von Johann Vinzent Hofmann, Direktor der ehemaligen Pulver- und Munitionsfabrik Dachau. In: *Amperland*. Heimatkundliche Vierteljahresschrift für die Kreise Dachau, Freising und Fürstenfeldbruck 1/1995, 42 f.

66 F.Mon. 2668, Münchner Stadtbibliothek / Monacensia.

67 F.Mon. 2577, Münchner Stadtbibliothek / Monacensia.

68 „Die anderen sind in der Übermacht."

Während die einen beim Einmarsch der Weißen mit der Waffe in der Hand sich trotzdem verteidigen, flüchten sich andere in das altbekannte Ritual und „feiern" den Ersten Mai auf der Theresienwiese. Musik und Gesänge können das Knattern der Gewehre, das Rattern der Maschinengewehre und die Einschläge der Haubitzengeschosse, die von der Stadt her zu hören sind, nicht übertönen.

Als die Demonstranten am Spätnachmittag von der Wies'n in die Innenstadt zurückkehren, greifen sie in die Kämpfe ein und zwingen Teile der Regierungstruppen, sich bis zum Marienplatz zurückzuziehen. Ein letztes Mal wagen sie den Schritt von der symbolischen Repräsentanz hin zur Tat. Sie können die Niederlage nicht mehr aufhalten.

»WO KOMMEN SIE HER? WER IST DIE DAME? WAS WOLLEN SIE?«

Wie ein mutiger Pazifist einmal auf einen ängstlichen Kriegsminister traf[69]

Die Mächtigen haben panische Angst vor den Ohnmächtigen, denn sie zeigen ihnen, wie sinnlos ihre Macht ist.[70]

Das Kriegsarchiv, die Abteilung V des *Bayerischen Hauptstaatsarchivs*, befindet sich in der Münchner Leonrodstraße. Zehn Jahre nach der Zeit des Umbruchs 1918/19 bat das Archiv Angehörige der Armee zu berichten, was sie in den bewegten Wochen der bairischen Revolution erlebten. Mitteilungen liefen zunächst spärlich ein, füllten aber dann doch einen Akt. Es finden sich darin auch wütende und empörte Äußerungen der Verbitterung über den Verrat aus den eigenen Reihen, über servile Intriganten, über kopf- und mutlose Kapitulanten, über anpassungsfähige Karrieristen in den obersten Rängen des Offizierskorps und im Ministerium und über Demütigungen des stolzen Kriegerstandes. Die Archivakte „206 November-Revolution 1918 – Beiträge zu ihrer Geschichte" dient als Quelle der folgenden Erzählung.

Oberstleutnant Holle begleitet als erster Adjutant im Generalkommando des *II. Bayrischen Armeekorps* die Soldaten, die von Baudour über München nach Tirol verlegt werden sollen. An 27. Oktober kündigt der österreichische Kaiser seinem deutschen Kollegen an, er werde innerhalb von 24 Stunden bei der Entente um einen Separatfrieden und einen sofortigen Waffenstillstand nachsuchen. Der Zusammenbruch der Donaumonarchie lässt Schlimmes befürchten. Werden italienische Truppen über die Alpen marschieren, um marodierend in Baiern einzufallen?

Am 30. Oktober 1918 kommen die deutschen Einheiten um 8 Uhr morgens am Münchner Hauptbahnhof an. Auf dem Platz davor sind weitere Ersatztruppenteile in Reih' und Glied angetreten. Befehle hallen über den weiten Platz. Man marschiert in tadelloser Haltung in die Kasernen.

Im Hotel *Bayrischer Hof* am Promenadeplatz – heute Schauplatz der sogenannten NATO-Sicherheitskonferenz, einer Tagung von Politikern, Waffenlobbyisten und Militärstrategen – ist das Generalkommando untergebracht. Am 11. November 1918 soll

---

69 Der Aufsatz erschien in einer früheren Fassung zuerst in *Geschichte quer. Zeitschrift der bayerischen Geschichtswerkstätten*, Aschaffenburg 12/2004, 12 ff.

70 Konstantin Wecker, Auf der Suche nach dem Wunderbaren. Poesie ist Widerstand, Gütersloh/München 2018, 76.

dieses Hauptquartier nach Innsbruck verlegt werden. In der Stadt häufen sich Gerüchte über plündernde Banden im wilden Tirol.

Am 31. Oktober kapituliert der Bündnispartner Türkei. Anfang November meutern Truppenteile an der Front. Am Sonntag, den 3. November, wird der österreichische Waffenstillstand veröffentlicht. Die Münchner Polizeidirektion erlaubt die Demonstration vom selben Tag auf der Theresienwiese unter der Bedingung, dass weder zur Desertion der Soldaten aufgerufen noch die bairische Republik ausgerufen wird; der Vorschein des Kommenden!

Die Wahl-Kundgebung der USPD für Kurt Eisner, die am 5. November vom *Hackerkeller* wegen Überfüllung auf die Theresienwiese verlegt wird, lässt bei der Stadtkommandantur die Alarmglocken schrillen. Nicht zuletzt ist am folgenden Tag in der *Münchener Post* zu lesen, Eisner habe durch Schwur seinen Kopf verpfändet, dass die Erhebung Münchens bestimmt erfolgen werde.

Der Adjutant der Stadtkommandantur, Oberleutnant d.Res. a.D. Provinzial-Baurat Martin Grünewald, schreibt dem Kriegsarchiv am 2. April 1931: Die Stadtkommandantur hätte bei einer Erhebung schießen lassen und habe allen Ersatztruppenteilen und Lazaretten die Teilnahme an der für den 7. November avisierten Friedenskundgebung verboten. Landtagsabgeordneter Erhard Auer und ein weiterer Mehrheitssozialdemokrat hätten aber dem bairischen Kriegsminister, General der Kavallerie Philipp von Hellingrath, Vorhaltungen gemacht und darauf bestanden, dass die geplante Demonstration harmlos sei. Darauf habe der Minister den Befehl des Stadtkommandanten aufgehoben, Es hätten dann bei der Demonstration viele Soldaten teilgenommen, um Eisner herum seien viele Soldaten gestanden und bei der Erstürmung der Kasernen durch die Revolutionäre habe es Hemmungen gegeben, auf die eigenen Kameraden zu schießen.

Etwa um 5.45 Uhr fordert vor der Kaserne, die das Leibregiment des Königs beherbergt, der Dichter und Anarchist Erich Mühsam vom Verdeck eines Lastkraftwagens aus die Abdankung der Wittelsbacher und lässt die bairische Volksrepublik hochleben.

Harry Kahn schreibt 1928 in der *Weltbühne*: „*Ich persönlich sehe ihn immer, wie er ... an der Seite seiner ebenso handfesten wie herzensgütigen Frau an der Ecke der Münchner Theresienstraße aus dem Tramwagen springt und geschwungenen Regenschirms zur Türkenkaserne rennt, um die vor den geschlossenen Toren der Hochburg des königlich bayerischen Militarismus stockenden Revolutionäre anzufeuern, die erst lachenden, dann nachdenklich werdenden Soldaten zum Anschluss an seine Leute aufzufordern. Ich glaube keine Geschichtsklitterung zu treiben, wenn ich sage, dass ohne Erich Mühsams Eingreifen in jener Minute die Sache des Münchner und damit des gesamten deutschen Umsturzes zumindest auf das Verhängnisvollste verzögert worden wäre ... Das aber ist der ganze Mensch: mit einem Regenschirm auf die Barrikade!*"[71]

Immanuel Birnbaum, Funktionär der *Freien Studentenschaft* an der Münchner Uni, hört den Lärm, der von der Türkenkaserne bis in das Café hinein dringt, in dem er sitzt. Er eilt zum Ort des Geschehens.

---

71 Harry Kahn, Fünfzigjährige. In: *Die Weltbühne* 19 vom 8. Mai 1928, 725 f.

Leonhard Eckertsperger: Ansprache auf der Ludwigstraße,
links angeschnitten die Fassade des Kriegsministeriums.

„Eine temperamentvolle Studentin, die mit mir gekommen war, fauchte mich an: »Das ist doch Unsinn! Kannst du nicht auch reden? Steige auf einen anderen Handkarren und mache den Leuten klar, dass so etwas zu nichts Gutem führt!« Aber da kamen schon die ersten Soldaten aus dem Tor heraus; sie hatten sich die Achselklappen abgerissen und riefen, für sie sei der Krieg aus. Der Wachposten vor der Kaserne hatte sein Gewehr in die Ecke gestellt und ging ebenfalls seines Weges. Meine Begleiterin war entsetzt, aber ich musste ihr sagen: »Da kann man nichts mehr machen, das ist Revolution!«"[72] Der Trupp um Mühsam befreit anschließend die *Max-II-Kaserne*, die Infanterie-II-Kaserne und weitere militärische Stützpunkte.

Es brodelt in der Stadt. Soldaten entfernen die Symbole des Regimes, die schwarz-weiß-roten Kokarden, von ihren Mützen. Offiziere werden entwaffnet, man reißt ihnen die Epauletten ab. Immer wieder sind Schüsse zu hören. An den Straßenecken stehen Redner, die Neugierige um sich versammeln.

Gegen 20 Uhr besetzen die Aufständischen den Hauptbahnhof und das Telegrafenamt. Eine Stunde später sind alle Kasernen in der Hand der Arbeiter und Soldaten, nach einer weiteren Stunde auch der Landtag in der Prannerstraße und die Redaktionen der Zeitungen. Gegen 22.30 Uhr verlässt der König mit seiner Familie die Stadt und fährt mit dem Automobil nach Schloss *Wildenwarth* bei Prien.

Oberstleutnant Holle berichtet im Oktober 1929, dass verwegen aussehende Gestalten gegen Mitternacht in das Hotel *Bayrischer Hof* eingedrungen seien, um den dort untergebrachten Offizieren des Generalkommandos die Waffen und das Ehrenwort abzunehmen, nichts gegen die neuen Machthaber zu unternehmen. Dann habe es geheißen, dass aus dem Gebäude heraus auf ein vorbeifahrendes Patrouillenauto geschossen worden sei. Sofort sei das Hotel unter Beschuss geraten, die erregte Menge habe es stürmen wollen und der verzweifelte Hotelbesitzer habe um Schutz ersucht.

Holle: *„Nach vielen Umständlichkeiten wurde ihm dieser zugesagt und eine Bolschewiken-Wache von ca. 30 Mann zog zum Schutze des Hotels und – Ironie des Schicksals – des Generalkommandos des II. bayer. A-K. auf. Sie sperrten den Promenadeplatz im Halbkreis um das Hotel ab, bei der Bayerischen Vereins-Bank und beim Reisebureau wurden Maschinengewehre aufgestellt, so unterblieb der Sturm auf das Hotel."* Schließlich *„lümmelten sich in unserer Hotelhalle ungefähr 10 Bolschewiken rauchend und schlafend in den Klubsesseln zu unserer »Bewachung«".*[73]

Felix Fechenbach, späterer Sekretär Eisners, erinnert sich anders: Zuerst sei aus dem *Bayrischen Hof* geschossen worden, dann habe er die wütende Masse beruhigt, sei mit fünf waghalsigen Bewaffneten ins Hotel gegangen, habe die Einwilligung in die geforderte Entwaffnung der schicksalsergebenen Offiziere erhalten und sei mit der schriftlichen Erklärung abgezogen:

„Ich erkläre ehrenwörtlich, dass kein Herr das Hotel bayer. Hof verlässt, bevor der Soldatenrat weitere Anweisung gibt. v. Seißer, Major u. Chef des Generalstabes."[74]

---

72 Immanuel Birnbaum, Achtzig Jahre dabei gewesen. Erinnerungen eines Journalisten, München 1974, 71.
73 206 „November-Revolution 1918 – Beiträge zu ihrer Geschichte", BayHStA Abt. V.
74 A.a.O.

Am Morgen des 8. November eilt Holle, der Seißer nicht erwähnt, ins Landtagsgebäude, um die Internierung im Hotel *Bayerischer Hof* aufzuheben. Der mehrheitssozialdemokratische Landtagsabgeordnete Hans Nimmerfall übergibt ihm Passierscheine. In Zivilkleidern verlassen die Offiziere heimlich das Hotel durch Nebentüren – ein beschämender Abgang! Seißer schreibt dem Kriegsarchiv am 28. November 1929 kurz und bündig:

„Am 8.11.1918 fuhr ich in gepumptem Zivilanzug nach Pasing und nahm dort Verbindung mit der 7. preußischen Reserve-Division auf. Am 9. November und in den folgenden Tagen war ich in München."[75]

Ein Krieger ist per definitionem siegreich. Verliert er, muss er sich zu einem Rollentausch bequemen, schmerzhaft und demütigend. Keine größere Schande ist es, sich nur in der Verkleidung der verachteten Zivilisten das Leben retten zu können. Am 27. November 1918 verlässt der Rest der Offiziere schließlich München, um die Demobilmachung in Würzburg durchzuführen.

Ein Pazifist gilt vice versa als feige. Er kann sich noch so oft bekennen, gegen den herrschen den Trend zu sein, nur in der Ausnahmesituation gelingt es ihm, der Öffentlichkeit zu zeigen, dass er mutig ist.

Minister von Hellingrath bleibt bis Mitternacht des 7/8. November 1918 im bairischen Kriegsministerium (Ecke Schönfeld-/Ludwigstraße, heute befindet sich dort u.a. die Abteilung V des *Bayerischen Hauptstaatsarchivs*), fährt dann mit mehreren Offizieren nach Pasing, um von dort mit Hilfe eines bairischen Infanterieregiments und der preußischen 7. Reservedivision München zurückzuerobern.

Viktor Mann, der jüngste Bruder Thomas Manns, Adjutant bei der bairischen Ersatzabteilung, erfährt am 8. November telephonisch: *„Die Truppe sei kurz vor Pasing ausgeladen worden ... und habe sich in strammer Ordnung zugleich mit einer leichten Batterie in Marsch gesetzt. Bei den ersten Häusern des großen Vororts sei man plötzlich auf eine bewaffnete Wache der Revolutionäre gestoßen. Richtige Münchner Luckis mit Sportmützen über alten Militärmänteln, grellen Halstüchern, die Gewehre mit den Kolben nach oben umgehängt, was offenbar ein revolutionäres Kennzeichen sei, und die Koppeln voller Handgranaten. O nein, Blut sei nicht geflossen. Der Anführer der Roten habe die Preußen mit »Brüder, Genossen« angerufen ... »Erhebt die Waffen nicht gegen Eure Brüder«, habe der durchaus nicht nüchterne Rebell gerufen, »werft sie von Euch, Genossen!« Und mit einem Schlag seien die Gewehre des Bataillons auf der Straße gelegen."*[76]

Viele Offiziere sind sich später einig: Der „Sicherheits"-Apparat und seine Technik funktionierte, alles war für den Fall eines Umsturzes bestens vorbereitet, es fehlte nicht an Kommunikation, Waffen gab es genug; allein der Mensch war das Problem – sowohl als Befehlender wie als Gehorchender entsprach er nicht mehr der Norm. Die Balance im feinen Gespinst zwischen Selbstdisziplin und Disziplinierung kam aus dem Takt und dann öffneten sich die Schleusen.

Am 8. November, etwa um 2 Uhr morgens, meldet sich der Artillerieleutnant Kurt Königsberger im Landtagsgebäude, er habe bei der Ersatzfliegerabteilung Schleißheim

---

75 A.a.O.
76 A.a.O.

achthundert Mann, zwanzig Maschinengewehre und einige Haubitzen, die er der revolutionären Regierung zur Verfügung stelle. *„Flink! Schaffen Sie alles her und postieren Sie Ihre Leute mit den Geschützen vor dem Landtag"*, meint Kurt Eisner, wie sich dessen Vertrauter Wilhelm Herzog später erinnert.[77]

Nun könnte man meinen, die in München stationierten zahlreichen Offiziere bilden angesichts des drohenden Umsturzes wenigstens eine schlagkräftige Offizierskompanie, um die strategisch wichtigen Orte der Stadt zu sichern. Aber nur sechs Polizeibeamte bewachen das Kriegsministerium. Zwischen zwei und drei Uhr morgens erscheint ein Trupp von Soldaten mit roten Armbinden. Der Adjutant des Kriegsministers, Major Haller von Hallerstein, erinnert sich am 12. Dezember 1929: *„Etwa zwischen 2 und 3 Uhr morgens erschien unter der Führung eines Juden, der sichtbar noch nie Militärdienste geleistet hatte und nur schnell in eine Uniform gesteckt worden war, eine Wache, die die Schutzleute heimschickte, da sie selbst die Sicherung übernehme."*[78]

Da in dieser Nacht nur Kurt Königsberger und Erich Mühsam tätig waren, kann angenommen werden, dass einer von beiden in einem übergeworfenen alten Militärmantel vom *Mathäserbräu* aus einen Trupp von Rotgardisten mit sich nahm, um die Besetzungen strategisch unentbehrlicher Plätze abzuschließen. Nach der Übergabe des Ministeriums geht Haller in voller Uniform und unbelästigt durch die Kaulbachstraße nach Hause. Gruppen von Leuten begegnen ihm, die Arme hochaufgepackt mit Kleidungsstücken, die anscheinend aus Bekleidungskammern gestohlen wurden.

Mühsam hat sich schon lange mit der Geschichte von Revolutionen beschäftigt. Er weiß, dass es da immer auch zu unschönen Begleiterscheinungen kommt. Er bittet einen der Soldaten, die ihn begleiten, dieser möge doch zu Rainer Maria Rilkes Wohnung gehen und einen Zettel an der Tür anbringen: „Beim Dichter Rilke darf nicht geplündert werden." Unterschrift: „Die Revolution".

Zenzl Mühsam, die etwas früher nach Hause gekommen ist, aber noch nicht schlafen kann, ist froh, als Erich um 4 Uhr in der Frühe heimkommt. Er erzählt ihr mit heiserer Stimme, dass er an diesem Abend und in der Nacht sieben Reden gehalten und zur Revolution aufgerufen habe. Erfolgreich. Zenzl nimmt ihn in die Arme. Beide gehen zu Bett, können aber noch nicht schlafen.

Mühsam meint erstaunt, wenn er bisher als Redner aufgetreten sei, hätten ihm nur wenige zugehört und ihm recht gegeben, die meisten hätten ihn beschimpft oder sich abgewendet. Nicht selten habe man ihm Prügel angedroht und nicht selten sei er sogar geschlagen worden. Nur im Café des Westens in Berlin oder hier im Café Stefanie habe sich immer eine kleine Gemeinde um ihn geschart, die sich über seine Bonmots freute und danach gierte, noch mehr geistreiche Gedankenvolten zu erhaschen, die seinem Gehirn entsprangen. Er war für ihr Amüsement und ihre Zerstreuung zuständig. Wenn er politisch argumentierte, schrumpfte seine Zuhörerschaft.

Mühsam fragt Zenzl: „Was heißt das, für ein und dieselbe Haltung jahrelang geprügelt und auf einmal gefeiert zu werden? Immer gefeuert und einmal gefeiert!"

---

77 Zit. in: Wilhelm Herzog, Menschen, denen ich begegnete, Bern/München 1959, 67.
78 206 „November-Revolution 1918 – Beiträge zu ihrer Geschichte", BayHStA Abt. V.

„Vielleicht solltest Du Dir vorher genau anschauen, ob die Voraussetzungen für Deine Ansprachen günstig sind."

„Wenn ich erst überlegen muss, ob »die Voraussetzungen günstig sind«, dann bin ich blockiert, finde ich keine Worte mehr."

Zenzl sieht ihn an: „Du hast recht, dann ist das Spontane beim Teufel. Wer hat denn den Überblick und kann entscheiden, wann es sinnvoll ist, die Wahrheit zu sagen, und wann es gefährlich wird. Außerdem kann sich ja gerade dann bei deinem Gegenüber etwas ändern, was du gar nicht erwartest. Die Wahrheit zu sagen birgt ja immer ein Risiko. In beide Richtungen!"

Beide schweigen. Dann sagt Zenzl: „Ich denke, das ist ganz klar. Solange du siehst, dass deine Haltung eine positive Wirkung haben kann, bleibst du dabei. Wenn dir klar ist, dass die Voraussetzungen aussichtslos sind, dann bleibst du stumm. Was hilft es dir, wenn du recht hast, und keiner hört dir zu!? Einflusslos recht haben macht krank! Ich habe das in meiner Familie so erlebt." Und nach einer Pause: „Du kannst freilich die Logik nicht umdrehen. Du hast oft Prügel bezogen, weil Du die Wahrheit gesagt hast. Das heißt nicht zwangsläufig, dass der, der die Wahrheit sagt, Prügel beziehen muss. – Erich, bitte sieh immer genau hin. Ich will Dich nicht verlieren."

Zenzl und Erich schlafen nur ein paar Stunden. Erich steht früh auf, isst hastig eine knatschige Semmel mit Marmelade, die noch nie ein Obst gesehen hat, trinkt eine Tasse heißen Ersatzkaffee und meint zu Zenzl, „Ich muss sofort los. Es gibt einiges zu tun. Die Revolution fängt jetzt erst an."

Bevor er ins Kriegsministerium geht, schaut er bei der Universität vorbei. Dort haben sich die Studierenden im größten Hörsaal eingefunden. Angehörige waffentragender Korporationen rufen zu Gegenaktionen auf. Mit großer Mühe macht der übermüdete Mühsam der Versammlung klar, dass der Umsturz notwendig ist und dass auch Universitätsangehörige davon profitieren würden.

Immanuel Birnbaum: *„Ich hatte dann den Antrag zu begründen, einen Allgemeinen Studentenausschuss durch freie Wahl sämtlicher Hörer der Universität zu bilden, der die Interessen der Studentenschaft in der neuen Ordnung wahrzunehmen, soziale Einrichtungen zu schaffen und auch Vorschläge für fällige Studienreformen auszuarbeiten hätte. Das wurde einstimmig angenommen. Zum Schluss sprach dann der herbeigerufene Rektor ... einige Worte, in denen er unseren Beschluss begrüßte und die Anerkennung des Allgemeinen Studentenausschusses versprach; vorher war die Bildung einer solchen Vertretung nie zugelassen worden."*[79]

Mühsam eilt weiter ins Kriegsministerium.

In den frühen Morgenstunden des 8. November ruft der *Arbeiter- und Soldatenrat* die bairische Republik aus. Gleichzeitig trifft das erst 24 Stunden vorher aufgestellte Bataillon Murmann am Münchner Hauptbahnhof ein. Am Nachmittag marschiert es in die Kaserne des II. Infanterie-Regiments. Dort erfährt man, dass die Kaserne des I. Infanterie-Regiments schon gestürmt und geplündert wurde. Um 19 Uhr bittet der Stadtkommandant Generalmajor Friedrich Kunzmann dringend, Oberstleutnant Murmann möge sechs Maschinengewehre mit Mannschaften zum Schutz des Landtagsgebäudes in der

---

79 Birnbaum, Achtzig Jahre, a.a.O., 73.

Prannerstraße schicken. Murmanns Kompanieführer aber verneinen die Verlässlichkeit der Bedienungsmannschaften. Eine Abstellung unterbleibt.

Ober-Kommando der bayerischen Republik.

München, den 8. November 1918.

Durch den ersten Vorsitzenden des Arbeiter- und Soldatenrates bin ich zum provisorischen Ober-kommandierenden der bayerischen Armee ernannt worden.

Als meine Hauptaufgabe betrachte ich die Aufrechterhaltung der Ordnung, deren Störung nur zur Schädigung der Arbeiter und Soldaten und zur Stärkung der Gegenrevolution führen kann.

Ich fordere die Soldaten auf, zurück in die Kasernen zu gehen, dort kompagnieweise Soldatenräte zu wählen, die ihrerseits die Wahl der Bataillons-Soldatenräte vornehmen. Sämtliche Bataillons-Soldatenräte wählen dann den Soldatenrat Münchens, der sich mit den übrigen Garnisonen zwecks Einsetzung eines bayerischen Soldatenrates ins Benehmen setzt.

Diese Wahlen können jetzt in aller Ruhe vorgenommen werden und geben Gewähr dafür, daß alle Mitglieder des Soldatenrates neuerdings das Vertrauen ihrer Kameraden ausgesprochen erhalten.

Ein eigenmächtiges Verlassen des Truppenteils schwächt nur die Macht der Soldaten, indem es ihre Kräfte zersplittert und die Organe der neuen Regierung zur Ohnmacht verdammt. Die neue Regierung wird alles tun, um den Soldaten die Rückkehr zu Frau und Kind, Haus und Hof so rasch wie möglich zu gewährleisten. Eine Demobilmachung auf eigene Faust ist so lange unbedingt zu verwerfen, als die Sicherheit der Landesgrenzen gegen plündernde Banden und die Macht des Soldatenrats im Innern nicht vollständig gewährleistet sind.

Der Soldatenrat wird alles tun, um die Verpflegung der Soldaten und der Zivilbevölkerung zu sichern. Er warnt jedoch alle Soldaten, denen die Sache der sozialen Republik heilig ist, sich zu unüberlegten Ausschreitungen und Plünderungen hinreißen zu lassen.

Die Soldaten, welche sich eigenmächtig Lebensmittelvorräte aneignen, schädigen nur ihre Kameraden.

Das reibungslose Weiterarbeiten der militärischen Verwaltungsmaschine ist gesichert.

Der Oberkommandierende:
gez. Königsberger.

Vorstehendes zur strengsten Nachachtung. Kurt Eisner.

Um 21 Uhr drängen sich immer mehr Menschen um die Kaserne des II. Infanterie-Regiments. Murmann lässt auf dem Kasernenhof ins Gewehr treten, im Westteil der Kaserne dringen Zivilisten ein und plündern. Viele Soldaten desertieren. In der Nacht lässt Murmann die Reste seiner Truppen Richtung Freising abmarschieren, bezieht um 5 Uhr in Unterföhring ein Notquartier, zieht mit den restlichen 200 Mann am Nachmittag des 9. November weiter und nimmt Quartier in Freising. Inzwischen wurde der bei der Donnersberger Brücke abgestellte Zug des Bataillons geplündert und zerstört.

Murmann schreibt am 28. Januar 1930: *„Ein unter solch erschwerenden Umständen gebildetes Bataillon stellt man doch nicht schon in den ersten Tagen seines Bestehens vor die schwierigste Aufgabe für den Soldaten: Kampf gegen die eigenen Volksgenossen. Ein solches Unterfangen musste doch logischerweise zu einem Versager werden und namentlich in jenen Tagen, wo in der Heimat alles Volk nach endlicher Beendigung des Krieges schrie ... Durch das unselige Zusammentreffen von Missgriffen und allzu großer Vertrauensseligkeit, durch das Versagen von Truppen und Behörden beim Aufkommen der ersten revolutionären Handlung ist das Bataillon in ein Drama mit hineingerissen worden, das für die Angehörigen dieses Bataillons mit einem* *wenig ruhmreichen militärischen Abschluss endete, und München kann für sich beanspruchen, mit der sinnlosesten Revolution, die die Welt je erlebt hat, begonnen zu haben."*[80]

Dass die Demokratisierung eine längst überfällige Entwicklung ist, dass überlebte Strukturen mit der Moderne kollidieren und sich nun unter Qualen häuten, sehen die Militärs nicht.

Am Nachmittag des 8. November tritt der *Arbeiter- und Soldatenrat* zusammen und wählt die neue Regierung. Am Samstag, den 9. November, sausen neue Gerüchte durch die Stadt Die preußischen Truppen planen die Gegenrevolution, Kronprinz Rupprecht stehe bereit zur Machtübernahme. Lastkraftwagen mit Rotgardisten rumpeln über das Kopfsteinpflaster, Maschinengewehre werden in der Ludwig- und Maximilianstraße und rund um den Bahnhof aufgestellt.

Erich Mühsam begibt sich ins Amtszimmer des ehemaligen Kriegsministers, nicht zum Sicherheitsausschuss des *Arbeiter- und Soldatenrats* ins *Hofbräuhaus* und nicht in den Landtag, wo die Räte tagen. Er weiß, wenn es zur Konterrevolution kommt, dann von Seiten der Armee. Da heißt es, in der Höhle des „bairischen Löwen" Posten zu beziehen.

Im Dienstzimmer des Ministers residiert jetzt Kurt Königsberger als neuer Oberkommandierender der bairischen Armee. Haller, Adjutant des Ministers, betont später: *„Am Schreibtisch des Ministers saß ein Jude namens Königsberger."*[81] Der Raum ist repräsentativ eingerichtet. Dass die Privatgemächer des Herrn von Hellingrath direkt angrenzen, ahnen Mühsam und Königsberger nicht. Wohin die verschlossene Türe führt, zu der sich die Schlüssel nicht finden lassen, interessiert die Revolutionäre nicht.

Haller, nun in Zivil, besucht seinen verflossenen Chef am gleichen Vormittag. Dieser klagt, er habe in der Eile des gestrigen Aufbruchs vergessen, die in einer Schreibtischschublade befindlichen Privatpapiere an sich zu nehmen. Haller bedauert und meint, es wäre doch ganz einfach: Man müsse nur durch die von der ministeriellen Dienstwohnung in dessen Amtszimmer führende Nebentür in das besagte Zimmer gehen und die Papiere holen. Hellingrath ist sich unsicher; die wüsten Gesellen haben den Krieg in sein Büro gebracht. Er ist weiß um die Nase.

„Philipp, soll ich mitgehen?" Die Frau des Generals ist besorgt. „Komm, hier ist der Schlüssel!" Haller nimmt ihn, schließt auf, öffnet abrupt die Tür, betritt forsch das Amtszimmer, gefolgt vom zögerlichen General und dessen Ehefrau, die vor allem darauf achtet, dass ihrem Manne kein Leid widerfährt.

Mühsam springt erschrocken auf und greift nach einem der Gewehre, die geladen an der Wand stehen: *„Wo kommen Sie her? Wer ist die Dame? Was wollen Sie?"*[82] Haller beantwortet die Fragen. Königsberger hinter dem Schreibtisch verweigert die Herausgabe der Privatpapiere und überlegt laut, ob er nicht den Kriegsminister verhaften lassen müsse, da er preußische Truppen gegen München hetzen wollte.

Mühsam und Königsberger sind sich unsicher, wie sie sich verhalten sollen. Sie lassen die drei Eindringlinge unverrichteter Dinge wieder gehen. Die Papiere erhält Haller später durch Vermittlung des im Kriegsministerium tätigen Beamtenstellvertreters Pfaff,

---

80 206 „November-Revolution 1918 – Beiträge zu ihrer Geschichte", BayHStA Abt. V.
81 A.a.O.
82 A.a.O.

der, wie sich Haller am 12. Dezember 1929 erinnert, *„an sich anständig war, aber sich der roten Gesellschaft zur Verfügung stellte".*[83]

Königsberger verlässt am Nachmittag sein neues Büro. Mühsam schreibt auf die Rückseite einer in zierlichster Schrift gehaltenen Visitenkarte: *„Diese Karte entnahm ich am Sa. Abend, dem 9. November 1918, der Visitenkartenschachtel des letzten bayrischen königlichen Kriegsministers, während ich an seinem Amtsschreibtisch saß und in Vertretung des revolutionären Oberkommandanten der republikanischen Armee, des Kriegsminister Königsberger, die Aufsicht im Kriegsministerium führte. E.M. "*[84]

Am Vormittag des 10. November fährt ein mit einer roten Fahne geschmücktes und von vier Rotgardisten bedecktes Automobil von München nach Schloss *Wildenwarth*. Königsberger und der ehemalige Ministerpräsident von Dandl wollen mit dem geflohenen König über dessen Abdankung verhandeln. Aber Ludwig III. ist schon jenseits der Grenze beim Grafen Moy in dessen Schloss *Anif* bei Salzburg untergeschlüpft.

Am 11. November wird der Tags zuvor ernannte Stadtkommandant Arnold wieder abberufen; jetzt ist Generalmajor Kunzmann erneut Münchner Stadtkommandant. Als Platzmajor fungiert Major Hans Holländer. Ihr Verwaltungswissen wird wieder benötigt, ihre ordnende Autorität hat den Anfang des Endes zu garantieren. Die Sicherheitslage in der Stadt ist stabil. Der mehrheitssozialdemokratische Landtagsabgeordnete Martin Segitz wird am 12. November zum Staatskommissar für Demobilmachung ernannt. Kurt Königsberger meldet sich bei ihm zur Mitarbeit.

Oberstleutnant August Schad nimmt im Juni 1919 eine Hausdurchsuchung in Erich Mühsams Wohnung vor. Er findet auf dem Schreibtisch Papiere, die er eingedenk der historischen Bedeutung des Revolutionärs mit nach Hause nimmt. Erst am 2. August 1929 übergibt er das Konvolut von neun Schriftstücken, darunter die zweckentfremdete Visitenkarte Hellingraths, dem bairischen Kriegsarchiv.

---

83 A.a.O.
84 A.a.O.

DUNST, GERÜCHTE, STIMMUNGSMACHE

Warum unter der Regierung Eisner und während der Räterepubliken
die bessere Propaganda siegte

*Geht einmal euren Phrasen nach
bis zu dem Punkt, wo sie verkörpert werden.*[85]

„Volksverräter, Volksverräter!" Kaum eine Pegida-Kundgebung, auf der in unseren Tagen nicht dieser Ruf gebrüllt wird. Die Gesichter sind hasserfüllt, Fäuste drohen, Deutschlandfahnen flattern: Das Verhalten der Politiker ist ein einziger Skandal. Nicht wegen der unaufhaltsam steigenden Mieten, nicht wegen der miserablen Renten, nicht wegen des Pflegenotstands. Der Protest richtet sich nicht gegen den Klimawandel, nicht gegen die Bildungsmisere, nicht gegen kaputte Schulen und Straßen, nicht gegen Lobbyismus und Parteispenden, nicht gegen die immer krasser auseinanderlaufende Schere zwischen Arm und Reich. Diese Liste ist beliebig zu verlängern und sie wird ignoriert. Der Hass richtet sich einzig gegen Politiker, die die „Umvolkung Deutschlands" planen, die den Zustrom der Fremden fördern, die die deutsche Heimat verraten, indem sie „Asyltouristen" und „Sozialschmarotzern" gutes Steuergeld in den Rachen werfen.

„Volksverräter, Volksverräter" blökte es vor 100 Jahren aus beinahe allen deutschen Zeitungen, nachdem der bairische Ministerpräsident Kurt Eisner von der Ministerpräsidentenkonferenz in Berlin nach München zurückgekehrt war. Auf der Konferenz wurde er von nahezu allen Seiten wegen seiner Kriegsschuld-Veröffentlichungen und seinem daraus resultierenden eigenmächtigem Handeln massiv angegriffen.

Eisner verlangte von Reichskanzler Friedrich Ebert die Entlassung des Leiters des Auswärtigen Amtes und des Vorsitzenden der Waffenstillstands-Kommission. Die Genannten rechnete Eisner aufgrund ihres Verhaltens und ihrer Äußerungen dem alten kriegsverherrlichenden und militaristischen System zu. Sie sollten durch unbescholtene USPD- und MSPD-Politiker ersetzt werden: Deutschland brauche zudem ein provisorisches Präsidium, das an die Stelle des halb aufgelösten Bundesrats zu treten habe und aus neuen, unbelasteten Männern bestehen müsse. Dieses Präsidium solle die Aufgabe haben, alle Verhandlungen mit der Entente zu führen.

Eisner wollte, dass Persönlichkeiten Deutschland auf dem internationalen Parkett vertreten sollten, die auch das neue politische System verkörpern. Er forderte dass die Friedensgespräche nicht alleine von der Reichsregierung, sondern unter maßgeblicher

---

85 Georg Büchner, Dantons Tod. In: Ders., Werke und Briefe, hg. von Karl Pörnbacher, Gerhard Schaub, Hans-Joachim Simm und Edda Ziegler, München 2001, 110.

Beteiligung der Länder geführt werden. Er reiste noch am Abend des 25. November enttäuscht nach München zurück. Mit keiner seiner Forderungen hatte er sich durchsetzen können. Noch in der Nacht sandte er ein Telegramm an den bairischen Gesandten in Berlin, in dem er den Abbruch der diplomatischen Beziehungen zum Auswärtigen Amt bekannt gab.

„Volksverräter, Volksverräter" schrillte es aus beinahe allen deutschen Gazetten, nachdem Eisner von der Internationalen Arbeiter- und Sozialisten-Konferenz in Bern Anfang Februar nach München zurückgekehrt war. Eisner wurde der bestgehasste Mann in Deutschland.

Auf der Konferenz bestanden die drei Vertreter der MSPD immer noch auf ihrem Standpunkt, sie hätten 1914 und in den folgenden Jahren des Weltkrieges die Regierung unterstützen müssen, um das Reich gegen seine Feinde zu verteidigen. Ihnen schlug Misstrauen und eiskalte Ablehnung von beinahe allen Delegierten der anderen Länder entgegen. Die drei Vertreter der USPD – einer von ihnen war Eisner – versuchten dagegen Brücken zu schlagen.

Eisner hielt den Mehrheitssozialdemokraten ihren unbelehrbaren Chauvinismus vor, betonte die deutsche Kriegsschuld und forderte zugleich Völkerversöhnung und einen Friedensschluss, der Deutschland weder erniedrige noch restlos ausplündere. Allerdings protestiere er nicht gegen Maßnahmen der Siegermächte angesichts der Verwüstungen, die die Deutschen in Belgien und Nordfrankreich hinterlassen hätten, und er entrüste sich nicht über die Gefangenenlager in den Entente-Staaten, da er wisse, wie die Zustände in deutschen Gefangenenlagern seien.

Annette Kolb schildert als Augenzeugin den Eindruck, den Eisner auf der Konferenz machte: Eisner stellte *„fest, dass in keinem Lande die Gegner des Krieges so tief gelitten hätten wie die deutschen, und mit jedem Worte wurde sein tonloses und dabei scharfes Organ gebieterischer. Es war unerhört, wie Eisner jetzt über sich selbst hinauswuchs. So buchstäblich war der Geist über ihn, dass seine Person nur mehr wie ein von ihm verlassener und vergessener Schatten die Tribüne behauptete. Was nun verlautete, war ein Plädoyer für Deutschland, wie es niemals ergreifender formuliert wurde. Seine kalte Stimme beibehaltend, die in die Gemüter schnitt, enthüllte er die ganze Tragik seines unglückseligen Volkes. »Die Stimmen derer, welche im Kampf um die Ideen einer besseren Welt namenlos in den Kerkern verblichen,« rief er schneidend den fremden Delegierten zu, »drangen nicht bis zu euch! Stumm verbluteten sie.« – Im Namen jener neuen und besseren Welt verlangte er die Freigabe der zurückgehaltenen Gefangenen. – Man hielt den Atem an. – Da stand ein Entronnener aus eben jener Schar stummer Blutzeugen für die Ideen der Gewaltlosigkeit, der Wahrheit und der Menschenliebe. Dies war ihr Los wie vor 2000 Jahren!"* [86]

Nachdem einige wenige aus dem Zusammenhang gerissene und sinnentstellende Passagen aus Eisners Reden in deutschen Zeitungen veröffentlicht und mit vernichtenden Kommentaren versehen wurden, kam es zu massenhaften Protesten. Keine der Zeitungen brachte eine Richtigstellung der Behauptung, der bairische Ministerpräsident habe sich dafür ausgesprochen, deutsche Kriegsgefangene als Zwangsarbeiter einzusetzen, keine der Zeitungen veröffentlichte seine Reden im vollen Wortlaut. Einzig die *Frankfurter Zeitung* nahm Partei für Eisner.

---

86 Annette Kolb, Zarastro – Memento. Texte aus dem Exil, München 2002, 115 f.

Eisner informierte den Kongress der Arbeiter-, Soldaten- und Bauernräte, der vom 13. bis zum 20. Februar im Münchner *Deutschen Theater* stattfand, über die in Bern stattgefundene Sozialistenkonferenz. Dabei bezeichnete er die Journalisten, die Berichte gefälscht hatten, als „Pressegesindel". Daraufhin verließen die anwesenden Pressevertreter schimpfend den Kongress und stellten die Berichterstattung ein. Sämtliche Münchner Blätter protestierten in einer Erklärung gegen diese „unerhörte" Behandlung der Presse.

Kurt Eisner gegen die deutschen Kriegsgefangenen.

Die Komik des Herrn Eisner scheint sich in der Richtung zur Niederträchtigkeit zu entwickeln. Von seiner für ein unabhängiges Bauerntheater geeigneten „Auslandspolitik" bei Beginn seiner Heldenrolle auf den politischen Brettern zu schweigen, hat er schon einmal auf der Berner Konferenz die Hungersnot Deutschlands und das Recht der Forderung nach Aufhebung der Blockade bestritten.

Vorgestern wieder hat er auf der Konferenz erklärt, er spreche den Deutschen das Recht ab, wegen der Zurückhaltung der Gefangenen Protest zu erheben, da sie keinen Protest gegen die Deportation der Belgier erhoben hätten. Herr Eisner weiß ganz genau, daß es die Sozialdemokratie war, die gegen diese Deportation auf das heftigste aufgetreten ist und auch erreicht hat, daß diese zum Teil rückgängig gemacht wurde. Selbst wenn das aber nicht der Fall gewesen wäre, was können die armen Gefangenen dafür, gegen die Herr Eisner totsicher von der Entente ausgespielt wird? Auf Grund welcher geistigen Erleuchtung und menschlichen Empfindung fällt er Opfern des Krieges in den Rücken, deren Schicksal ihm freilich nicht zustoßen konnte?

Wir fragen Herrn Eisner, ob er sich denn nicht vor den Franzosen schämt, die sich dem Protest der Internationale in dieser Frage – für einen Sozialisten selbstverständlich – angeschlossen haben.

Es scheint wirklich, als wollte Herr Eisner durch seinen chronischen Hang zum Kotau die rühmlichen Eigenschaften deutscher Diplomatie um die der Würdelosigkeit ergänzen.

Er sollte doch lieber wieder über Gerhart Hauptmann schreiben.

Vorwärts 78 vom 12. Februar 1919, 3.

An der Münchner Universität verglich ein Professor den bairischen Ministerpräsidenten unter dem frenetischen Jubel seiner Zuhörer mit Herostrat, dem größten Verbrecher in der Weltgeschichte. Bei einer Protestversammlung im Gewerkschaftshaus tobte die Menge und forderte „Runter mit Eisner! Raus aus Baiern!". Populisten hatten Konjunktur.

Mit seinem „Vaterlandsverrat" hatte Eisner gegen das verstoßen, was die Mehrheitsgesellschaft als moralisch richtig ansah. Ihr kleinster gemeinsamer Nenner war die „Liebe zum Vaterland". So allgemein und mühelos diese Übereinkunft war, so einfach war auch das Verdikt über den Verbrecher, der ausscherte, der von der Norm abwich.

Die Zeitungen – eher dem Herdentrieb folgend – konstatierten einen Anfangsverdacht. Sie bestätigten sich hernach gegenseitig, dass die Unterstellung berechtigt war, überboten sich mit ihrem Skandalgeschrei im Wettbewerb und dann lief es wie von selbst; sie befreiten Emotionen und lösten einen Entrüstungssturm aus, in dem jeder korrigierende Widerspruch ohne Resonanz verhallte:

Erfolg hat, wer die herrschende Moral sich zu eigen macht. Er muss sich nicht mit widersprüchlichen und anstrengenden Argumentationslinien beschäftigen und damit das Publikum überfordern. Er schwimmt auf der Welle der Empörung, die alle vereint und das Gemeinsame bestätigt und verstärkt.[87]

Das ist die Freiheit der Presse. Skandale, die sie hochkocht, lenken von tatsächlichen Affären, Notlagen und Versäumnissen ab; Spektakel überlagert seriöse Berichterstattung.

Die folgenden Zeilen weisen auf Zusammenhänge zwischen 1918/19 und 2018/19 hin, ohne dass dies immer besonders betont wird. Aber zunächst zurück zur Vorgeschichte.

Weltkrieg: Das Völkermorden nimmt kein Ende; ein deutscher Sieg wird immer unwahrscheinlicher. Seit Beginn des Schlachtens war den politisch Verantwortlichen klar, dass sie den Krieg ohne Unterstützung der organisierten Arbeiterbewegung, ohne den „Burgfrieden" und die wiederholte Beteuerung des eigenen Friedenswillens nicht führen konnten.

Je länger der Krieg dauert, desto mehr suchen die, die die Vision eines Sieges in weite Ferne rücken sehen, nach Schuldigen für das Desaster. Schon lange vor dem Weltkrieg macht sich Antisemitismus breit, richtet sich Antifeminismus gegen Frauen, die gegen das Patriarchat aufstehen, und richtet sich Antisozialismus gegen die Arbeiterbewegung, die gegen die nationale Identifikation die Verbundenheit der Arbeiter aller Länder propagiert. Juden, Frauen und Arbeiter werden im Laufe des Krieges zu Sündenböcken.

Der 1891 gegründete völkisch-rassistische *Alldeutsche Verband* will während des Weltkriegs die zukünftige Westgrenze „Großdeutschlands" von Boulogne nach Belfort und die Ostgrenze vom Peipus-See zur Dnjepr-Mündung ziehen, die Ostgebiete mittels „Umsiedlung eindeutschen" und den ganz offensichtlich zögerlichen Reichskanzler stürzen. In der Tradition dieses Verbandes wird im Juli 1916 in München der *Volksausschuss für die rasche Niederkämpfung Englands* gegründet.

Im September 1917 entsteht die *Deutsche Vaterlandspartei* (DVLP), die gegen „Verrat an der Heimatfront" und gegen einen „Verzichtfrieden", den sie auch „Judenfrieden" nennt, auftritt. In ihr tummeln sich neben Konservativen viele Protofaschisten und spätere Nationalsozialisten. Es geht ihnen um vaterländische Propaganda, besonders unter den Arbeitern. Sie agitieren in Großveranstaltungen und provozieren Tumulte und Zusammenstöße, gerade auch in München. Die überwiegende Mehrheit der Unterstützer der DVLP gehört der intellektuellen und politischen Elite und dem Großbürgertum an. Die *Süddeutschen Monatshefte* stehen der DVLP nahe.

Der in der *Reichsbahnhauptwerkstätte München* als Werkzeugschlosser beschäftigte Anton Drexler ruft am 7. März 1918 den *Freien Arbeiterausschuss für einen guten Frieden*

---

87 Am Anfang einer Haltung steht meistens ein intuitives „Wissen", eigentlich das Gefühl, was gut und böse ist, ohne sich dabei im Klaren zu sein, warum das so ist. Die Aufgabe des darauf folgenden diskursiven Nachdenkens liegt fast immer darin, Moral zu begründen und zu rechtfertigen.

ins Leben, eine antisemitische und antimarxistische Gruppierung, aus der später die *Deutsche Arbeiterpartei* (DAP), die Vorläuferin der NSDAP, hervorgehen wird.

Antisemitismus, Antifeminismus und Antisozialismus sind nicht Folgen der Münchner Räteherrschaft, sondern schon seit Jahrzehnten virulent und erfahren im Laufe des Krieges neue Aktualität.

In den ersten Tagen nach dem Umsturz am 7./8. November 1918 sind Monarchisten, Vertreter des politischen Establishments, Alldeutsche und die Führung der MSPD kurzzeitig irritiert. Mit einer Revolution haben die wenigsten gerechnet. Räterepublikaner und Anhänger Eisners behaupten zunächst die Meinungsführerschaft. Die Stimmung in der Arbeiterklasse ist aufgeweckt.

Als ob es selbstverständlich ist, operierte Herrschaft vor 1914 mit einer Mischung aus Konfliktunterdrückung und konsensuell vereinbarten Übereinkünften, welche dann zum Tragen kamen, wenn der Einsatz von Gewalt subjektiv Risiken barg. Die erstarkende Arbeiterbewegung, der – so sah es aus – mit der traditionellen Methodik von Zuckerbrot und Peitsche immer schwerer beizukommen war, ließ dieses gewohnte Herrschaftsmodell fragwürdig werden. Der Weltkrieg bot da neue Chancen. Volksgemeinschaft legte sich über die Klassengesellschaft wie Mehltau und verbarg hegemoniale Herrschaft. Je länger aber der Krieg dauerte, desto klarer wurden die Konturen des mit Zwang gepanzerten Obrigkeitsstaats. 1918 entstanden Mehrheiten, die sich weigerten, diesem Staat zu folgen; sie hatten ihren Glauben an ihn verloren.

Der Zusammenbruch stand wie ein Menetekel an der Wand. Die politischen und ökonomischen Eliten fragten sich, wie sie die verlorene Vorrangstellung zurückgewinnen können, um die eigenen Pfründe und Privilegien zu retten. Dann folgte der tatsächliche Konkurs.

Wer sich in der Welt der Ökonomien bewegt, weiß, dass bankrotte Unternehmungen sich wie Phönix aus der Asche erheben können. Eine neue, den modernen Zeiten angepasste Herrschaft wäre zumindest für kurze Zeit der erfolgversprechende Weg.

Große Teile des bürgerlichen Mittelstands bekunden nach dem Umsturz ihre Mitarbeit am Aufbau einer neuen Ordnung. Im Kampf um die Köpfe entscheidet der, der die kulturelle Hegemonie behauptet. Schon bald macht sich Enttäuschung breit, denn die „neuen Herren" kochen auch nur mit Wasser.

Bis zum 20. November haben die Arbeiter in ihren Betrieben Räte gewählt. Die Räte sind die einzige Institution, die der Arbeiterklasse Verfügungsgewalt verspricht. Der *Münchner Arbeiterrat* (MAR) umfasst sechshundert Mitglieder.

Die alten wirtschaftlichen und politischen Eliten befürchten, dass die Räte die politische Macht erobern; sie würden die Räte je eher, desto lieber abschaffen. Da dies zur Zeit unmöglich ist, werden für sie die Konflikte innerhalb der Rätegremien interessant.

Die Vorsitzenden der Einzelgewerkschaften haben eine Kommission gewählt, um mit Eisner darüber zu verhandeln, dass und wie viele Gewerkschaftsfunktionäre in den Räten vertreten sein sollen. Die drei Gewerkschafter treffen sich mit Eisner und seinem

Sekretär Fechenbach am 14. November nachts um 10.10 Uhr. Eisner versucht ihnen zu erklären, warum Partei- oder Gewerkschaftsfunktionäre in den Rätegremien nichts zu suchen haben. Die drei verstehen nicht, was Eisner meint. Sie betonen immer wieder, sie seien doch seit Jahren und Jahrzehnten die berufenen Vertreter der Arbeiter und sie wären es, die sich in Tarifstreitigkeiten am besten auskennen würden. Zudem hätten sie seit Jahr und Tag in den Verhandlungen die Kapitalseite kennen gelernt. Nur sie könnten mit ihr auf Augenhöhe verhandeln.

Die Diskussion nimmt kein Ende. Eisners grundsätzliche Überlegungen sind in den Wind gesprochen, die Gewerkschafter beteuern immer wieder ihre Unentbehrlichkeit. Schließlich einigen sich die Parteien auf einen Kompromiss: *„Verbandsbeamte sind in den Arbeiterrat nicht wählbar; jedoch wird das Wahlreglement ergänzt und zwar in der Weise, dass Verbandsbeamte im Arbeiterrat beratend an den Verhandlungen teilnehmen können.“*[88]

Zwar dürfen auch jetzt MSPD- und Gewerkschaftsfunktionäre in ihrer Funktion nicht dem MAR angehören, sie sind aber trotzdem anwesend, haben zwar kein Stimmrecht, nehmen aber Einfluss auf die meisten Räte, die Mitglieder in ihren Verbänden sind. Bei den zwei widerstreitenden Positionen, hie Rätemacht, hie Parteistandpunkt, neigt sich ganz eindeutig die Waage zur letzterer.

In den Räteversammlungen und im *Provisorischen Nationalrat* wird endlos debattiert. Auch hier sind die Gewichte ungleich verteilt. Im *Nationalrat* sitzen 12 Münchner Gewerkschaftsführer und die mehrheitssozialdemokratische Landtagsfraktion. Die drückendsten Probleme, Wohnungsnot und mangelnde Lebensmittelversorgung, bestehen weiter und Eisner hat seine erbittertsten Gegner, führende Mehrheitssozialdemokraten, ins Kabinett geholt. Ihm schlägt aus der republikanisch gesinnten Arbeiterschaft, die ihm nicht zutraut, die vom Umsturz unberührt gebliebenen Machtstrukturen zerschlagen zu können, schon bald Misstrauen entgegen.

Die meisten Angehörigen des Mittelstands kehren in das Lager der antirevolutionären Konservativen zurück. Die Unzufriedenheit mit den derzeitigen Zuständen ist enorm, aber dann überwiegt doch das Gefühl, mit der Beständigkeit der gegenwärtigen Ordnung besser zu fahren. Nach außen hin gehen sie ihren Geschäften nach, ihre innere Haltung ist distanziert. Revolution ist nun mal eine höchst unsichere Angelegenheit. Revolutionäre sind halt Idealisten oder sie schlagen alles kurz und klein; im schlimmsten Falle sind sie und tun sie beides.

Eine Grundeinstellung prägt zunächst das Vorgehen der Vertreter des alten politischen Establishments. Unter der Losung der „stillen Propaganda" verhalten sie sich wie vordem und gehen beispielgebend ihren üblichen Tätigkeiten nach: Mal sehen, ob in diesen Tagen, in denen die Räteanhänger den öffentlichen Diskurs bestimmen, nicht Ansätze zu einem Meinungsumschwung erkannt und befördert werden können!

Wenn auf den Straßen Volksredner Ansprachen halten, wenn Räterepublikaner Versammlungen in Bierkellern abhalten, mischen sich ganz unauffällig Männer in die Menge und machen *„alberne oder verständnislose Zwischenrufe; sobald aber neben ihnen ein Arbeiter sagt: »Ach halt doch dei Fotzn, du Lackl, du Lausbua!«, dann verdrücken sie sich ganz*

---

88 MArb 235, BayHStA.

lautlos, um an einer anderen Ecke des Saales wieder aufzutauchen und das Spiel von neuem zu
beginnen, bis sie vielleicht zufällig einen Gesinnungsgenossen neben sich finden.“[89]

Die bairische Monarchie ruhte auf einer komplexen Verwaltung, die jenseits der sich ändernden politischen Konstellationen im Landtag die Staatsgeschäfte effizient erledigte.
Die Macht der Alleinherrscher hatte sich längst auf viele Zweige in der Administration
übertragen. Die Bürokratie pflegte zu allen im Landtag vertretenen Parteien informelle
Kontakte. Wer Politik betrieb, war nur dann erfolgreich, wenn er sich im Dickicht der
Zuständigkeiten und Verordnungsabläufe bewegte wie ein Fisch im Wasser und über
seine Verbindungen rechtzeitig erfuhr, was in den Ministerien geplant und was beschlossen wurde. Ein Minister trug die politische Verantwortung; er tat gut daran, sich
mit seinem Ministerium gut zu stellen. Die Führer der bairischen Sozialdemokratie bereiteten sich auf ihre in Aussicht genommenen Ämter vor, indem sie bei Hofe genauso
wie in den Ministerien wie selbstverständlich auftraten.

Auch nach dem Umsturz vom November bewegt sich Innenminister Auer routiniert
im Geflecht der wechselseitigen Abhängigkeiten, er hält sich streng an die überkommenen Regeln und Rituale seines Ministeriums, kontrolliert und delegiert, alles wie gehabt!
Es gelingt ihm, mit Hilfe seiner eingespielten Parteistrukturen und mit Hilfe seiner guten Verbindungen zum ehemals königlichen Verwaltungsapparat die Eisnerschen Anstrengungen zu unterminieren.

Wenn Rätegremien aus dem ganzen Land bei ihm schriftlich anfragen, ob zum Beispiel Posten neu zu besetzen sind und wie die finanzielle Abwicklung zu erfolgen habe,
antwortet er nicht den Räten, sondern dem zuständigen Bezirksamt, und dies in der Regel negativ. Es gelingt ihm, Initiativen, die Räte aus ganz Baiern entwickeln, abzublocken und zu neutralisieren.

Wird er darauf angesprochen, meint er, er nehme sich die Freiheit des Handelns für
die Freiheit der Baiern. Er unterbinde alles, was die Freiheit des Landes und damit auch
seine Freiheit bedrohe.

Der November-Umsturz nährte in der Arbeiterklasse die Hoffnung, dass jetzt die
Zeit des selbstbestimmten Auftretens und der Mitsprache in allen Belangen anbricht.
Schon bald ist klar: Nichts ist besser geworden.

Nach den „Vorläufigen Richtlinien für die Arbeiter- und Bauernräte“ wird diesen weder ein Kontrollrecht noch die Vollzugsgewalt zugestanden. Ihnen bleibt im Verhältnis
zu den Behörden nur das Recht auf Auskunft und Gehör. Auer hat sich gegen Eisner
durchgesetzt. Am 29. November kursiert in Baiern ein amtliches Schreiben des Innenministeriums:

> *Den Arbeiterräten kommt im wesentlichen lediglich die Aufrechterhaltung der Ruhe*
> *und Ordnung innerhalb der Gemeinden im Benehmen mit der Gemeindeverwaltung*
> *zu. Die bisherigen Gesetze bleiben in Kraft und sind auch von den bisher zuständi*
> *gen Behörden zu vollziehen. Den Arbeiterräten kommen keinerlei Befugnisse an*
> *Stelle der bisherigen staatlichen oder gemeindlichen Behörde zu. Eine Mitwirkung*
> *bei gemeindeamtlichen oder polizeilichen Geschäften ist nur in Form einer Hilfeleistung*

---

89 Ret Marut in: *Der Ziegelbrenner* 15 vom 30. Januar 1919, 17 f.

und nur dann angängig, wenn eine solche Beihilfe von der zuständigen Aufsichtsbe-
hörde für notwendig oder nützlich erachtet wird. Eine selbstständige Ausübung
amtlicher Befugnisse durch den Arbeiterrat ist ungesetzlich. Für entsprechende
Aufklärung ist Sorge zu tragen.[90]

Gustav Landauer meint vor den bairischen Arbeiterräten: „*Das ist eine Polizeiverordnung*
ältesten Stiles, das ist vorsintflutlich aus dem vorigen Jahrhundert ..."[91]

Auf der Sitzung der Arbeiterräte, die aufgrund von Protesten gegen die „Vorläufigen
Richtlinien für die Arbeiter- und Bauernräte" aus der Provinz einberufen worden ist, erklärt Auer am 19. Dezember, dass er über sechshundert Telegramme herausgegeben
habe, in denen Beschlüsse von Arbeiter-, Soldaten- und Bauernräten aufgehoben worden seien. Die Versammelten sind empört. Auer besänftigt sie schließlich mit seiner seit
Jahren bewährten Hinhaltetaktik: Man werde eine Kommission zur Überprüfung der
Richtlinie berufen. Auer ist ein Meister in der Kunst des Abbiegens.

Die Räte hatten es schon immer schwer, sich gegen den Gemeindeauschuss und den
Bürgermeister, also gegen die bisherigen Ortsgewaltigen durchzusetzen. Schließlich bekommen in den baiernweiten Rätegremien Vertreter der lokalen, traditionell orientierten Ober- und Mittelschicht die Oberhand, die im Verein mit dem lokalen Behördenap-
parat die Räte abwickeln.

In der Arbeiterklasse verbreitet sich Resignation. Und die Verfechter der Vergangenheit üben sich, als ob sie sich abgesprochen haben, in weicher, passiver Resistenz. Ihr
nur wenig sichtbarer, hinhaltender Widerstand wird, so ihre Überzeugung, die Vertreter
der neuen Zeit mürbe machen. Ihre Obstruktion wird „beweisen", dass die neuen Verhältnisse nicht lebensfähig sind. Auf allen Ebenen des Staates dominieren mit Tausenden von Fäden verbunden die, die vor allem eines hintertreiben: eine Veränderung in
den Eigentums- und Machtverhältnissen.

Schon wenige Wochen nach dem Umsturz sind Anzeichen eines allgemeinen Mei-
nungsumschwungs erkennbar. Die Begeisterung der ersten Tage ist verflogen, die Luft
ist raus. Jetzt sieht es so aus, als ob alles wieder in „geordnete Bahnen" zurückkehrt.

Kirchen und Kneipen sind die Orte, an denen Meinung gebildet und zur herrschenden verfestigt wird. Mancher Wirt war einst Arbeiter, hat als Gewerkschafter und Sozialdemokrat
agitiert, war bei einem Streik führend dabei und wurde daraufhin auf die „schwarze

---

90 Stenographischer Bericht über die Verhandlungen der bayerischen Arbeiterräte vom 9. Dezember,
    135, http://daten.digitale-sammlungen.de/bsb00009666/images/index.html?fip=193.174.98.30&
    seite= 141&pdfseitex= – „Das Mittel der Reaktion gegen die Revolution ist stets die Anwendung
    des erschütterten Rechtes auf die keimenden Verhältnisse. Ehe die Mentalität der breiten Massen
    von der Erneuerung erfasst ist, ehe das revolutionäre Geschehen in den nicht unmittelbar an der
    Tat beteiligten Gemütern den Weg von der Sensation zum Erlebnis zurückgelegt hat, kann die
    populäre Terminologie des alten Systems zur Verwirrung der Geister und zur Verwischung der
    Gegensätze zwischen gestern und heute wirksame Dienste leisten. Das freiheitliche Schlagwort
    im Munde von Traditionshütern ist die größte Gefahr für die Revolution. Es ist das Mittel, die
    öffentliche Gewalt aus den Händen ihrer revolutionären Usurpatoren in die ihrer früheren Inhaber
    zurückzuschmeicheln." Erich Mühsam in: *Kain. Zeitschrift für Menschlichkeit* 2 vom 17. Dezem-
    ber 1918, 2.
91 Stenographischer Bericht über die Verhandlungen der bayerischen Arbeiterräte, a.a.O.

Liste" der Unternehmer gesetzt. Nirgendwo fand er mehr ein Auskommen als Lohnarbeiter. Da blieb nur die Selbständigkeit. Er wurde Wirt und seine Wirtschaft Parteilokal. Mit seinen Beziehungen zu den Produzenten auf dem Land konnte er manche Kollegen und ihre Familie vor dem Verhungern retten. Seine politische Haltung aber veränderte sich. Er wurde frei von den alltäglichen Scharmützeln am Arbeitsplatz, er nahm den Klassenkampf zwar aus der Nähe, aber doch vom sicheren Beobachtungsplatz aus wahr, er wurde behäbig.

Viele sozialdemokratische Funktionäre sind Gastwirte und dem reformistischen Flügel der Partei zuzuordnen. In ihren Räumen sind rätedemokratische Argumentationen zunächst eher selten zu hören.

Die Arbeiterbewegung hat ein Netz unterschiedlicher Vereine und Verbände aufgebaut. Neben Gewerkschaften, Wohnungs- und Konsumgenossenschaften kümmern sich Arbeitersport-, Gesangs-, Bildungs- und Kulturvereine um ihre Mitglieder. Das weitgespannte Netz dieser Gruppen schafft einen vorpolitischen Raum, der personelle und argumentative Durchlässigkeit über die Klassenschranke hinaus in das Feld der Politik bietet. Ein zünftiger Sozialdemokrat ist selbstverständlich in mehreren dieser Vereine Mitglied.

Weil Russland den Puffer des vorpolitischen Raums nicht kennt, ist hier die Oktoberrevolution erfolgreich. In Westeuropa ist eine Oktoberrevolution undenkbar.

Erhard Auer engagiert sich in vielen Organisationen der Arbeiterbewegung. Wenn der populäre Mann auf Großkundgebungen redet, weiß er sich zu inszenieren. Geschickt gelingt es ihm in seinen Ausführungen, das zu sagen, was sein Publikum hören will. Er hat Spürsinn. In seine Worte webt er die Positionen der MSPD-Führung, auch wenn diese den Erwartungen der Zuhörer widersprechen. Souverän beherrscht er das Gesten-Repertoire der Realpolitik: Er zeigt routiniert Verständnis für Empörung, beruhigt, vertröstet, greift dann wieder mit Allgemeinplätzen „den Kapitalismus" und „die Herrschenden" an, um dann zum Ende hin an die Vernunft seiner Zuhörer zu appellieren und auf die Alternativlosigkeit seiner Position zu verweisen. Allerdings durchschauen immer mehr seiner Parteimitglieder diese Methode.[92]

Die Führer der „Altparteien" melden sich zu Wort. Am 12. November entsteht die *Bayerische Volkspartei* (BVP), Nachfolgerin der *Zentrumspartei* und Vorläuferin der CSU. Am 17. November gründen Vertreter der ehemaligen *Fortschrittlichen Volkspartei* die *Deutsche Volkspartei* (DVP). Am 22. November schließen sich die *Deutschkonservativen*, die *Freikonservativen*, die antisemitischen *Christlich-Sozialen* und Teile der *Nationalliberalen Partei* zur *Deutschnationalen Volkspartei* (DNVP) zusammen.

Sie alle sind die alten Parteien, nur mit einem neuen Label, nennen sich jetzt „Volksparteien" und fordern wiederholt und vehement die Einberufung einer Verfassunggebenden Nationalversammlung. Gustav Landauer stellt erstaunt fest, dass sich die bürgerlichen Parteien *„mit einer wirklich affenartigen Geschwindigkeit umkostümiert haben"*.[93]

---

92 »*Mei, drei Stund hat er gredt, da Auer.*« »*Über wos?*« »*Des hat a ned gsogt.*« Notizheft der Margarethe Kapfhammer, Privatsammlung.

93 Verhandlungen des Provisorischen Nationalrats, 5. Sitzung vom 18. Dezember 1918, Protokolle, 107, http://daten.digitale-sammlungen.de/~db/bsb00009665/images/

Die Linken im fünfzigköpfigen *Revolutionären Arbeiterrat* (RAR), eine Untergliederung des MAR, wissen, dass es nur einen Weg gibt, ein klägliches Ende des Umsturzes zu verhindern. Am Donnerstag, den 21. November, spricht Erich Mühsam im *Franziskaner* in der Hochstraße 7; der Saal ist brechend voll:

> *Ehe ich auf das eigentliche Thema eingehe, möchte ich einem Gefühl des Dankes Ausdruck geben, des unauslöschlichen Dankes für diejenigen, die es möglich gemacht haben, dass wir heute über das Thema hier reden ... Kurt Eisner hat sich vor der Geschichte ein unsterbliches Verdienst erworben (Stürmischer Beifall), deshalb ist es nötig, ihm und seinen Helfern den Dank auszusprechen und ihm zu sagen, dass dieser Dank niemals erlöschen wird und dass das deutsche Volk über Generationen hinaus seinen Namen hochhalten wird ... Das, was die Revolution seit 14 Tagen geleistet hat, ist unermesslich groß. Aber ich glaube, wir können denen, die jetzt an der Spitze stehen, keinen größeren Gefallen erweisen als dadurch, dass wir dauernd hinter ihnen stehen, anspornend, mahnend, drängend, mehr zu tun. Wir wollen nichts gegen diese Personen unternehmen, wir wollen sagen, macht Ihr es, es ist schön von Euch, dass Ihr da steht, tut, was in Eurer Kraft steht, wir wissen, dass es ungeheuer viel ist, was Ihr tut. Aber wir wollen, dass die Revolution an keinem Punkte stehen bleibt, dass sie unablässig weitergeht und sich auswächst zu einer sozialen, zu einer sozialistischen Republik.*[94]

Vor allem warnt der Redner vor der Einberufung einer Verfassunggebenden Nationalversammlung. Am 5. Dezember wiederholt er seine Einwände in einem Massenmeeting in der *Schwabinger Brauerei* in der Leopoldstraße 82 und am 6. Dezember im *Kolosseum* in der Kolosseumsstraße 4. Es sind einige Tausend Arbeiterinnen und Arbeiter, die sich dem RAR verbunden fühlen.

Unter dem Druck der Minister Auer, Timm und Frauendorfer, die mit Rücktritt drohten, hat sich Eisner breit schlagen lassen und einem frühen Termin für Wahlen zum Landtag am 12. Januar zugestimmt. Er meint zwar, dass der Landtag und eine Nationalversammlung entbehrlicher seien als der Rätekongress, aber er konzentriert sich ganz auf seine Außenpolitik.[95] Für Inneres ist Auer zuständig.

---

94 Abschrift, Nachlass Franz Schmitt, BayHStA Abt. V.

95 Eisner meint im Vollzugsrat der Berliner Arbeiter- und Soldatenräte am 25. November: „*Wenn wir gar keine weiteren Wünsche hätten, als möglichst schnell wieder zu dem Parlamentarismus zurückzukehren, den wir noch gestern hatten, dann brauchten wir nicht die Revolution. Die Revolution ist keine Demokratie. Sie will sie erst schaffen. Arbeiter- und Soldatenräte müssen überall die Grundlage der neuen Entwicklung bilden und die Nationalversammlung kann und darf erst dann einberufen werden, wenn die Arbeiter-, Soldaten- und Bauernräte sich so sehr entwickelt haben, dass alles von dem neuen Geiste erfüllt ist, dann darf vielleicht an die Nationalversammlung gedacht werden, sie wird dann auch schon überflüssig sein, weil wir, die A.-, S.- und B.-Räte schon die Nationalversammlung sind. Die Arbeiterräte sind berufen, die Bezirks- und Lokalparlamente zu bilden. Sie würden so viel zu tun haben, dass sie gar nicht Gefahr laufen, ein bürgerliches Parlament zu wählen. In diesem Augenblick werden die Arbeiterräte anfangen, das zu sein, was sie sein wollen. In der Arbeit bildet sich ihre schöpferische Macht.*" Die Freiheit. Berliner Organ der Unabhängigen Sozialdemokratischen Partei Deutschlands 22 vom 27. November 1918, 2.

Den wenigen Linken ist damit klar, dass die Revolution gescheitert ist. Alle ehemals herrschenden Interessengruppen haben genug Ressourcen, um in die Propaganda-schlacht zu ziehen. Die Linken haben weder Geld noch Medien.

Ihnen ist auch klar, dass mit den Wahlen der Weg in eine bürgerliche Republik einge-schlagen wird. In dieser Republik, sagen sie, scheint es nur so, als ob Parteien in Wahlen mit Zustimmung des Volkes miteinander um die Macht konkurrieren. Tatsächlich ha-ben sich die wirtschaftlichen Eliten mit dieser formalen Demokratie ein Instrument ge-schaffen, mit dessen Hilfe sie ihre ökonomische Vorherrschaft sichern und auch ausbau-en können. So werden sie alle gesellschaftlichen Konflikte einhegen, in prosperierenden Zeiten Kompromisse im Konflikt zwischen Kapital und Arbeit schmieden und in Kri-senzeiten Angriffe auf die Institutionen des Staates abfedern. Da sich alle Parlaments-parteien an den Interessen der „Wirtschaft" orientieren, ist die demokratische Republik die denkbar beste Form, die Herrschaft der ökonomischen Eliten auch in Zukunft zu si-chern. Und im Hintergrund wartet mit ungebrochenem Ehrgeiz unverdrossen das Mili-tär, vor allem seine Offiziere. Auch wenn es zur Zeit untätig scheint, es steht Gewehr bei Fuß.

Ein Teil der Linken plädiert für Wahlboykott, die anderen stehen auf der Straße als Redner oder ziehen mit Trommeln durch die Vorstädte, um für die USPD zu werben. Beide haben keine Chance.

Die MSPD überschwemmt die Stadt mit Flugblättern und lässt 10.000 dreieckige Pappschildchen drucken, die am Anzugrevers getragen werden können.

Die Chefredakteure der großen Münchner Zeitungen lesen selbstverständlich jeden Tag die Blätter aus den Häusern ihrer Konkurrenz. Sie registrieren die Quellen, aus denen die Rivalen schöpfen, beobachten deren Argumentationslinien und versuchen die sich anbahnenden Trends im öffentlichen Meinungskampf rechtzeitig zu erspüren. Auf ihren Schreibtischen liegen auch die überregionalen Blätter, die als Meinungsführer gelten wie das Zentralorgan der MSPD, der *Vorwärts* aus Berlin.

Die Stimmung kippt. Eisners Popularität ist schnell im Sinken. Die Tagespresse lässt seit Ende November kein gutes Haar an ihm, bezeichnet ihn als Galizier namens

„Salomon Kosmanowsky" und unterstellt ihm, er wolle eine Räteherrschaft nach russischem Muster errichten. Diese Behauptungen multiplizieren sich in anderen Blättern. Begriffe werden besetzt und gesetzt, kontinuierlich auftauchende Sprachregelungen erhalten Allgemeingültigkeit.[96]

Der *Vorwärts* löst die Kampagne aus. Hier schreibt Redakteur Kuttner, Eisner sei „*letzten Endes der kompromittierteste Sozialdemokrat in ganz Deutschland*".[97]

Dieser hält nichts von Zensur und steht damit vor einem Dilemma. Er weiß, Freiheit im Kapitalismus schafft Unfreiheit. Aber auch die alte Weisheit „*Zwischen dem Starken und dem Schwachen, zwischen dem Reichen und dem Armen, zwischen dem Herrn und dem Diener ist es die Freiheit, die unterdrückt, und das Gesetz, das befreit*"[98], die ihm Freunde vorhalten, kann ihn nicht umstimmen. Zumindest versucht er am 29. November den Ministerrat zu bewegen, dass er in einem Erlass diejenigen Zeitungsberichte, die gegen die Entente Stimmung machen und die damit die Friedensverhandlungen gefährden, verbietet und die Zeitungen zwingt, ihre Quellen offenzulegen. Seine Ministerkollegen winken ab.

Eisner resigniert. So rechnet er in einem Flugblatt wenigstens mit den Zeitungen ab:

> München, 29. November 1918
>
> *Zur Kenntnisnahme. Man bemüht sich von allen Seiten mich aufmerksam zu machen auf die albernen Artikel, die eine gewisse Presse gegen meine Person richtet. Ich erfahre daraus allerlei interessante Bereicherungen meiner Biographie. Man erweist mir darin auch die Ehre, mich mit einem Familien- und Erwerbssinn zu begaben, der mir nur in geringstem Maße bisher beschieden war. Schon habe ich meinen gesamten Familienanhang in gut bezahlten Stellungen untergebracht. Besorgte Leute verlangen von mir, dass ich gegen solche Äußerungen, die doch nur eine Fäulniserscheinung des zusammengebrochenen Systems sind, einzuschreiten. Ich wiederhole, dass die Presse in voller Freiheit soviel Dummes und Kluges, soviel Anständiges und Schmutziges produzieren soll, wie es ihrem geistigen und moralischen Vermögen entspricht. Ich habe in den 4½ Kriegsjahren soviel Verachtung gegen diese Presse aufgehäuft, dass sie genügt, um mich für den Rest meines Lebens gegen jede Neigung zu festigen, auch nur polemisch mich mit ihr zu befassen.*
>
> *Ministerpräsident des Volksstaates Bayern: Kurt Eisner.*[99]

Ein „mitleidiger" Text des „alten Freundes" Friedrich Stampfer veranlasst schließlich die bürgerliche Presse, jegliche Zurückhaltung in ihren Angriffen auf Eisner aufzugeben:

---

96 Schon die alten Römer wussten: „Audacter calumniare – semper aliquid haeret." (zu deutsch: „Verleumde nur dreist, es bleibt immer etwas hängen.")

97 *Vorwärts* 329 vom 30. November 1918, 2.

98 Jean Baptiste Henri Lacordaire, Conférences de Notre-Dame de Paris, Tome Troisième: 1848 – 1850, Paris 1855, 246.

99 F.Mon. 2578, 2690, Münchner Stadtbibliothek / Monacensia.

Wozu wären wir ein befreites Volk, wenn es nicht erlaubt wäre, einem alten Freund offen und öffentlich zu sagen: „Du hast in deinem Leben schon viele Böcke geschossen, aber daß du dich von deinen revolutionären Schwabinger Literaturfreunden zum Ministerpräsidenten machen ließest, daß war dein allergrößter Bock! Wir alle, in der alten und in der neuen Partei wünschen wir dir alles Gute und schätzen deine wirklichen Fähigkeiten. Kein einziger aber, mag er Sozialdemokrat oder Unabhängiger sein, hat Vertrauen zu deinem politischen Urteil. Kein Parteitag, weder ein sozialdemokratischer noch ein unabhängiger, würde dir in freier Wahl einen politischen Wirkungskreis von entscheidender Bedeutung anvertrauen. Du lebst in einer Welt des holden Wahnsinns, wenn du glaubst, du eingewanderter Berliner Literat, der im öffentlichen Leben Bayerns noch nie eine Rolle gespielt hat und den man in Bayern bis vor drei Wochen kaum kannte, du könntest dich auf das Vertrauen des bayerischen Volkes stützen. Alles, was du in deinem Leben gut gemacht hast, verdirbst du mit diesem tollen Streich!"

So würde jeder aufrichtige Freund zu Eisner gesprochen haben. Aber es scheint, daß ihm in München aufrichtige Freunde fehlten, und so ist das Unglück geschehen. Als ein aus allen Himmeln Gestürzter und Zerbrochener wird dieser Phantast binnen kurzem sein Amt verlassen, nachdem er namenloses Unheil angerichtet haben wird.

Was tut die Berliner Parteileitung der Unabhängigen, um den holden Schwärmer zu zügeln? Leider so weit zu sehen ist, nicht das allermindeste, und die „Freiheit", die gefällige Offiziosin aller unabhängigen Ministerstreiche, bestärkt ihn noch in seinen Verrücktheiten. Unsere Kollegen vom Schiffbauerdamm denken doch über diese abenteuerliche Ministerpräsidentschaft genau so wie wir. Warum sagen sie es nicht? Wo bleibt da die Preßfreiheit?

Diese Ministerpräsidentschaft hat mit dem großen Ernst unserer Zeit nichts zu tun. Sie steht zu ihm in erschütterndem Gegensatz. Kasperlekomödie des Lebens, frei nach Frank Wedekind, von Kurt Eisner mit dem Dichter in der Titelrolle. München-Schwabinger Naturtheater. In fünf Minuten geht der Vorhang herunter und dann ist Schluß.

Schade um ihn!

Stampfer im *Vorwärts* 331a vom 2. Dezember 1918, 1 f.

Ein Redner, der am 1. Dezember vor der Feldherrnhalle für Kurt Eisner spricht, wird von der Menge niedergeschrien und flüchtet in die Residenz; er fürchtet gelyncht zu werden. Die Residenzwache liefert ihn wieder aus und er muss seine Äußerungen widerrufen. Der „gesunde Volkszorn" hat sich zwar inzwischen etwas gelegt, die Menge zieht aber nun mit den Rufen „Nieder mit Eisner!" zum Promenadeplatz. Nur mit Mühe können die Wachen vor dem *Bayerischen Hof* die Menge zerstreuen.

Kein gleiches Wahlrecht in Bayern.

Der bayerische Finanzminister Dr. Jaffé hat dem Hauptschriftleiter der „Münch. N. N." in einer Unterredung eine neue demokratische Vertretungsform entwickelt: Das provisorische Zentralparlament kann nicht auf der demokratischen Basis allgemeiner Stimmengleichheit aufgebaut sein, sondern soll sich dem durch die Revolution geschaffenen Rätesystem anpassen. Zu den zurzeit bestehenden drei Räten, dem Arbeiterrat, dem Soldatenrat und Bauernrat, sollen noch zwei weitere neue Kurien treten, nämlich eine der freien Berufe, in der alle geistigen Arbeiter, Beamte, Aerzte, Schriftsteller und Künstler zu Worte kommen sollen und eine Gewerbekurie, die die selbständigen Erwerbstätigen im Handel, Verkehr, Industrie und Handwerk umfassen soll.

Es wird in Bayern der Aera Eisner immer hübscher. Erst feierliche Verwahrung gegen den Bolschewismus, Bannsprüche gegen das angeblich verbolschewitte Berlin und dann graziöses Hineingleiten in das russische Sowjetsystem. Immer lustig — aber wie lange noch?

Vorwärts 332 vom 3. Dezember 1918, 5.

Die spontane Besetzung der Münchner Zeitungen am 6. Dezember hätte die Hetzkampagne zumindest in München beenden können; Eisner selbst schlägt mit seiner ganzen Autorität den Revolutionären dieses Instrument aus der Hand. Der rechten Diskursdominanz, den Plakaten, Flugblättern und Zeitungen der „Demokraten", Monarchisten und völkischen Antisemiten können die Linken fast nichts entgegensetzen.

Das Kesseltreiben gegen Eisner findet auch im *Provisorischen Nationalrat* statt, der am 13. Dezember seine regelmäßige Tätigkeit aufnimmt. Am 14. Dezember meint der Regimentsrat des Leibregiments, Conrad Lotter, der am 19. Februar vergeblich versuchen wird, mit seiner Mannschaft Eisner zu stürzen:

„Die gegenwärtige Volksregierung ist vollständig im Volke verankert, aber nicht die Person des jetzigen bayerischen Ministerpräsidenten ... Die Hauptursache liegt darin, dass der jetzige Ministerpräsident Nichtbayer ist. Er stammt aus Galizien und kommt von Berlin und das ist die Ursache, dass das Volk kein Vertrauen zu ihm hat ... Ich kann Ihnen heilig versichern, wenn ein Mann wie Auer an der Spitze stände, hätten Sie das ganze Volk in seiner Mehrheit zu 99 Hundertstel hinter sich. (Unruhe und Widerspruch.)"[100]

Münchner Neueste Nachrichten vom 18. Dezember 1918.

Die „Qualitätsmedien" streuen Gerüchte, mischen Fakten mit behaupteten Vermutungen, arbeiten mit allen Mitteln. Hilflos ballen Räterepublikaner die Fäuste. Bekommen Spartakisten tatsächlich 15 Mark am Tag? Gibt es interessierte Kreise, die die Spartakisten „benutzen", indem sie sie finanzieren, um Zuspitzungen zu provozieren und um dann die Konterrevolution auf den Plan zu rufen? Landessoldatenrat Fritz Schröder bringt diesen Fall noch am gleichen Tag im *Provisorischen Nationalrat* zur Sprache:

Ich weiß nicht, woher der Unteroffizier diese Weisheit hat; aber jedenfalls wäre es seine Pflicht gewesen, wenn er es wirklich ernst mit der Sache meint, auf das

---

100 Verhandlungen des Provisorischen Nationalrats, a.a.O., 3. Sitzung vom 14. Dezember 1918, 42. – „*Ausländer, Fremde sind es meist, / die unter uns gesät den Geist / Der Rebellion. Dergleichen Sünder, / Gottlob, sind selten Landeskinder!*" Heinrich Heine: „Erinnerung aus Krähwinkels Schreckenstagen", https://www.staff.uni-mainz.de/pommeren/Gedichte/HeineNachlese/kraeh-w.htm

Angebot einzugehen, um festzustellen, woher das Geld kommt. (Rufe: Sehr rich-
tig!) Ich glaube, es ist außerordentlich wichtig, einmal zu wissen, wer die eigentli-
chen Geldgeber sind. Aber das mit den Bestrebungen des Spartacusbundes identifi-
zieren zu wollen, muss ich auf das entschiedenste zurückweisen. (Sehr richtig!
Rechts) Ich stehe selbst mit dem Spartacusbund in Verbindung, (Rufe: hört, hört!)
ich kenne seine Bestrebungen, ich bekenne mich zu seinem Programm, ich weiß,
was er will, und habe das Recht, gegen diese Verleumdungen zu protestieren; denn
es sind nach meiner Auffassung die gemeinsten Verleumdungen. Wir wollen nicht
einen Kampf der brutalen Faust; um was es sich für uns handelt, ist die Revolutio-
nierung der Köpfe der Arbeiter. Wir ringen um die Köpfe und um die Seelen der
Arbeiter, wir wollen einen geistigen Kampf führen. Das muss aber Überzeugungs-
sache sein und nicht gegen einen Taglohn von 15 M. Ich habe die Empfindung, als
ob dahinter ganz andere Elemente ständen, (sehr gut!) als ob bestimmte Gruppen
ein Interesse daran hätten, noch mehr Unordnung zu bringen, um dann wieder die
Diktatur der Maschinengewehre etablieren zu können, um angeblich Ruhe und
Ordnung wieder herzustellen.[101]

Schröder stellt fest: Die Münchner Tageszeitungen könnten über das Programm des *Spartakusbundes* berichten und es selbstverständlich mit ablehnenden Kommentaren versehen. Offenbar hätten sie aber nicht genügend Gegenargumente und greifen deshalb zu anderen Mitteln, zu fake news.

Wenn sie entstellen und verdrehen, dann mit einem Augenzwinkern. Denn immer ist auch eine Gaudi dabei, wenn in Baiern gelogen wird. Wer das rausholen will, was ihn am meisten druckt, und dabei zu unsauberen Mitteln greift, verdient allenthalben Respekt. Wenn einer die Fabel als solche erkennt und zu den Unsrigen gehört, der hat was zum Schmunzeln. Wenn einer den Schwindel nicht erkennt, um den ist's eh nicht schad.

Da wird der Ton rauer, die Umgangsformen gröber. Gustav Landauer wettert am 30. Dezember, *„dass die Presse mit ihrem kecken Geschrei, mit ihrem planmäßigen Vorgehen gegen die Revolution nur die spanische Wand von Dunst, Gerüchten, Stimmungsmache usw. usw. ist, hinter der die Gegenrevolution ihr Spiel vorbereiten will. (Sehr richtig! rechts.) Ich frage die Regierung, wie lange soll diese sogenannte Preßfreiheit noch geduldet werden? (Sehr gut!) Das ist keine Preßfreiheit, das ist Preßmonopol. Einige wenige besitzende Apparate der Presse besitzen sogar in der gegenwärtigen Zeit das Recht, von Berlin mit Hilfe der Papierverteilungsstelle Papier zu beziehen. Einige wenige, die ihre privaten Interessen, die Interessen ihrer Kaste, die Interessen des Kapitalismus, der Bourgeoisie wahren, lassen an diese Pressen nicht den Geist, nicht die, die etwas zu sagen haben, nicht die, die erglühen für Menschheit und Menschlichkeit. Sie lassen an diese Pressen die von ihnen angestellten Redakteure, die von ihnen ausgewählten und bezahlten Mitarbeiter. Nennt man das in Wahrheit Preßfreiheit? Preßfreiheit wäre, wenn jeder, der was zu sagen hat, wenn jeder, der im Ernste dieser Stunde das Recht hat, zum Volke zu sprechen, auch die Möglichkeit hätte, zum Volke zu reden. Ich erkläre, das ist keine Preßfreiheit, was wir haben."*[102]

---

101 Verhandlungen des Provisorischen Nationalrats, a.a.O., 138.
102 A.a.O., 199.

Im *Provisorischen Nationalrat* sehen sich Eisner und einige wenige Linke einer geschlossenen Phalanx von rechtskonservativen Mehrheitssozialdemokraten und Vertretern des Bürgertums gegenüber, die, wie schon im Landtag des Königreichs, mit allen Schlichen des alten Parlamentsbetriebs Tagesordnungen und Themen setzen, in ihren Fraktionen Taktik und Strategie des Vorgehens besprechen, Interpellationen der Linken ins Leere laufen lassen und mit geschickter Öffentlichkeitsarbeit der Bevölkerung suggerieren, dass dieses provisorische Parlament nur als Vorläufer des Landtags anzusehen ist.

An die provisorische Regierung.

Die Ereignisse der letzten Zeit, insbesondere der letzten Tage, lassen keinen Zweifel mehr zu: wir stehen vor der Gefahr der Anarchie.

Die Presse wird bedroht, von Versammlungsfreiheit ist nicht mehr die Rede. Die Wahlfreiheit steht auf dem Spiele. Wird der Landtag, wenn er überhaupt zustande kommt, auf Freiheit der Tagung rechnen können?

Hat die Regierung nicht den Willen, zu regieren, oder hat sie nicht die Macht?

Ihre eigene Partei und der vor dem Feinde bewährte Kern der Soldaten will von dem Schreckensregiment zuchtloser Gesellen sowenig wissen wie wir alle. Aber die Mächte und die Kräfte der Ordnung sind gelähmt, wenn der Ordnungswille der Regierung versagt.

Will die Regierung die Ordnung oder will sie die Anarchie?

Wir richten diese Frage hiermit öffentlich an die provisorische Regierung, insbesondere an den derzeitigen Ministerpräsidenten Eisner. Wir erwarten und verlangen eine bestimmte, unzweideutige Antwort; nicht nur mit Worten, sondern mit der Tat — mit der ohne allen Aufschub eingreifenden und durchgreifenden Tat.

Bleibt diese Antwort aus, so wissen wir und weiß ganz Bayern, daß weder von der vorläufigen Regierung, noch von einem unter ihrer Verantwortung zu wählenden Landtag etwas anderes zu erwarten ist, als das unaufhaltsame Versinken im bolschewistischen Abgrund.

Bayerische Volkspartei.   **Deutsche Volkspartei.**
Nationalliberale Partei München.

20. 12. 18.

Franz August Schmitt, Die neue Zeit in Bayern, München 1919, 42 f.

Der Druck der Konservativen wird immer stärker. Truppenteile, die nach München heimkehren, werden mit allen Ehren von der Stadt empfangen. Viele Soldatenräte opponieren dagegen. In patriotischen Reden heißt es, sie seien „im Felde unbesiegt". Stolz lassen Offiziere ihre Mannschaften paradieren. Will einer der Soldatenräte eine Rede halten, lautet der Befehl an die Truppe „Wegtreten!" Das Bürgertum steht am Straßenrand, jubelt und verdrängt das Scheitern seiner Großmachtträume.

Immer häufiger werden Angriffe auf Links mit dem Verdikt gegen den Bolschewismus verknüpft: Verbrechen über Verbrechen, unfassbare Gräuel, die die russischen Bolschewiki seit der Oktoberrevolution anhäufen. An diesem Popanz arbeiten viele Exilrussen, die ihre Privilegien oder ihr Eigentum verloren haben, an diesem Popanz arbeitet der Berliner *Vorwärts* mit Anzeigen, die ganze Seiten füllen, und die am 1. Dezember in Berlin mit großindustriellen Geldern gegründete *Antibolschewistische Liga.*

Riesige Plakate warnen vor Anarchie, Terror, Bolschewismus. Hinter ihnen steht das große Geld. Räterepublikaner zahlen ihre Flugblätter aus eigener Tasche.

Walter Schnackenberg: Plakat vom Dezember 1918.[103]

---

103 Mit dem gleichen Sujet gestaltet Schnackenberg ein Plakat für die *Vereinigung zur Bekämpfung des Bolschewismus* in Berlin mit dem Text: „Bolschewismus bringt Krieg, Arbeitslosigkeit und Hungersnot".

Am 26. Dezember nehmen Zenzl und Erich Mühsam an einer Versammlung teil. Auf dem Heimweg gehen sie gegen 23 Uhr durch die Schwarzmannstraße. Da knallen fünf Schüsse aus kurzer Entfernung. Sie gehen fehl; vielleicht sind es aber auch Platzpatronen.

Mühsam: *„Aber das ist das Bezeichnende an der an sich unwichtigen Angelegenheit, dass die Terroristen des Weltkrieges, die das Volk für ihre Zwecke zu jeder Gewaltduldung missbrauchen konnten, das Gewaltbedürfnis einzelner schon jetzt, ein paar Wochen nach Ausbruch der Revolution, gegen die Träger des revolutionären Gedankens lenken können, gegen die, die das gequälte und verratene Volk durch die Revolution zur wahrhaften Befreiung, zum Sozialismus führen möchten."*[104]

Am 27. Dezember hängen in der ganzen Stadt Plakate: *„Aufruf zur Bildung einer freiwilligen Volkswehr in Bayern … Alles steht auf dem Spiel. Wer Ordnung, Ruhe, Frieden will, wer dem Gespenst der Anarchie zu Leibe rücken will, der höre den Ruf!"*[105]

Münchner Soldaten- und Kasernenräte wenden sich gegen dieses gegenrevolutionäre Unternehmen; am Montag, den 30. Dezember, fordern die *Vereinigten Revolutionären Internationalisten* in den *Kollosseums-Bierhallen* die Bewaffnung des revolutionären Proletariats. Eisner erreicht, dass Auer und Timm ihre Unterschriften zurückziehen; bei den Räten sinkt das Ansehen der Regierung Eisner noch mehr.

Während Eisner nur wettert, aber nichts gegen die beständige Sabotage seiner Ministerkollegen, gegen die konterrevolutionäre Hetze der Tageszeitungen und die zu Pogromen aufreizende Propaganda der *Antibolschewistischen Liga* unternimmt, lässt er am 10. Januar 1919 zwölf der profiliertesten Vertreter der Linken festnehmen. Plakate des RAR werden verboten, Flugzettelverteiler der Linken verhaftet. Unter Justizminister Timm

104 *Kain. Zeitschrift für Menschlichkeit* 3 vom 7. Januar 1919, 4.
105 Plakatsammlung 16634, BayHStA.

finden die politischen Paragraphen aus dem Strafgesetzbuch des Kaiserreichs immer noch Anwendung gegen Revolutionäre .

Inzwischen entgeht Eisner nicht, dass sein Ansehen auf einen Tiefpunkt gesunken ist. Bekämpft zu werden, das ist eine klare Sache, aber mit Hohn und Spott überhäuft zu werden ... Gerade die mehrheitssozialdemokratische Presse macht sich über ihn lustig. Zumindest sind ihre Karikaturen doppeldeutig.

Der praktische Eisner in einer Volksversammlung in Ingolstadt – I. „Sie werden mich fragen, wenn ein schwarzer Landtag zusammenkäme, ob ich ihn dann mit Maschinengewehren auseinandertreiben lassen würde? Ja, ich habe mir ein Maschinengewehr konstruiert, das kein Blut vergießt und nur die Lügner trifft." II. „Dieses Maschinengewehr heißt Referendum. Wenn die schwarzen Abgeordneten etwa die Monarchie wieder einführen wollten, dann ruft die Regierung das Volk zur Abstimmung auf. Entscheidet das Volk gegen die Schwarzen, dann schickt man den Landtag nach Hause." Der Wahre Jacob [mehrheitssozialdemokratisch] 849 vom 31. Januar 1919, 9639. – Eisner will in die zukünftige Verfassung die Volksabstimmung nach Schweizer Vorbild einfügen.

Bürgerliche Niedertracht hält sich an formale Grenzen, in ungebildeteren Kreisen dagegen fallen alle Hemmungen. In den Drohbriefen gegen Eisner ist zu lesen:

„Sauhund, dreckiger, jetzt wirst Du hoffentlich bald verschwinden von der Bildfläche, Du Hanswurst, Du Landesverräter! Der Tod Liebknechts u. Rosa Luxemburgs ist für Dich noch tausendmal zu gut, Du Schweinehund ... Du Lump, Du nichtsnutziger. Siehst Du denn nicht, dass alle anständigen Deutschen Dich verfluchen? Traurig, dass keiner den Mut hat, Dich um den Kopf kürzer zu machen ... Du Lügner, Du Heuchler, Du Narr ... Hund, niederträchtiger, bezahlter ... Du polnischer Jude!" – „Du hergelaufener Galizischer Beschnittener Du." – „Du dreckiger Judenlümmel."[106]

Anderen bekannten Gesichtern der Revolution geht es nicht besser. Mühsam liest in seiner Post: *„Nun geht's dem Tollhäusler, Saujuden Sontheimer, und dir an den Kragen, du Saulump und Spinatstecher! Bund der Sechse"* oder *„... Ich wenn ihnen einmal derwische, dann sinds – – – Wenn ich auch meine Unterschrift nicht hergib, sie brauchens nicht wissen, weils sie nicht wert sind, sie Arschloch sie windwerdrahts."*[107]

Am Nachmittag des 18. Januar kreist ein fremder Aeroplan über München. Kleine Wolken weißer Flugblätter rieseln herab. Der Text ohne Impressum fordert nicht nur dazu auf, die Nationalversammlung zu wählen. Da heißt es drastisch: *„Auf ihr Männer, wenn Euch die Heimat, Weib und Kind noch lieb sind! Auf! Ihr Männer, wenn der Feind nicht einziehen soll! Sind wir wirklich schon so schwach geworden, dass wir nicht mehr selbst Recht und Ordnung schaffen können?"*[108]

In der Druckerei des Joseph C. Huber in Dießen am Ammersee werden im Januar Tausende Flugblätter gedruckt und in Lastwägen verpackt, die Richtung München rumpeln.[109] In ihnen heißt es: *„In einem Heldenkampf, wie ihn die Geschichte der Menschheit noch nicht kannte, haben unsere Feldgrauen die Heimat vor der Zerstörungswut unserer Feinde, vor dem Schrecken des Krieges bewahrt! Aber im Inneren des Landes erhält jetzt das deutsche Volk einen viel gefährlicheren Feind, der das Fundament des deutschen Reichs, die deutsche Volkswirtschaft zertrümmert. Das ist der Bolschewismus! Erst hat er Russland ins Elend gestürzt, nun bringen ihn uns blinde Fanatiker, törichte Schwärmer in unser Land. Die Freiheit im Munde, den Terror im Herzen, Granaten in der Hand! Sucht eine kleine Minderheit ihre Schreckensherrschaft über Deutschland zu verhängen [sic!)] ... Auf zum Kampf für unsere Zukunft!"*[110]

Die antikommunistische Propaganda richtet sich in erster Linie gegen Eisner und die USPD. Das Gros der Bevölkerung interessiert sich freilich nicht für Politik, es will sich eher vergnügen. Vom 1. Dezember bis 18. Januar haben Veranstalter in München 934 Tanzvergnügungen zur Lustbarkeitssteuer angemeldet. Die „Tanzwut" hält bis in den Februar hinein an. Die Sperrstunde wird regelmäßig überschritten. Die Polizei versucht sie durchzusetzen, wird verhöhnt und auch bedroht. Faschingsdienstag ist erst der 4. März.

---

106 StAnw Mü I 2295, StAM. Zit. in: Eisner, Eisner: Die Politik ..., a.a.O., 152 f.
107 206 „November-Revolution 1918 – Beiträge zu ihrer Geschichte", BayHStA Abt. V. – Spinatstecher oder Spinaterer = landläufiges Schimpfwort für Schwule; windverdrahts = verkehrt, bösartig, verwickelt, verrückt, wahnsinnig
108 F.Mon. 197, 289, 2680, Münchner Stadtbibliothek / Monacensia.
109 Huber bezeichnet seinen Verlag später als den „ältesten nationalsozialistischen Verlag" und führt 1934 vor dem Oberlandesgericht Augsburg u.a. deshalb einen Prozess.
110 F.Mon 2681, Münchner Stadtbibliothek / Monacensia.

Plakat zur Landtagswahl am 12. Januar, Farblithographie.

Eisner fordert „*die Erziehung des Volkes zum kritischen Selbstdenken und die Schaffung einer wirklich freien Presse, in der der schriftstellerische Charakter, der leidenschaftliche Bekenner, die geistig führende Persönlichkeit wirkt, nicht der anonyme Angestellte eines kapitalistischen Zeitungsgeschäftes oder eines kapitalistischen Interessentenringes. Vielleicht bringt die neue Demokratie auch die Befreiung des geistigen Arbeiters, der heute – so scheint es – verzweifelt sich dagegen wehrt, befreit zu werden.*"[111]

Eisner hat Mitte November seinen Freund Gustav Landauer nach München geholt. Er soll an der „Umbildung der Seelen" arbeiten und Impulse für eine „geistige Revolution" setzen. Eisner erhofft von Landauer, dieser könne mit dem Aufbau politischer Bildungsarbeit dazu beitragen, dass die kulturelle Hegemonie der traditionellen Machteliten und Antirepublikaner zurückgedrängt wird. Schon im November plant Landauer ein Dezernat für Volksaufklärung. Aber die Zeiten sind der Aufklärung nicht hold; Gedanken sind unter der Tyrannei des Hungers und der Massensuggestion nicht frei.

Auch Auer und sein Ministerkollege Albert Roßhaupter wünschen eine „Umbildung der Seelen". Für sie sind Räterepublikaner gesetzlose, verzweifelte „Desperados". Beide planen im Januar, ohne dass ihre Kollegen oder Eisner es erfährt, mit Hilfe neuester Technik eine Propagandaoffensive. Aus ihren Budgets machen sie jeweils 40.000 und 50.000 Mark locker, um einen Spielfilm fertigen zu lassen. Sein Titel lautet „Desperados". Die beiden Minister begründen ihren Schritt: Der Film entstehe im Dienste der „Aufklärung zur Bekämpfung der Arbeitslosigkeit".

Das Melodram zeigt, wie Umstürzler die Arbeiterschaft unterwandern, wie sie rauben und entführen und den Aufstand schüren. Sie stehlen die Lohngelder eines großen Betriebs und stürzen damit die Belegschaft ins Unglück. Sie machen Arbeiterinnen auf dem Heimweg von der Arbeit an, so dass diese nur noch von einem leitenden Angestellten gerettet werden können. Die „Anarchisten mit den russischen Namen" treiben es so toll, dass der Zorn des Volkes sie richtet: Sie werden erschlagen. Doch es gibt auch ein Happy End. Die Arbeiterin heiratet den Angestellten, der heldenhaft und erfolgreich für „seine" Fabrik gekämpft hat und dafür zum Betriebsleiter ernannt wird. Die streikenden Arbeiter kehren glücklich an ihre Arbeitsplätze zurück.

Für die Massenszenen sucht die Produktionsfirma Statisten. Sie glaubt, Arbeiter der Artilleriewerkstätten, die an der Ecke Dachauer/Schwere-Reiter-Straße liegen, im Februar anwerben zu können. Diese aber weigern sich. So groß auch die allgemeine Not ist, die Gage für diesen konterrevolutionären Schmachtfetzen empfinden sie als Judaslohn.

Erst nach der blutigen Niederschlagung der Räterepublik kommt im Juli der Film in die Kinos. Er ist ein Flop, seitdem verschollen und vergessen.[112]

---

111 *Neue Zeitung* 1 vom 20. Dezember1918, 1.

112 Am 15. Juni 2018 führten Rudolf Herz und Julia Wahren mit Unterstützung von Zoro Babel eine Lecture Performance in der Halle 6 auf dem Schwere-Reiter-Gelände in der Dachauer Straße 112 eben dort auf, wo die Arbeiter ihre Mitwirkung verweigerten, erläuterten das Drehbuch, zeigten Standbilder des Films, beschrieben die Produktionsgeschichte und verwiesen auf die Motive der ministrablen Auftraggeber. Siehe auch das Hörspiel „Desperados oder Hitler geht ins Kino" von Rudolf Herz und Julia Wahren auf https://www.br.de/mediathek/podcast/kategorie/kultur.

Während sich der Antisemitismus in Zeitungen, Plakaten und Flugblättern der bürgerlichen Parteien eher indirekt ausdrückt, erscheint er im Februar ganz unverhohlen auf Flugblättern, die kein Impressum aufweisen:

Der Jude als politischer »Führer« der Deutschen!
Die Maske herunter!

Eine Frage an die Soldaten, Arbeiter, Bauern, Handwerker u. Beamten Bayerns.
Wo war der Jude während des Krieges?
Wo bleibt die sonst überall vorhandene Statistik gerade über diese Frage?
Kennt Ihr Juden, die im Flugzeug saßen? Im U-Boot, an der Front? Wie viele?
Wie viele saßen aber in den Schreibstuben, in der Etappe, in der Verwaltung der Magazine u.s.w.?

Welche Mittel brachten sie in diese sicheren und zumeist gut bezahlten Stellen in den Kanzleien, Büros der Intendanturen und anderen Behörden? Und wie viele Juden sitzen jetzt in den Soldatenräten? Wundert Ihr Euch nicht, dass Ihr kaum einen dieser auf den Kampffeldern saht? Wie kam es, dass solche jüdische Soldaten, die weitab von der Front und vom Schuss oft nur wenige Monate Dienst taten, stets auch noch dekoriert wurden?

Und Ihr Arbeiter und Handwerker, wie viele Juden arbeiteten mit Euch im allgemeinen Wohl in den Bergwerken und Kohleschächten, in Hütten und Munitionsfabriken, in Schmiede, Schlosserei, Tischlerei, als Eisenbahn-, Straßenarbeiter, als Taglöhner?

Ihr Bauern, wie viele Juden führten neben Euch Pflugschar und Spaten, betätigten sich in Scheune und Stall? Ihr Bäuerinnen, welche Jüdin besorgte mit Euch zusammen das Vieh und zog mit Euch, als es die fehlenden Männer zu ersetzen galt, auf Feld und Flur in Wind und Wetter? Aber wer saß in den Verteilungsstellen, in den Bezugscheinausgaben, in den Preisfestsetzungskommissionen, als Leiter und Chefs in den Kriegsgesellschaften, Kommunalverbänden und den übrigen Kriegsorganisationen, in den führenden Stellen des Roten Kreuzes?

Und Ihr Eisenbahn-, Post- und Trambahnarbeiter, Du werktätiges Volk, habt Ihr je Gelegenheit gehabt, bei Euerer Arbeit einen Juden als Kollegen und Kameraden zu sehen? Wie viele Juden taten mit Euch den anstrengenden Dienst, wie viel Juden teilten mit Euch Eure schweren Pflichten für die Allgemeinheit, waren also tatsächlich »soziale« Mitarbeiter?

Saht Ihr Juden als Schaffner, Lokomotivführer, Bremser, Trambahnbeamte? Könnt Ihr Euch das auch nur denken? Könnt Ihr Euch eine Jüdin als Schaffnerin oder Briefträgerin vorstellen, die ja trotz der Bezugscheinschwierigkeiten nicht über Mangel an Garderobe zu klagen brachten? Fühlt Ihr nicht die Schmach, dass es als etwas Selbstverständliches erscheint, dass jeder Jude sich für zu gut und edel hält, mit oder unter Euch fürs allgemeine Wohl zu arbeiten, und dass sie Euch als etwas Natürliches nur als ihre Taglöhner und Untergebenen bewerten? Habt Ihr Juden und Jüdinnen gefunden, die während dieser Not der Zeit gleich Euch sich einschränken mussten mit Nahrung, Kleidung und Erholung? Hat diese Rasse mit Euch gedarbt, geschafft und gelitten? Saßen sie dafür nicht protzig und siegesbewußt in Wirtschaften und Kaffees, ohne dass die Not des deutschen Volkes sie berührte?

Hatten sie nicht alle Zeit, mit Wucher über Wucher das deutsche Volk auszubeuten?

Und Ihr wählt diese Juden und die von ihnen unterstützten und Ihnen verdungenen Leute nun als Euere Führer, als die Vertreter des deutschen Volkes? Seht Ihr nicht, wie in allen linksstehenden Parteien besonders auch der sogen. »deutschen« Volkspartei (deutsche demokratische Partei) die Juden das Wort führen und die anderen Führer vollständig in deren Hand und von ihnen abhängig sind?

Warum duldet Ihr demütig und kläglich, dass sie alles, was dem Bayern, dem Deutschen heilig ist – seinen nationalen Stolz, seine Treue, sein Pflichtgefühl, seinen Glauben, seine Heimatliebe, seine wie die Ehre der deutschen Frau, eben alles Deutsche, beschimpfen und besudeln und mit Wort und mit der bekannten verderbten jüdischen Presse zu vernichten streben?

Warum seht Ihr feige und entmannt zu, wie sie Euch und die Eueren, Nord und Süd, Land und Stadt, Stand gegen Stand, Beruf gegen Beruf, ja nicht nur Bauern und Knecht, Offizier und Mann, nein, Mann gegen Mann, Truppe gegen Truppe, aufwiegeln und verhetzen?

Habt Ihr nie nachgedacht darüber, welche Zwecke das Judentum damit verfolgt? Weshalb das jüdische Großkapital, das sich während des Krieges verzehnfachte, wie in Russland, so hier für Bolschewismus und Umsturz die Millionen schafft? Glaubt Ihr, dass die Millionen, die einer Luxemburg, einem Cohn, Levi, Liebknecht, Eisner, Mühsam, Jaffé, Sontheimer, Landauer, Hirsch, Haase und wie die hohen Herren Führer und Belehrer des ehemals stolzen deutschen Volkes sich jetzt nennen, zur Verfügung stehen, aus deutschem und christlichem Vermögen stammen?

Seid Ihr wirklich glücklich, diese Rasse als Euere Führer und Herrscher zu wissen, Männer, deren Väter Wiege meist im Ausland stand, deren Kinder in der Regel Franzosen, Engländer, Amerikaner sind?

Könnt Ihr Euch vorstellen, dass diese Fremdlinge wirklich Deutsche wären, wie Ihr bis auf den Kern, mit allen Fühlen und allen Fasern Deutsche? Könnt Ihr Euch diese über Berlin importierten Ausländer wirklich vorstellen als das, was Ihr seid, was Eure Eltern waren, was Ihr Euere Kinder wissen wollt, als echte treue Bayern? Die Herren Eisner, Mühsam, Sontheimer, Landauer – als Bayern?

Beantwortet Euch diese Fragen und richtet Euch darnach bei der Wahl, zu Eurem eigenen Wohl, zum Wohl Euerer Kinder und Euerer teueren Heimat!

Ein Ruf ist Eurer aller Pflicht und Notwendigkeit:
Ihr Juden, Ihr Fremdlinge, Hände weg von uns Deutschen![113]

Dem infamen Argumentationsmuster kann nur dort geantwortet werden, wo es mit Fakten aufwartet. Jüdinnen und Juden machen an der Gesamtbevölkerung Deutschlands gerade mal ein Prozent aus. Etwa ein Drittel von ihnen wohnt in Berlin. Ende 1910 zählt München 596.467 Einwohnerinnen und Einwohner, Ende 1913 sind es 640.000.

---

113 4 H.un.app. 219 t-93, Flugblattsammlung der Bayerischen Staatsbibliothek.

1912 befinden sich in München 11.083 Jüdinnen und Juden.[114] Daher ist begreiflich, dass viele Zeitgenossen keine Jüdinnen und Juden in ihrer näheren Umgebung kennen.

Etwa 100.000 deutsche Juden wurden zum Soldatendienst eingezogen, davon meldeten sich über 10.000 freiwillig zum Dienst an der Front, 12.000 sind gefallen. Die Anteile jüdischer Kriegsteilnehmer, Frontsoldaten und Gefallenen unterscheiden sich prozentual kaum von den Anteilen bei Nichtjuden.[115] Aber wie will man der Behauptung entgegnen, dass es klar sei, wie ein Deutscher „fühlt".

Die Wahrheit ins Volk! Trotz verleumderischer Behauptungen der Presse ist Präsident Eisner zweifellos ein Urbayer. Hoch droben im Gamsgebirg ist er daheim, und in seinen jetzt leider sehr seltenen Mußestunden erholt er sich beim Schuhplatteln, in dem er Meister ist.
Karikatur von Thomas Theodor Heine im *Simplicissimus* 45 vom 4. Februar 1919, 553.

Den Klischees antisemitischer Flugblätter verfällt auch ein jüdischer Zeichner. Seine Karikatur erscheint uns heute eher als harmlos. Vor Hundert Jahren war ihre Wirkung heftig. Eisner steckt in der Rolle des viel verspotteten norddeutschen Touristen, der sich in heimische Tracht wirft, sich bemüht, heimisches Brauchtum zu imitieren und am End gar versucht bairisch zu reden. Heine macht Eisner lächerlich. Und Lächerlichkeit tötet.

---

114 *Zeitschrift für Demographie und Statistik der Juden*, VIII/1912, 14.
115 Siehe https://de.wikipedia.org/wiki/Judenz%C3%A4hlung.

Eisner scheint zu ahnen, dass er mit seiner Strategie, die Führung der bairischen MSPD in seine Regierung einzubinden, gescheitert ist. Ostentativ zeigt er sich noch einmal bei der Demonstration am 16. Februar mit etwa 20.000 Teilnehmern unter Transparenten, die alle Macht den Räten fordern, verlässt mit seinem Auto aber dann den Zug, da er die Ablehnung der Demonstrierenden zu spüren bekommt.

Die gegenrevolutionären Gruppen wissen: Die Durchsetzung ihrer Ziele hängt ab von den Methoden, mit denen sie operieren. Dabei müssen sie analysieren, ob sie Rückenwind oder Gegenwind haben und ob sie zur rechten Zeit am rechten Ort den rechten Ton finden. Freilich haben sie, die traditionell auf finanzielle Ressourcen bauen können und die schon früher als politische Eliten galten, es leichter als ihre mittellosen Gegner. Jetzt, Mitte Februar, sieht es so aus, als ob die Regierung Eisner und das Räteunwesen sturmreif geschossen sind. Die Wahlen werden ihr Ende besiegeln.

Noch nie gab es solch einen Wahlkampf. *„Völlig neu war ... die Flut der Bild- und Textplakate, die im Winter 1918/1919 Häuserwände und Litfaßsäulen Münchens mit den politischen Parolen und Botschaften der Parteien überzogen, und auf denen sich der »Hauptkampf der Parteien ... in den grellsten Farben« abspielte. Die Novemberrevolution wurde zur »Geburtsstunde« des parteipolitischen Werbeplakates, waren doch im Kaiserreich politische Ankündigungen auf Plakaten bis auf wenige Ausnahmen allein der staatlichen Obrigkeit vorbehalten geblieben. Jetzt klebten die Plakate in aggressiver Buntheit nicht nur auf den Plakatierflächen neben verblichenen regierungsamtlichen Dekreten und Geschäftsreklamen, sondern hingen auch in den proletarischen Stadtvierteln aus den Fenstern heraus, wurden über die Straßen gespannt oder von »lebenden Plakatsäulen« durch die Stadt getragen. Als Blickfang beherrschten besonders die monströsen Anti-Spartakus-Plakate der »Bayerischen Volkspartei« und die Bildplakate der »Vereinigung zur Bekämpfung des Bolschewismus« das Straßenbild, die wesentliche Momente späterer antikommunistischer Gräuelpropaganda vorwegnahmen.“*[116]
Manche der Plakate werden auch in großen Auflagen als Postkarten unter das Volk gebracht. Wenn Stimmungen aufwallen, können Argumente in der Erregungsdemokratie nicht mehr durchdringen.

Die Wahlergebnisse besiegeln schließlich sämtliche revolutionären Träume. BVP und MSPD sind Sieger, die USPD ist marginalisiert. Bei der Landtagswahl erhält in München die MSPD 47, die BVP 25, die DVP 19 und die USPD 5 Prozent der Stimmen. In die Verfassunggebende Nationalversammlung entsendet der Wahlkreis Oberbayern/Schwaben sechs Mehrheitssozialdemokraten, sechs Mitglieder der BVP, zwei Mitglieder des *Bauernbundes* und einen Vertreter der DVP.

Plakat zur Landtagswahl am 12. Januar, Farblithographie. ▶

---

116 Rudolf Herz/Dirk Halfbrodt, Revolution und Fotografie. München 1918/19, München 1988, 104.
– Die Arbeit von Herz/Halfbrod kann bis heute als eine der zuverlässigsten Studien über die Zeit angesehen werden.

BERLIN

MÜNCHEN

BAYERN, DER BOLSCHEWIK GEHT UM!
HINAUS MIT IHM AM WAHLTAG!
BAYERISCHE VOLKSPARTEI

Am 12. Februar 1919 erfolgt ein erneuter Versuch, eine Bürgerwehr zu etablieren. Albert Roßhaupter ruft zur Bildung eines „Volksheimatschutzes" auf, den Auer mit unterschreibt. Die Münchner Bürger lesen auf Plakaten erschrocken: *Pioniere, die Heimat ist in Gefahr! Die Flutwelle des Bolschewismus, dem die Fahne der Anarchie, Unordnung und unsäglichen Elends voranweht, droht unser Bayerland zu überschwemmen, wenn wir nicht alle Mann für Mann ihr einen Damm entgegensetzen ...*"[117]

Räteanhänger sehen hier den wiederholten Aufruf zur Bildung einer „Weißen Garde" und fordern Roßhaupters Rücktritt. Eisner kann den Fait accompli seines Militärministers nicht mehr rückgängig machen; er stellt sich vor ihn.

Am 18. Februar ist Roßhaupter am Ziel. Im Ministerrat erläutert er, dass er die neu aufzubauende „Volkswehr" nur mit gewerkschaftlich organisierten Arbeitern ausstatten werde. Er habe sich darüber mit den Arbeiter-, Soldaten- und Bauernräten geeinigt. Auch dies ist gelogen. Noch am gleichen Tag werben große Plakate und die *Bayerische Staatszeitung* Soldaten zum Eintritt in die „bayerischen Freiwilligen-Verbände".

Am folgenden Tag besetzen gegen 16 Uhr sechshundert Matrosen das Telegraphenamt, das Polizeipräsidium und die Stadtkommandantur; Obermatrose Lotter und ein Student nehmen den Polizeipräsidenten, den Stadtkommandanten und den Sekretär Eisners, Felix Fechenbach, fest. Zur gleichen Zeit versuchen fünfzig Matrosen in den Landtag einzudringen. Sie wollen Eisner verhaften.

Zu ihrer Unterstützung eilen Soldaten des 1. Pionier-Bataillons herbei. Deren Befehlshaber *„Kraus gab das Zeichen zum Angriff und rief dabei »Auer«. Nachdem eine Handgranate explodiert und ein Schuss gefallen war, stoben die Putschisten auseinander. Kurz danach trat Erhard Auer aus dem Landtagsgebäude, wandte sich an den Feldwebel Kraus und sagte: »Geht jetzt nach Hause, wir brauchen euch jetzt nicht. Haltet euch für morgen bereit.« Diese Anordnung gab er auch einer Gruppe Berufsoffiziere, die inzwischen herbeigeeilt waren. Ihrem Führer, der sich erkundigt hatte, ob jemand verhaftet werden sollte, antwortete er, es sei ihre Aufgabe, die Tätigkeit des zusammentretenden Landtags zu sichern. Mit dem Studenten soll Auer, wie sich alsbald herausstellte, sich kurz vor dem Putsch »sehr eingehend unterhalten« haben. Bei dem Matrosen Lotter fand man ein Bündel Banknoten; anhand des Streifens konnte später rekonstruiert werden, dass es aus einer größeren Summe Papiergeldes stammte, die ein Mittelsmann im Auftrag Dritter Erhard Auer »zur Bekämpfung des Bolschewismus« übergeben hatte.*

Die Vossische Zeitung teilte am 20.2.1919 mit, der Putsch gegen Landtag und Räte habe seine Ursache darin gehabt, »dass sich Eisner, gestützt auf spartakistische und anarchistische Elemente, in der Macht zu behaupten sucht und alle denkbaren Winkelzüge macht«."[118]

Da geschieht etwas, das den von den traditionellen Gewalten gewünschten, natürlich fließenden Prozess zurück in die Normalität empfindlich unterbricht. Ausgerechnet auf dem Weg in den Landtag, vor dem Ministerpräsident Eisner seinen Rücktritt erklären will, wird er am 21. Februar 1919 vom Grafen Arco erschossen. Es sind Rechtsnationalisten

117 F.Mon 3210, Münchner Stadtbibliothek / Monacensia.
118 Eisner, Eisner: Die Politik …, a.a.O., 183 f.

und Völkische, die politische Gegner ermorden, weil sie den Linken *„in der Handhabung geistiger Waffen nicht gewachsen"*[119] sind.

Den nüchtern kalkulierenden Vertretern der alten Ordnung ist klar, dass dieser verhängnisvolle Schritt ihre Strategie einer friedlichen Aufweichung der linken Meinungsführerschaft empfindlich stört. Der Mord löst einen Umschwung aus. Eisner, der viele Sympathien verloren hat, wird wieder populär. In mehrheitssozialdemokratisch geführten Gaststätten sind rätedemokratische Argumente jetzt immer häufiger zu hören.

Es kommt zu einem spontanen Akt der Vergeltung, als ein Mitglied des RAR kurz nach dem Mord an Eisner in den Sitzungssaal des Landtags stürmt und auf Auer feuert, der lebensgefährlich getroffen zusammensinkt. Weitere Schüsse fallen. Ein Abgeordneter der BVP und ein Major sind tot; die Parlamentarier laufen in Panik auseinander. An strategisch wichtigen Plätzen in der Stadt werden Maschinengewehre und Minenwerfer in Stellung gebracht. Ausstreuungen über einen konterrevolutionären Putsch kursieren. Es gärt in der Arbeiterschaft.

Die bürgerliche Presse heuchelt am folgenden Tag Bestürzung, der mehrheitssozialdemokratische *Vorwärts* aus Berlin bleibt bei seiner verlogenen Hetze:

„So tiefen Abscheu der Mord des gräflichen Leutnants an Kurt Eisner erweckt, diese grauenvolle Tat wird noch verdunkelt durch das mörderische Gemetzel, das die Münchner Unabhängigen und Spartakisten unter den Führern der bayerischen Sozialdemokratie veranstalteten. Im Laufe des gestrigen Abends kam die Nachricht, dass Roßhaupter nach seiner Festnahme erschlagen, Timm erschossen, Auer, der einen schweren Bauchschuss erhielt, aufgegeben sei … Denn kein Zweifel kann leider daran bestehen, dass die unbekannten Mörder aufgestachelt waren durch den Irrwahn, sie könnten für den gefallenen Eisner Rache nehmen an Auer, Timm, Roßhaupter, diese wären an dem Tod ihres Führers schuld. Wir fragen die Unabhängigen, wer die Schuld daran trägt, dass bei politisch ungebildeten, rohen und verhetzten Menschen sich dieser blödsinnige Aberglaube festsetzen konnte, wer ihn in die Köpfe gepflanzt hat und ihn täglich nährt?!

Timm, Roßhaupter, Auer waren nicht die ersten Opfer des Spartakuswahns und werden nicht die letzten sein … Was soll nun in Bayern werden? Der Arbeiter- und Soldatenrat hat in München die Herrschaft übernommen und die Landesversammlung ihrer Befugnisse entkleidet. Inzwischen regiert in der bayerischen Hauptstadt wilder Terror."[120]

Timm und Roßhaupter wurde tatsächlich kein Härchen gekrümmt.

Die drei Arbeiterparteien konstituieren noch am 21. Februar einen neuen Rätekongress und einen *Zentralrat der Bayerischen Republik*. Dieser übernimmt die vollziehende Gewalt, erklärt den Belagerungszustand und ruft den Generalstreik aus. In der Nacht kommt es zu Schießereien und Plünderungen.

In den folgenden Tagen widerspricht Mühsam im *Zentralrat* all denen, die auf den Weg der legitimen Rechtsfindung beharren, und plädiert für revolutionäre Spontaneität. Erst müsse die Grundlage für das neue Recht geschaffen werden, dann könne man sich legitim verhalten.

---

119 Lion Feuchtwanger, Erfolg. Roman, Frankfurt/Main 1975, 528.
120 *Vorwärts* 87 vom 22. Februar 1919, 1.

Aufs Neue prallen die gegensätzlichen Haltungen aufeinander. Viele Mitglieder der Mehrheitssozialdemokratie in den Rätegremien, die bis jetzt eher die formale, repräsentative Demokratie favorisierten, nähern sich nun ebenfalls den Positionen der Linken an und fordern eine Fortsetzung der Revolution.

Am 25. Februar versammelt sich der Kongress der Arbeiter-, Bauern- und Soldatenräte, um über die zukünftige Regierungsform zu beraten. Arbeiterrat Carl Kröpelin: *„Ich sage Ihnen, Genossen, seien Sie jetzt keine Parteigenossen … wir wollen mehr, wir wollen Volksgenossen und Proletariergenossen sein. Ich habe es in der Weise gesagt, Partei ist immer etwas kleines."*[121] Der Konflikt scheint offen zu sein, die Waage neigt sich für wenige Wochen wieder der Rätedemokratie zu.

Schon zwei Tage später planen Rechtsanwalt Dr. Hermann Ewinger (MSPD), Regierungsvertreter beim Generalkommando des III. Bayerischen Armeekorps in Nürnberg, Kultusminister Johannes Hoffmann (MSPD) und Landtagsabgeordneter Ernst Schneppenhorst (MSPD), 1.200 Mann der Garnisonen Nürnberg und Ingolstadt nach München marschieren zu lassen. Die Empörung im Kongress ist groß.

Am Vormittag des 27. Februar spricht Mühsam im Rätekongress: *„Jetzt ist der Augenblick, wo wir uns zu entscheiden haben für den Sozialismus, für den Anfang einer neuen Gesellschaft oder für ein Weiterwursteln in Provisorien. Was dies aber bedeuten würde, wenn wir wieder einen Beschluss fassen, in dem es heißt, »bis zur Regelung endgültiger Verhältnisse«, das malen Sie sich aus. Das würde bedeuten, die Nervosität zu einem Definitivum zu machen, sie dauernd zu steigern, die Unruhe, die gegenwärtig im Volke ist, zu einem Zustande zu machen. Unruhe ist das Moment der Bewegung, der Revolution selbst, ist Mittel und nicht Ziel … An dem Freitage, an dem Eisner fiel, an dem die übrigen Attentate hier im Hause verübt wurden, war Bayern ohne Regierung. In diesem Augenblick hat der Landtag, der sich als souverän ausgab, wenn er souverän war, die Pflicht gehabt, sofort zuzugreifen, sofort das zu tun, was zu geschehen hatte. (Rufe: Sehr richtig!) Und was tat er? Er lief auseinander. Dieser Landtag ist desertiert. Wir haben ihn zu behandeln als einen Deserteur, (Rufe: Sehr richtig!) der nicht wieder zurückkehren darf. (Beifall.) Und zu wessen Gunsten hat der Landtag auf seine Macht verzichtet, wem hat er alle Macht in die Hand gegeben? Uns, den Räten; denn jemand anders war nicht da … Es gibt kein Zögern, es geht nicht an, zu sagen, man wolle die weitere Entwicklung abwarten. Jedes Entwicklungsabwarten bedeutet, dem Hund den Schwanz stückweise abschneiden in der Meinung, dass er dann weniger Schmerz erleide. Wenn der Schwanz gekappt werden soll, dann auf einmal."*[122]

Am Nachmittag des 28. Februar dringen Mitglieder der *Republikanischen Schutztruppe* in den Saal ein, in dem das Räteplenum darüber diskutiert, welche Rolle es im zukünftigen Staat einnehmen soll. Mit vorgehaltenem Revolver verhaften sie Levien, Mühsam, den Vertreter der Arbeitslosen Cronauer und den Vertreter der demobilisierten Soldaten Reichart. Einige der Räte klatschen Beifall, die überwiegende Mehrheit, unter ihnen auch viele mehrheitssozialdemokratische Räte, ist darüber empört, wie die Immunität des Hauses verletzt wurde. Die Landtagswache befreit die Verhafteten kurze Zeit später.

---

121 Stenographischer Bericht über die Verhandlungen des Kongresses der Arbeiter-, Bauern- und Soldatenräte vom 25. Februar bis 8. März 1919, a.a.O., 5.
122 A.a.O., 45.

Wenige Stunden danach kreist gegen 18 Uhr ein Flieger über München. Hunderte von Flugblättern segeln auf die Straßen:

Arbeiter! Volksgenossen! Arbeiterinnen! Soldaten!

Wollt Ihr, daß die Straße Euch weiter vergewaltigt? Könnt Ihr Euch länger von Elementen wie Levien, Mühsam, Hagemeister, Kronauer und Konsorten den Fuß auf den Nacken, die Pistole auf die Brust setzen lassen? Nein! Genau so, wie uns die Gegenrevolution, die Bourgeoisie ins alte Elend bringen würde, genau so wird das Volk von den Spartakisten und ihrem Anhang, den Plünderern ins größte Unglück gestürzt werden. — Deshalb gilt es, daß

alle Arbeiter und Soldaten

das unerträgliche Joch einer brutalen Minderheit abschütteln, gemeinsam den Boden der Ordnung im Sinne einer einigen Sozialdemokratie betreten, und das Volk endlich der wahren Demokratie, dem Sozialismus, der echten Volksherrschaft zuführen. — Wir müssen unverzüglich ein rein sozialistisches Ministerium bilden, das nicht nur mit Worten, sondern sofort mit Taten dem Volkswohl dient. — Wir müssen ohne Zögern jeden Beamten auf Herz und Nieren prüfen, ob er vorbehaltlos dem sozialen bayer. Volksstaate dienen will! — Wir müssen die Gewähr schaffen, daß kein Reaktionär aus der besitzenden Klasse es wagt, das Wohl des Volkes anzutasten! — Vor allen Dingen müssen wir den ebenso gefährlichen Elementen des Spartakusbundes, und dem sich immer mehr breit machenden Lumpengesindel das Handwerk legen.

Arbeiterschaft! Soldaten! Handeln heißt es!

Die vernünftige Bevölkerung bleibe zu Hause! Die Straße muß freibleiben für die Soldaten, die berufen sind, sozialistische Ordnung zu schaffen!

Es geht ums Ganze! Es geht um die Errungenschaft der Revolution! Es gilt die Rechte der Räte vor dem Terror der Straße zu schützen!

Es geht um den geeinigten Sozialismus! — Soldaten! Schart Euch um Eure berufenen Führer! Folgt nur der Parole, die diejenigen ausgeben, denen Ihr das Vertrauen schenkt. Deshalb in die Kaserne! Dort werden Eure gewählten Kasernenräte und Führer mit Euch unternehmen, was das Volkswohl erfordert.

Dürr, Stadtkommandant. Scheid, prov. Minister für militärische Angelegenheiten. Staimer, Polizeipräsident.

Die Sozialdemokratie Münchens.   Die Münchener freien Gewerkschaften.
Pleninger. Karl Schmidt.   Karth. Schiefer.

Räteanhänger wundern sich. Sie haben vom *„unerträglichen Joch einer brutalen Minderheit"* bis jetzt nichts verspürt. Es gab lediglich Diskussionen, hitzig und polemisch, wie sie in jedem Parlament der Welt zu hören sind.

Arbeiter mit roten Armbinden heben ihre Gewehre, zielen, es fallen Schüsse; hilflos sehen sie mit an, wie der Doppeldecker mit leise brummendem Motor nach Norden abdreht. Scheid, der provisorische Minister für militärische Angelegenheiten, und Stadtkommandant Dürr sagen später, sie wüssten nicht, wie ihre Namen unter die Flugblätter gekommen seien, *„die zum Arbeiterkriege führten".*[123]

Die Proklamation einer Räterepublik lehnt der Kongress mit 243 gegen 70 Stimmen ab. In einer Kompromisslösung erklärt er: *„Die jetzige Tagung der A.-, S.- und B.-Räte stellt den provisorischen Nationalrat des freien Volksstaates Bayern dar."*[124]

Die meisten der mehrheitssozialdemokratisch organisierten Räte sind verunsichert. Sie empfinden sich als Räte, die eine mindestens so gute Arbeit machen können wie der Landtag, sie sehen zugleich im Stadtbild verhetzende Plakate, lesen die Lügen in den Zeitungen und werden von ihrer Parteiführung bearbeitet und unter Druck gesetzt. Sie finden widerstreitende Argumente für die Rätemacht und für die Macht des Landtags.

Viele Parteimitglieder sprechen sich für die Räterepublik aus, aber wer gibt die Garantie, dass das Experiment Erfolg hat? Die bürgerlichen Parteien opponieren gegen die Räte, aber hat nicht schon August Bebel gesagt, es werde zum großen Kladderadatsch kommen!? Und dann soll sozialisiert werden, obwohl es nichts zu sozialisieren gibt, wie die Parteiführung sagt. Andererseits erholt sich der Kapitalismus, wenn sich die Unternehmen konsolidieren.

Die mehrheitssozialdemokratische Tagungsstrategie ist hinter den Kulissen tätig; sie arbeitet im Rätekongress mit Geschäftsordnungstricks, mit argumentativen Winkelzügen und mit abgestuften Einsprüchen gegen schon erledigte Abstimmungen, um die Entscheidungsfindungsprozesse so gut wie möglich zu verlangsamen.

Am Abend des 28. Februar versammelt sich der *Münchner Arbeiterrat*. Mühsam greift den Polizeipräsidenten und den Stadtkommandanten, die anwesend sind, heftig an und verlangt ihre Absetzung. Die Mehrheit der Anwesenden zieht nicht mit. Die Sitzung endet spät in der Nacht. Mühsam:

„Da meine Freunde vom RAR nach der Provokation für meine Sicherheit auf dem Heimweg fürchteten, zwangen sie die beiden, mich in ihrem Auto heimzufahren, und der Stadtkommandant und der Polizeipräsident, die mich am selben Nachmittag verhaften und womöglich erschießen lassen wollten, setzten mich persönlich in meiner Wohnung ab."[125]

Ein mehrheitssozialdemokratischer Arbeiterrat fordert am 1. März, dass MSPD, USPD und *Bauernbund* gemeinsam ein neues Ministerium bilden sollen und dass den Räten eine eingeschränkte Mitarbeit an den Staatsgeschäften gestattet werde. Der RAR aber

---

123 A.a.O., 76.
124 A.a.O., 74.
125 Mühsam, Von Eisner bis Leviné, a.a.O., 40 f. – Wie unterschiedlich ein und derselbe Vorgang wahrgenommen werden kann! Richard Förster (BVP) erinnert sich, Soldatenrat Egelhofer sei gekommen und habe verlangt, dass Dürr seines Amtes enthoben werde. *„Unter stürmischem Beifall der Anwesenden unterstützte Mühsam gerade diesen Antrag mit feurigen Worten. Als ihm aber dann von den vor dem Versammlungslokal stehenden Arbeitern Prügel angedroht wurden, bat er den eben von ihm noch so heftig geschmähten und befeindeten Dürr, er möge ihn doch im Auto nach Hause fahren, um ihn vor Schlägen zu bewahren! Und Dürr tat das auch wirklich!"* Richard Förster, Erich Mühsam. Ein Edelanarchist, München 1919, 23.

solle aus den Gremien ausgeschlossen werden, solange ihm Kommunisten angehören. Da platzt Gustav Landauer der Kragen:

> *Hier redet einer, der sein Recht, unter Ihnen zu wirken, nur daher hat, dass der revolutionäre Arbeiterrat ihn hierher delegiert hat. (Rufe: Sehr richtig!) Und in diesem Augenblicke geschieht der Antrag, wir sollen von der Mitarbeit ausgeschlossen sein. Genosse [Vorsitzender] Niekisch, wollen Sie die Liebenswürdigkeit haben, mich zur Ordnung zu rufen; denn ich muss jetzt, ich kann nicht anders, etwas sagen, was sehr unparlamentarisch ist: In der ganzen Naturgeschichte kenne ich kein ekelhafteres Lebewesen als die sozialdemokratische Partei. (Rufe: Bravo!) (Unruhe und Zurufe.) Ich muss das hier sagen ... Ich verweise auf diese Art, auf vollzogene Beschlüsse immer wieder zurückzukommen. Jetzt eben ist einhellig mit großer Begeisterung beschlossen worden zum erstenmal endlich, einmal wollen wir das schimpfliche Parteiwesen, das in den Rätekongress nicht gehört, weglassen. Jetzt eben waren wir zusammengetreten – es geht natürlich – nach Arbeiter-, Bauern- und Soldatenräten. Gestern hat man eine Kommission eingesetzt, die in heißem Bemühen etwas zustande gebracht hat. Das ist dem Plenum vorgelegt worden. Das Plenum hat angenommen und nach diesen Beschlüssen sollen dreimal sieben und viermal drei in den Aktionsausschuss hineinkommen, die drei Vollzugsausschüsse, Arbeiter, Bauern, Soldaten und dann Vertreter der sozialdemokratischen Mehrheit, der Unabhängigen Partei, des parlamentarischen Bauernbundes und des revolutionären Arbeiterrats. Das sind gewisse Rücksichten, das sind gewisse Bevorzugungen, da werden die Parteiverhältnisse noch in Betracht gezogen und in diesem Moment kommt eine dieser Parteien, die vier mal drei zu senden haben und sagt von denen, die mit ihnen in einer Reihe stehen, es soll der revolutionäre Arbeiterrat ausgeschlossen sein.“*[126]

Führende Mehrheitssozialdemokraten klammern sich an ihre Parteidoktrin. Das ist nur so zu erklären, dass sie, wenn sie ein massives Problem haben, von dem sie nicht wissen, wie es zu lösen ist, dieses verdrängen und ihr Fehlverhalten potenzieren, durch das sie in die Krise geraten sind.

Während die Räte sich zu lauwarmen Formulierungen aufraffen und auf ihre souveräne Macht verzichten, tagen Arbeiter und Soldaten aller politischen Richtungen im *Mathäser*, im Hotel *Wagner* und in weiteren Sälen, um das Für und Wider einer Räterepublik zu diskutieren. In den frühen Nachmittagsstunden des 1. März werfen Flieger die nächsten Flugblätter ab:

> *An alle Arbeiter und Soldaten! Die durch die ruchlose Ermordung Kurt Eisners geschaffene Erregung benützte eine kleine Gruppe von Gewaltmenschen, in München die Herrschaft an sich zu reißen. Dagegen wehren sich ganz entschieden die Arbeiter und Soldaten von Amberg, Bayreuth, Sulzbach, Regensburg, Straubing, Erlangen, Ingolstadt, Grafenwöhr, Nürnberg und Fürth. Alle verurteilen die Gewaltherrschaft einer kleinen Minderheit, die Bayern dem Untergange zuführt; sie*

---

126 Stenographischer Bericht über die Verhandlungen des Kongresses, a.a.O., 81.

verlangen eine sozialistische Regierung und die alsbaldige Einberufung des Land-
tags. Alle wollen die Demokratie und verwerfen die Diktatur, von welcher Seite sie
auch kommen möge. Kameraden und Genossen in München! Ihr habt den Willen
gezeigt, die Gewaltherrschaft Dr. Leviens und seines bewaffneten Anhangs zurück-
zuweisen. In diesem Bestreben unterstützen Euch alle Soldaten des III. Armee-
korps. Wenn es nicht anders sein kann, mit Waffengewalt. Da die Zensur in Mün-
chen freie Meinungsäußerung unterdrückt, haben die Kameraden das Kommando
III A.-K. beauftragt, diese Willenskundgebung durch Flugzeuge in München be-
kanntzugeben.   Kommando III A.-K. Schneppenhorst. Dr. Ewinger.[127]

Wer über die Vorgänge im Rätekongress informiert ist, kann nur den Kopf schütteln.
Die Vermutung macht die Runde, dass die Arbeiter und Soldaten in den genannten Or-
ten mit Desinformationen indoktriniert wurden. Und der Verdacht wird geäußert, das
Flugblatt solle in München nur Verwirrung stiften.

Der Rätekongress versucht, sich ein eigenes Gremium ähnlich dem Kabinett eines
Landtags zu wählen. Sofort beginnt das Geschacher der einzelnen Parteifraktionen um
Ämter. Mühsam ruft am 1. März vor dem Kongress:

„Ich muss Ihnen jetzt ein Geständnis meiner Unfähigkeit ablegen. Mir ist es nicht beschieden
zu begreifen, worin eigentlich in dem neuen Volksstaate Bayern der Unterschied liegt zwischen
Zentralratsmitglied, Minister, Staatskommissär und Aktionsausschussmitglied und wie die Din-
ge alle heißen. Ich sehe ungeheuer viel Ämter aus dem neuen Volksstaate hervorwachsen, aber ich
sehe keine Möglichkeit zu einer revolutionären Aktion hervorwachsen.“[128]

Am 2. März kreist wieder ein Aeroplan über München. Diesmal wirft er die *„Resolu-*
tion der Vertreter der Münchener Kasernen am 1. März 1919“ ab. Darin heißt es, die Vertreter *„lehnen es ab, mit Spartacisten und Kommunisten zu arbeiten und werden nachdrücklich*
dem Terror der Straße und einer gewissenlose Clique mit allen ihnen zu Gebote stehenden
Machtmitteln entgegentreten.“[129]

Später stellt sich heraus, dass die Vertreter von ihren Mannschaften zu dieser Resolu-
tion nicht autorisiert waren. Die Methode, den Terror an die Wand zu malen, wirkt. Ver-
unsicherung macht sich breit. Einige aber sind sich sicher, was zu tun ist. Tatsächlich rei-
sen in den ersten Märztagen auffällig viele Parteiführer, höhere Beamte und Landtagsabgeordnete mit dem Zug in den bairischen Norden.

Von der Desinformation zur offen rassistischen Hetze ist es nur ein kleiner Schritt.
Das Flugblatt *„Bayernvolk erwache!“* weist kein Impressum auf:

Der ruchlose Mordanschlag auf den Minister Auer und die übrigen bayerischen
Abgeordneten und Regierungsvertreter in München, der von langer Hand vorbe-
reitet war und keineswegs nur ein Racheakt für die Ermordung Eisners darstellt,
hat wiederholt gezeigt, welch furchtbare Gefahr auch unserem Bayernvolk durch
das verbrecherische Treiben hergelaufener Juden droht … Schon lange zuvor haben

---

127 F.Mon. 243, 249, 2579, Münchner Stadtbibliothek / Monacensia.
128 Stenographischer Bericht über die Verhandlungen des Kongresses der Arbeiter-, Bauern- und
    Soldatenräte vom 25. Februar bis 8. März 1919 , a.a.O., 92.
129 F.Mon. 222, 246, 2578, Münchner Stadtbibliothek / Monacensia.

diese »jüdischen« Arbeiterräte und »Volksführer« systematisch gegen Auer, Timm und Roßhaupter gehetzt und diese besonnenen bayerischen Volksmänner als »gegenrevolutionär« verleumdet!

Die Münchener Verhältnisse sind nur die Folge der Verhetzungen eines Mühsam, Landauer und Kronauer, namentlich als des Moskauer Juden Dr. Levien; das haben die Soldaten Münchens erkannt und sich einhellig hinter Dürr gestellt. Münchner, macht Front gegen den Terror auf der Straße – lasst Euch nicht länger von russischen Juden betören – von Leuten, die russisches Geld nehmen, weil sie nichts zu verlieren haben.

Will sich das bayerische Volk noch länger durch diese fremden und gewissenlosen Hetzer terrorisieren lassen? Soll auch Bayern in eine jüdisch-bolschewistische Wüste verwandelt werden, in der dieses Gesindel die Herrschaft hat? ... Wie lange sieht das bayerische Volk dem frevelhaften Spiel fremder und verbrecherischer Elemente tatenlos zu? ... Fort mit der Judenherrschaft! Nieder mit dem Bolschewismus![130]

Antisemitische Flugblätter erscheinen ohne Hinweis auf Autor und Drucker, ein Verstoß gegen die Vorschriften, der nie geahndet wird.

Am 7. März verlangt Mühsam vor dem Rätekongress erneut die Proklamation der Räterepublik: *„Wir haben nur das eine Mittel, Revolution zu treiben, indem wir uns in Permanenz erklären, d.h. nicht in Permanenz, indem wir hier in diesem Saale bleiben und noch Wochen oder Monate lang debattieren, sondern in Permanenz für die Jahre und für die Ewigkeit. Genossen, jetzt ist es noch Zeit, vermeiden Sie den Kampf, der unbedingt folgen muss, wenn wir den Platz wieder dem alten Parlamentarismus räumen.“*[131]

Dieser ist inzwischen nicht untätig. Unter dem Mehrheitssozialdemokraten Johannes Hoffmann kommt es zu Verhandlungen zwischen führenden Gremien von SPD, USPD und den bürgerlichen Parteien. Am 8. März steht der „Nürnberger Kompromiss" zur Abstimmung, neun Punkte, ausgehandelt zwischen SPD, USPD und *Bauernbund*. Mühsam spricht dagegen:

„Ich bitte Sie, lassen Sie einmal alle Ihre Parteivorurteile vollständig beiseite, fühlen Sie sich nur einmal als Arbeiterräte, Soldatenräte und Bauernräte und überlegen Sie sich dieses: Im Rätesystem kommt alles darauf an, dass jeder einzelne Selbstverantwortlichkeit besitzt. Gerade das parlamentarische Prinzip, das hier wieder in sein Recht eingesetzt werden soll, führt ja doch zur Ausschließung des eigenen Urteils und des eigenen Willens.“[132]

Der Kongress stimmt ab und unterstützt damit die Position der Verfechter des faulen Kompromisses. Mühsam ruft in den Saal: *„Herr, vergib ihnen, denn sie wissen nicht, was sie tun.“*[133]

130 Flugblattsammlung 977, BayHStA.
131 Stenographischer Bericht über die Verhandlungen des Kongresses der Arbeiter-, Bauern- und Soldatenräte vom 25. Februar bis 8. März 1919, a.a.O., 179.
132 A.a.O., 183.
133 Mühsam, Von Eisner bis Leviné, a.a.O., 43.

Konsequente Räteanhänger lehnen Parteistandpunkte ab. Im Rätekongress finden sich aber parteipolitisch gebundene Fraktionen, die das gemeinsame Vorgehen genauso planen wie in einem Parlament. Räterepublikaner fordern, mit dieser althergebrachten Methode zu brechen:

Eine jede politische Partei tendiert dazu, Führer auszubilden. Gewählte Parteidelegierte werden langfristig Berufspolitiker. Dabei müssen sie lernen, auf der Klaviatur der Medien zu spielen. Sie müssen lernen, Abhängigkeiten in Seilschaften aufzubauen. Sie müssen riechen können, welche zukünftigen Wendungen die Parteiprogrammatik einschlägt, und im richtigen Moment das richtige sagen. Dafür müssen sie lernen, die Subtexte in der Sprache ihrer Parteifreunde zu entschlüsseln. Sie müssen lernen, nicht zu langsam, aber auch nicht zu schnell innerhalb des parteipolitischen Stützpfeilersystems nach oben zu kommen. Sie müssen eine neue Choreographie des Denkens, der Sprache, des Fühlens und des Handelns lernen.

Parteiführer bestimmen die Parteipolitik von oben nach unten. Sie sind jedem imperativen Mandat entbunden. Die zunehmende Bekanntheit der Parteiführer, die von ihnen selbst vorbereiteten Parteitagsanträge ob in Personal- oder wichtigen Sachfragen sowie ein gewisses Anlehnungsbedürfnis der einfachen Mitglieder in hierarchisch strukturierten Organisationen garantieren in der Regel die Wiederwahl der Führer. Dies legitimiert gleichzeitig jegliche Willkür der Parteiführung, denn was immer sie tut, sie ist ja der Form nach demokratisch gewählt. Die formale Demokratie verschleiert die inhaltliche Diktatur.

Prinzipien direkter Demokratie in Parteien zu verankern, sind von vorne herein zum Scheitern verurteilt, weil sie auf eine andere Form der Entscheidungsfindung zugeschnitten sind als die parlamentarische.

Parlamentarismus und Mehrparteiensystem gehören zusammen. Daraus ergibt sich für die rätedemokratische Parlamentarismuskritik nicht nur die Nichtbeteiligung am bürgerlichen Parlament, sondern auch die Ablehnung, sich selbst als politische Partei, die nur Abbild des Staates sein kann, zu organisieren. Rätedemokratie, die von einer Partei mit Monopolanspruch abhängt, ist genauso inakzeptabel. Hier beginnen die Konflikte mit der KPD.

In München wird auch der Berliner *Vorwärts* gelesen. Am 10. März titelt er *„Der Lichtenberger Gefangenenmord. Das Standrecht in Berlin verhängt"*. Der Artikel behauptet, der *Spartakusbund* habe einen *„gemeinen Waffen- und Meuchelmord"* verübt:

„Die Feder sträubt sich, wenn sie die grauenerregenden Handlungen nochmals beschreiben soll, die hier von spartakistischen Haufen an wehrlosen Gefangenen verübt worden sind. Sechzig Polizeibeamte und einige Dutzend Regierungssoldaten sind wie Tiere abgeschlachtet worden … Keine Gnade den Mördern!"[134]

Bürgerliche Blätter drucken das Schauermärchen nach und schmücken es weiter aus. Die Bestialität der Mörder übersteigt jede Vorstellung, die Opferzahlen verdoppeln und verdreifachen sich. Fake-News, die bis zum Siedepunkt aufheizen.[135]

---

134 *Vorwärts* 126 vom 10. März 1919, Morgenausgabe, 1.

135 Tatsächlich gab es ein Scharmützel zwischen Rätesympathisanten und Regierungstreuen, bei dem drei Beamte und mehrere Räterepublikaner ums Leben kamen.

Die Stimmung in der Bevölkerung kippt. Die Waage neigt sich wenige Wochen nach dem Mord an Eisner wieder einer parlamentarischen Regierungsform zu. Bis jetzt regierte der *Zentralrat*. Am 17. März wählt der Landtag Johannes Hoffmann zum Ministerpräsidenten. Auf fünf Massenversammlungen sprechen sich in München am 20. März prominente Mehrheitssozialdemokraten gegen die Doppelherrschaft und für den Parlamentarismus aus.

Doch das Blatt wendet sich wieder. Führende Vertreter des Landtags halten sich nicht an die ausgehandelten Vereinbarungen. Nachdem bekannt wird, dass am 8. April der Landtag wieder zusammentreten will, verlangen viele einfache Mitglieder der MSPD die Ausrufung der Räterepublik. Aus ihren Reihen ertönen Rufe wie „Nieder mit dem Kapitalismus!" und „Verräter". Ein neuer Aufbruch scheint möglich. Zenzl Mühsam schreibt am 2. April an den dänischen Dichter Martin Andersen Nexö:

„Wegen dem Revolutionären Arbeiterrat muss ich noch eine Erklärung anfügen. Es sind die drei die Führer: Erich Mühsam, Gustav Landauer, Leonhard Frank. Das andere sind Arbeiter, prachtvolle Menschen, die erkannten, dass man für das Glück der Zukunft auch ohne Gewinn arbeiten muss, die das Ideale erfassten und nicht wanken und nicht weichen, so angegriffen sie auch werden von der Mehrheit und Auer-Genossen. München entwickelt sich zusehends. Ich bin fast stolz auf meine Landsleute. Es wird nicht gestohlen, es wird nicht geplündert, es ist alles ruhig, und diese Ruhe wird den Reichen unheimlich."[136]

Am 4. April stehen in Augsburg „alle Räder still". In Massenversammlungen wird stürmisch die Proklamation der Räterepublik gefordert.

An diesem Abend findet auch in München eine Versammlung der Mehrheitssozialdemokraten statt. Die Stimmung ist gereizt. Redner beschimpfen die Parteileitung. Sie verlangen die Räterepublik. Die führenden Genossen werden gezwungen, eine Kommission zu bilden, die mit der USPD und den Kommunisten verhandeln soll.

Zur gleichen Zeit treffen sich im ehemaligen Kriegsministerium in der Ludwigstraße etwa dreißig Personen, darunter vierzehn Mitglieder des RAR, Mitglieder des Kabinetts Hoffmann, Vertreter von SPD, USPD und *Bauernbund*, der Polizeipräsident und der Stadtkommandant.

Wie sich verhalten, wenn der Landtag unter Bruch des Abkommens mit dem Rätekongress für den 8. April einberufen wird, wenn in vielen Versammlungen die Proklamation der Räterepublik lautstark gefordert wird und die Augsburger Arbeiter sich sogar im Generalstreik befinden? Am nachdrücklichsten verlangt der von Hoffmann designierte Militärminister, Ernst Schneppenhorst, die sofortige Proklamation der Räterepublik.[137]

Die anwesenden Landwirtschaftsminister Steiner, Innenminister Segitz, Handelsminister Simon und der ehemalige Minister für soziale Fürsorge im Kabinett Eisner, Hans

---

136 Chris Hirte/Uschi Otten (Hg.), Zenzl Mühsam. Eine Auswahl aus ihren Briefen. Schriften der Erich-Mühsam-Gesellschaft 9, Lübeck 1995, 12.

137 Als Zeuge gibt Schneppenhorst im Mai 1919 zu: *„Nur das eine ist richtig, dass ich in der Nachtsitzung in München aus taktischen Erwägungen im entscheidenden Augenblick alle Minen springen ließ, um Zeit zu gewinnen."* StAnw Mü I, 2131/I, 133, StAM.

Unterleitner, werden als „Volksbeauftragte der Räterepublik" vorgeschlagen, um die gleichen Ressorts zu übernehmen, die sie in der Regierung Hoffmann innehaben. Alle Anwesenden sprechen sich für die Proklamation der Räterepublik aus., sie sind gut aufgelegt.

Um 1 Uhr in der Frühe kommt Eugen Leviné, der folgendes sagt:

> *Eben habe ich von Euren Plänen erfahren. Wir Kommunisten hegen das größte Misstrauen gegen eine Räterepublik, deren Träger die sozialdemokratischen Minister Schneppenhorst und Dürr sind, die die ganze Zeit den Rätegedanken mit allen Mitteln bekämpften. Wir können es uns nur als einen Versuch bankrotter Führer, durch eine scheinbare revolutionäre Aktion den Anschluss an die Massen zu gewinnen, oder als eine bewusste Provokation erklären. Wir wissen aus Beispielen in Norddeutschland, dass die Mehrheitssozialisten häufig bestrebt waren, verfrühte Aktionen ins Leben zu rufen, um sie desto erfolgreicher abwürgen zu können. Die ganze Art Eures Vorgehens gebietet die größte Wachsamkeit. Eine Räterepublik wird nicht vom grünen Tisch proklamiert, sie ist das Ergebnis von ernsten Kämpfen des Proletariats und seines Sieges. Das Münchener Proletariat steht noch vor solchen entscheidenden Kämpfen. Wir bereiten uns dazu vor und haben Zeit. Gegenwärtig ist der Augenblick der Proklamierung einer Räterepublik außerordentlich ungünstig. Die Massen in Nord- und Mitteldeutschland sind geschlagen und sammeln sich erst zu neuen Kämpfen, und Bayern ist kein wirtschaftlich geschlossenes Gebiet, das sich selbständig längere Zeit halten könnte. Nach dem ersten Rausch würde folgendes eintreten: die Mehrheitssozialisten würden sich unter dem ersten besten Vorwand zurückziehen und das Proletariat bewusst verraten. Die USPD würde mitmachen, dann umfallen, anfangen zu schwanken, zu verhandeln und dadurch zum unbewussten Verräter werden. Und wir Kommunisten würden mit dem Blut unserer Besten Eure Taten bezahlen. Wir lehnen es ab, der Sündenbock für die Dummheit und Verworrenheit der anderen zu sein und setzen uns nicht an einen Tisch mit Schneppenhorst, dem Nürnberger Noske, und Dürr, der Gasbomben für streikende Arbeiter verlangte.*[138]

Rosa Leviné, die bei den Verhandlungen anwesend ist, berichtet von der Wirkung dieser Rede: „*Alles schrie und tobte: »Die verkrachten Politiker von Berlin!«, »Die Saupreußen! Treiben sich hier herum, die Bande, und wollen uns an unserer revolutionären Arbeit stören.« »Einsperren sollte man sie!« »Wenn Du versuchst, uns in den Brei zu spucken, sollst Du was erleben!« Schneppenhorst war außer sich, schrie: »Haut dem Juden eine hinter die Ohren!«*"[139]

Die Absage wirkt wie eine kalte Dusche. Die Kommunisten vertreten die Weisungen aus Berlin. Die Berliner Zentrale wittert den Abfall Baierns vom Reich. Zudem haben einige der führenden Münchner Kommunisten eine andere Vorstellung von der Räteherrschaft; für sie ist die Partei der Ausgangspunkt des revolutionären Willens zur Macht. Revolutionäre Betriebsräte, auch parteilos, sind schon gut; aber ohne die Partei als Wegweiser und Kontrolleur des richtigen Weges sind sie verloren.

---

138 Rosa Leviné, Aus der Münchener Rätezeit, Berlin 1925, 14 f.
139 A.a.O.

Mühsam spricht gegen die Kommunisten: *„Ich vertrat demgegenüber sofort den Standpunkt, dass zunächst die Räterepublik ausgerufen werden solle, die Massen hätten am nächsten Tag Gelegenheit, die ihnen genehmen Formen zu schaffen. An ihrer Zustimmung sei bei ihrem bisherigen drängenden Verlangen nach der Räterepublik ohnehin nicht zu zweifeln, es handle sich für mich nicht um die Führer, sondern vor allem um die Einigung der Massen und Überwindung der Parteien über die Köpfe der Führer hinweg, auch dürfe man nicht im voraus Verräterei vorwerfen, wenn noch keine solche begangen sei.“*[140] Noch einmal wird die Ausrufung vertagt.

In Massenversammlungen wird am 5. April im *Wagnersaal*, im *Löwenbräukeller*, im *Münchner-Kindl-Keller* und im *Hofbräuhaus* die Proklamation der Räterepublik „auf kommunistischer Grundlage" gefordert. Das 1. Infanterie-Regiment verlangt ebenfalls die sofortige Ausrufung, das 2. Infanterie-Regiment nennt seine Kaserne in der Lothstraße jetzt „Karl-Liebknecht-Kaserne".[141]

Bis zur Proklamation der ersten Räterepublik am 7. April werden auf einer Reihe von Massenversammlungen folgende Positionen deutlich: Der bestehende *Zentralrat* habe an der Spitze der kommende Räterepublik zu stehen, die Räterepublik dürfe nur von Kommunisten geführt werden oder alle drei Arbeiterparteien teilten sich die Leitung der Räterepublik, wie es der „Außerordentliche Gautag der Sozialdemokraten Südbayerns" am 5./6. April fordert, *„um die Errungenschaften der Revolution gegen alle Anschläge der Reaktion sicherzustellen".*[142]

Die Proklamation vom 7. April erfolgt schließlich ohne Teilnahme der Kommunisten. Bairische Räteanhänger setzen ihre Hoffnung darauf, dass die Idee der Räterepublik sich durchsetzt. 400 Telegramme aus ganz Baiern sind in München eingetroffen, die die Proklamation der Räterepublik fordern. Das nahe, noch ungarische, später österreichische Burgenland ist Räterepublik, in Österreich gärt es, Frankreich und England erleben einen Linksruck. Organisiert von den Räten, haben im Ruhrgebiet, in Mitteldeutschland und an anderen Orten die Streikenden das Wirtschaftsleben zum Stillstand gebracht. Rund eine Million Beschäftigte aus den Berliner Betrieben beteiligen sich im März an einem Generalstreik. Baiern könnte zwischen all diesen Zentren ein Brückenkopf sein.[143]

Ernst Toller schreibt am 13. April in einem Aufruf an die Augsburger Arbeiter: *„Die Aussichten der Räterepublik sind nicht ungünstig. Nordbaiern steht hinter Hoffmann, sagt man. Aber Nordbaiern ist nicht zuverlässig für Hoffmann. Von tausenden von rätefreundlichen Inseln und Inselchen ist es durchsetzt. Es bedarf nur noch zureichender Aufklärung, um Nordbaiern für die Seite zu gewinnen, auf der nicht um bürgerliche Demokratie, sondern für den wahren Sozialismus gekämpft wird … Merkt Ihr denn nicht, wie es im ganzen Reiche gärt und brodelt und flammt?“*[144]

Die Begeisterung über die Ausrufung der ersten Räterepublik macht auch blind. Erich Mühsam wird schon am gleichen Tag nachdenklich:

---

140 Angeschuldigten-Verhör in der Voruntersuchung gegen Waibel und Genossen vom 23. April 1919, 114 verso. In: StAnw Mü I, 2131/I, StAM.

141 Der Enthusiasmus hält nur kurze Zeit an. Wenige Tage später verkündet die Garnison, hinter der Regierung Hoffmann zu stehen.

142 Revolution und Räteherrschaft in München. Aus der Stadtchronik 1918/19. Zusammengestellt und bearbeitet von Ludwig Morenz unter Mitwirkung von Erwin Münz, München/Wien 1968, 64.

143 Vergessen wir nicht: Die Zeitgenossen kennen den Ausgang der Geschichte nicht!

144 F.Mon. 2911, Münchner Stadtbibliothek / Monacensia.

„Als ich jetzt die Stimmung in der Münchner Bevölkerung beobachtete, ging [meine Begeisterung] *in Pessimismus über. Wohl war das Leben bewegter als gewöhnlich, aber es lag eine gewisse Schwüle über der Atmosphäre, eine beängstigende Stille, die auf argwöhnisches Abwarten schließen ließ. Am Stachus bestieg ich eine Bank. Eine große Menschenmenge drängte sich um mich, aus der zunächst antisemitische Rufe laut wurden. Die Reaktion hatte schon die Witterung, dass das Proletariat uneinig geworden sei und traute sich trotz der Standrechtsverkündigung vor. Unter der Menge bemerkte ich bald einen KPD-Genossen vom RAR, der meine Rede, lebhaft assistiert von den nationalen Studenten, dauernd durch Zwischenrufe unterbrach und die Menge aufforderte, dieser Räteregierung die Gefolgschaft zu verweigern.“*[145]

Die Exponenten der ersten Räterepublik, die von MSPD, USPD und Anarchisten getragen wird, werden von zwei Seiten bekämpft. Die Publizistik der Rechten prangert ein „bolschewistisches Terrorregime“ an und sammelt sich in klandestinen Zirkeln wie der antisemitischen *Thule-Gesellschaft*, die Kommunisten sprechen in Massenversammlungen vor ihren Anhängern und veröffentlichen mit ihren geringeren Ressourcen ihre Position auf Flugblättern und in ihrer Zeitung:

Alles wie sonst. In den Betrieben schuften und fronen die Proletarier nach wie vor zugunsten des Kapitals. In den Ämtern sitzen nach wie vor die früheren kgl. Wittelsbacher Beamten. An den Straßen die alten Hüter der kapitalistischen Wirtschaftsordnung mit dem Schutzmannssäbel. Kein bewaffneter Arbeiter zu erblicken. Keine roten Fahnen. Keine proletarische Besetzung in den Machtpositionen der Bourgeoisie. Noch liegen die Kapitale in den Safes der Banken. Noch klappern die Kuponscheren der Kriegsgewinnler und Dividendenjäger. Noch üben in den Gerichten die königlichen Landgerichtsräte Klassenjustiz.

Alles wie sonst. Noch rattern die Rotationsmaschinen der kapitalistischen Presse und speien ihr Gift und ihre Galle, ihre Lügen und ihre Verdrehungen in die nach revolutionären Kampfworten begierige Menge. Alles wie sonst. Nur an den Straßen von Wind und Regen zerfetzte Plakate: »Nationalfeiertag!« steht darauf! Nationalfeiertag! Nicht proletarischer Feiertag. Nicht internationaler Feiertag. Von der Nation sprechen sie, der einigen Nation der Arbeiter und Kapitalisten …

Auf den Straßen gehen die Bourgeois und lächeln. Man könnte förmlich erschrecken über diese sorglose Heiterkeit der Bourgeoisie am ersten Tag der sogenannten Räterepublik. Wie sie lachten, wie sie Witze rissen. Sie wussten nur allzugut (denn sie sind nüchterne Politiker, die Herren Bourgeois): eine Räterepublik ohne Räte, eine Republik ohne Waffen, eine Herrschaft ohne Bewaffnung des Proletariats – da kann der Bourgeois ruhig und sorglos bleiben …

Sie sitzen zusammen im Wittelsbacher Palais und dichten Dekrete …

Räterepublik ohne Räte. Proletarische Diktatur ohne Proletariat. Volksbeauftragte ohne Auftrag des arbeitenden Volkes. Ein Projekt der Roten Armee ohne Beihilfe des Proletariats, Sozialisierungsprojekte ohne wirkliches Eingreifen der Macht. Angebliche Siege ohne Kämpfe. Revolutionäre Phrasen ohne revolutionären Inhalt, revolutionäre Worte ohne revolutionäre Taten.[146]

---

145 Mühsam, Von Eisner bis Leviné, a.a.O., 63 f.
146 *Münchner Rote Fahne* 21 vom 9. April 1919, 1.

Das sagen Eugen Leviné und andere Redner der KPD. Es tut Erich Mühsam und seinen Mitstreitern weh. Plötzlich sehen sie sich in der Rolle, in der sie vor vier Monaten Kurt Eisner gesehen haben. Was die Rechten sagen, kennen sie. Den Kommunisten antworten sie: Gebt uns etwas Zeit! Die aber läuft ihnen davon.

Felix Fechenbach notiert in seinem Tagebuch unter dem 8. April: *„Im Wittelsbacher-Palais, dem Hauptquartier des Zentralrats, geht es zu wie in einem Ameisenhaufen. In den hohen [neu-]gotischen Hallen, in denen einst König Ludwig III. und seine Frau Marie Therese wohnten, sitzen die abgearbeiteten und übermüdeten Mitglieder des Zentralrats und ihre Hilfskräfte. Das Telephon klingelt unaufhörlich. Boten gehen aus und ein. Deputationen werden empfangen, Auskünfte gegeben und Beratungen finden statt.“*[147]

„Grüß Dich, Karl, kommst Du mit auf eine Maß in den Mathäser?“ – „Klar, ich komme dann später, aber weißt Du, jetzt muss ich erst noch für eine Stunde ins Ministerium zum Regieren.“
Simplicissimus 4 vom 22. April 1919, 58.

Die Führungsgremien der MSPD sind inzwischen mit den führenden Vertretern der bürgerlichen Parteien nach Bamberg ausgewichen. Von dort entfalten sie ihre Propaganda für den Landtag und gegen die Räte und setzen Truppen in Richtung München in Bewegung. Seit dem 10. April wird in München zum Eintritt in die Rote Armee geworben.

In der Stadt laufen völlig ungehindert die wüstesten Gerüchte, Mühsam und Landauer erhielten Millionen Rubel aus Russland, in den Sitzungen der Räte käme es zu Orgien, die Räteregierung wisse nicht, was arbeiten heiße. Auf den Straßen wird ohne Widerspruch gegen Preußen, „landfremde Elemente“, Juden, Kommunisten und das „russische Chaos“ gehetzt. Dass Kommunisten in Opposition zur gegenwärtigen Räterepublik stehen – egal! Räterepublikaner werden beschimpft, anonyme und manche nicht-anonymen Zuschriften drohen mit Mord.

---

147 Pol.Dir. 15586, Felix Fechenbach, StAM.

Sogar die mehrheitssozialdemokratische Presse liefert antisemitische Karikaturen: *Vor der Börse.*
„Haben Sie schon die neueste Verlustliste gelesen?" „Nanu, die gibt's doch gar nicht mehr!"
„Nebbich, ich meine doch den Kurszettel!" – Der wahre Jacob 852 vom 14. März 1919, 9663.[148]

Hier beginnt, was Viktor Klemperer für die Nazi-Zeit konstatiert: *„Nein, die stärkste Wirkung wurde nicht durch Einzelreden ausgeübt, auch nicht durch Artikel oder Flugblätter, durch Plakate oder Fahnen, sie wurde durch nichts erzielt, was man mit bewusstem Denken oder bewusstem Fühlen in sich aufnehmen musste. Sondern der Nazismus glitt in Fleisch und Blut der Menge über durch die Einzelworte, die Redewendungen, die Satzformen, die er ihr in millionenfachen Wiederholungen aufzwang und die mechanisch und unbewusst übernommen wurden."*[149]

---

148 „Verlustlisten" gab es während des Krieges. Auf ihnen stand zum Beispiel: „Am soundsovielten sind 30.000 Deutsche vor Verdun gefallen." Auf dem täglichen „Kurszettel" sind in der Börse die täglichen Gewinne und Verluste im Aktienmarkt verzeichnet. Die Zeichnung suggeriert, dass der skrupellose Jude während des Krieges gut verdient hat und jetzt auch gut verdient.
149 Victor Klemperer, LTI. Notizbuch eines Philologen, Leipzig 1966, 24.

Wer das raffinierte Lügengespinst der Behauptungen, der Unterstellungen und Verdrehungen in aller Deutlichkeit sieht und dabei erkennt, dass nicht die geringste Chance besteht, es zu zerreißen, der resigniert oder flüchtet sich in Ersatzhandlungen. Manche packt auch die ohnmächtige Wut.

Die großen Tageszeitungen werden jetzt zensiert, ihre Druckereien werden immer öfter gezwungen, rätedemokratische Flugblätter und Plakate zu drucken. Der überall hervorkriechenden antisemitischen Hetze antwortet die Linke, kann aber mit Argumenten nur wenig gegen die Stimmungsmache ausrichten:

An die Bürger der Räterepublik!
In Baiern werden Flugblätter verteilt, die in der würdelosesten und verbrecherischsten Weise die Leidenschaften der Massen gegen die Juden aufzuhetzen versuchen. Gleichzeitig hetzen bürgerliche Provokateure gegen die Juden auf den Straßen. Hinter dieser Organisation steckt eine ganz Deutschland überziehende Organisation reaktionärer Verschwörer, die die Massen zu Judenpogromen hinreißen wollen, um den Freikorps Preußens den Weg nach Baiern zu öffnen und die proletarische Revolution niederzuschlagen. Die Bevölkerung wird aufgefordert, schärfste Disziplin zu üben und selbständig jedes dieser niederträchtigen Elemente sofort zu verhaften und der Polizei zu übergeben, damit sie vor das Revolutionsgericht gestellt werden können. Wie nichtswürdig die ganze Hetze ist, mag jeder Bürger daraus ersehen, dass diese ganze niederträchtige Provokation der Massen aus dem Hinterhalt feiger Anonymität unternommen wird.
Der provisorische revolutionäre Zentralrat. I.A. Ernst Toller"[150]

Aufklärungsschriften der Räterepublikaner bleiben ohne Wirkung: *„Wir haben den sicheren Nachweis, dass die massenhaft verbreiteten anonymen Flugblätter, in denen schamlos Judenhetze getrieben wird, und deren Ergebnis sein könnte und sein soll, dass es zu schweren Ausschreitungen gegen die jüdische Bevölkerung kommt, aus Norddeutschland hierher geschickt worden sind in der bewussten Absicht, hier in der Hauptstadt Baierns blutige Zusammenstöße und Zustände hervorzurufen."*[151]

Sollte dies auch zutreffen, den größten Anteil an der Hetze haben ihre Urheber innerhalb der eigenen Stadtmauern. Die *Thule-Gesellschaft* baut neben ihrer propagandistischen Tätigkeit ein gut funktionierendes Nachrichten- und Spitzelsystem auf. Das antisemitische Kesseltreiben nimmt so zu, dass der *Zentralrat Baierns* eine Bekanntmachung anschlagen lässt:

„Durch das Verhalten von Offizieren, Studenten und anderen Bürgersöhnchen seit der Ausrufung der Räterepublik wurde die öffentliche Sicherheit gefährdet. Verbreitung von antisemitischen, verhetzenden Flugblättern, welche von feigen Gesellen aus rasend dahinfahrenden Autos herausgeworfen wurden, wird ohne Zweifel in kürzester Frist die Regierung dazu zwingen, alle die Personen, die die Ruhe der Stadt gefährden, festzunehmen und sofort vom Revolutionstribunal aburteilen zu lassen."[152] Es sind nur leere Drohungen eines zahnlosen Tigers.

---

150 Flugblatt, aufgefunden am 8. April 1919 – F.Mon 2629, Münchner Stadtbibliothek / Monacensia.
151 Maueranschlag vom 8. April, Plakatsammlung 1916, BayHStA.
152 Zit. in: Max Gerstl, Die Münchener Räte-Republik, München 1919, 13.

Geschnitten für die Einigkeit des Proletariats III 1919   Fritz Schaefler

Trotz mancher Forderungen aus ihren eigenen Reihen, die Arbeiterbewegung müsse sich eine eigene, ihr gemäße Kultur schaffen, orientierten sich die Münchner SPD und die Gewerkschaften vor dem Ersten Weltkrieg am Kulturstandard der städtischen Mittelschicht. Von der Kunstkommission der Gewerkschaften organisiert besuchten die Münchner Gewerkschafter neben den Vorstellungen im *Hoftheater*, im *Schauspielhaus* und im *Gärtnertheater* im Jahr der „Richard-Wagner-Jahrhundertfeier" 1913 sechs Aufführungen des Meisters. Der Besuch der „großen Häuser" mit ihren Aufführungen der Klassiker und der zeitgenössischen Trivialdramen und damit die Teilhabe an den bürgerlichen Feiern des eigenen Erfolgs schuf nicht nur erhebende, weihevolle Stimmungen, sondern auch Geschmacksbildung, Verstehen und Beurteilen. Mit einem Wort:

Kennerschaft sollte den Proleten adeln. Auch das Aussehen des 1912 eröffneten Gewerkschaftshauses in der Pestalozzistraße orientiert sich lediglich an den historisch gewachsenen Zusammenhängen der klassizistischen Tradition.[153]

So ist die Münchner Arbeiterklasse dazu erzogen, bürgerliche Kultur als das Ideal anzusehen, dem nachzueifern ist. Neben Erich Mühsams *Kain. Zeitschrift für Menschlichkeit* erscheint während der Regierung Eisner und der Räterepubliken eine weitere politische Zeitschrift *Die Süddeutsche Freiheit*, als deren Schriftleiter Gustav Klingelhöfer wirkt. Während in Mühsams Blatt die Titelbilder konventionellen und traditionellen Ansprüchen genügen, während der Dichter in Lyrik und Prosa sich bemüht, die Arbeiterklasse dort „abzuholen", wo sie scheinbar steht, gestalten vor allem Aloys Wach und Fritz Schaefler Klingelhöfers Blatt im Stil des avantgardistischen Expressionismus.

In der zweiten Aprilwoche erscheinen auf den Titelseiten der unter Zensur gestellten Tageszeitungen *Münchner Neueste Nachrichten* und *Bayerischer Kurier* Holzschnitte von Wach. *„Nichts hat den ordnungsliebenden Münchner mehr erregt als die Holzschnitte auf der Titelseite seiner Leibzeitung während der Rätetage."*[154]

Es kommt aber auch zu empörten Reaktionen aus den Reihen der Arbeiterklasse, die sich von der modernen Kunst „provoziert" fühlt. Nur eine Minderheit begreift, dass neue Inhalte und ihre utopischen Hoffnungen auch nach neuen Formen suchen.[155]

In der Welt des Theaters stehen während der „kommunistischen" Räterepublik Stücke auf dem Programm, die ebenfalls dem bürgerlichen Bildungskanon entsprechen.

In beinahe allen Aufführungen geht es um verletzte Ehre und die Tragödien, die daraus entstehen. In der Oper „Tiefland" ist es Pedro, der seine Ehre und die seiner Frau wieder herstellt, indem er den Schurken Sebastiano erdrosselt. Im Schauspiel „Kabale und Liebe" hat ein Vater durch eine heimtückische Intrige seinen Sohn und dessen Geliebte in den Suicid getrieben. Er rettet seine Ehre, indem er sich den Gerichten stellt. Das Bühnenstück „Iphigenie auf Tauris" thematisiert den inneren Kampf Iphigenies zwischen gebotener Pflicht und Neigung; am Ende siegt Humanität.

In Schillers „Wilhelm Tell" terrorisiert der habsburgische Landvogt die Schweizer. Tell tötet ihn, die Schweizer revoltieren. Eine zentrale Aussage des Stücks ist auch auf die Gegenwart gemünzt. Der Aufständische Walter Fürst deklamiert: „Abtreiben wollen wir verhassten Zwang. | Die alten Rechte, wie wir sie ererbt | von unsern Vätern, wollen

---

153 Was auf München zutrifft, konstatiert Ernst Niekisch für ganz Deutschland: *„In der letzten Tiefe seines Wesens beherrschte den deutschen Arbeiter noch immer ein Gefühl der Solidarität mit den elementaren Grundlagen und den allgemeinen Grundformen des feudal-bürgerlichen Erbes Europas. Diese Erbstücke steckten in seinem eigenen Blut, es regten sich in ihm selbst Instinkte, die sich schützend vor die bedrohte bürgerlich-abendländische Kultur stellten und die sich gegen die Tendenzen der bolschewistischen Revolution mit ebensolcher Heftigkeit zur Wehr setzten wie die Instinkte des Bürgers."* Ernst Niekisch, Gewagtes Leben. Begegnungen und Begebnisse, Köln/Berlin 1958, 47.
154 Karl Jakob Hirsch, Novembergedanken. In: Zehn Jahre Novembergruppe, Berlin 1928, 19.
155 Nach der Niederschlagung der Räterepublik gehen die Protagonisten einer gegenrevolutionären Kulturauffassung in die Offensive. Für sie ist die expressive Moderne notwendige Begleiterin des Umsturzes, technisch primitiv, irrsinnig und Ausdruck eines kulturellen Zerfalls. „Entartete Kunst" und „Kulturbolschewismus" werden zu Kampfbegriffen in der Weimarer Republik.

Mitteilungen des Vollzugsrats der Betriebs- und Soldatenräte 9 vom 22. April 1919, 1.

wir bewahren, | nicht ungezügelt nach dem Neuen greifen ... Was sein muss, das geschehe, doch nicht drüber. | Die Vögte wollen wir mit ihren Knechten | verjagen und die festen Schlösser brechen, | doch, wenn es sein mag, ohne Blut."

In Tolstois „Macht der Finsternis" hat sich Knecht Nikita in Liebeswirren verstrickt, die Bäuerin geheiratet, die ihren Mann umgebracht hat, und am Ende sein eigenes Kind getötet, das die von ihm geschwängerte Stieftochter zur Welt gebracht hat. Die Schuld drückt ihn nieder; er erringt seine Ehre wieder, indem er seine Verbrechen gesteht. In Hebbels „Maria Magdalena" wird Klara von Leonhard geschwängert. Als dieser die vereinbarte Ehe verweigert, kann Klara nur die Ehre ihres Vaters schützen, indem sie sich umbringt.

Auch in der Diktion der konterrevolutionären Schriften geht es um Ehre. Die Anführer der Räterepublik sind ehrloses Gesindel, wer noch Ehre im Leib hat, jagt dieses Pack davon.

Die verbalen Salven der gegenrevolutionären Agitation nennen immer die gleichen Namen und rücken sie damit in den Vordergrund: Akselrod, Landauer, Levien, Leviné, Franz Lipp, Mühsam, Toller und Wadler. Der Eindruck wird verfestigt, eine ausgewählte Clique habe sich die Schlüsselstellungen in der Räterepublik angeeignet. Damit verschwinden die Räteorganisationen aus dem Blick der Öffentlichkeit.

Diese versuchen wiederum nüchtern und sachlich zu antworten. Sie betonen, dass Arbeiterräte an die Stelle der Regierung treten sollen; die Ausbildung eines autoritären Staates aber sei zu verhindern. Großgrundbesitz und die Produktionsmittel der Industrie sind zu vergesellschaften. Arbeiterräte agieren im Sinne der Selbstverwaltung als Exekutive, Legislative und Judikative in einem.

Werktätiges Volk Münchens!

Willst Du Dich noch länger von verkommenen Literaten und Revolutionsbummlern terrorisieren lassen! Von einem **Dr. Lipp,** dem früheren **Polizeispitzel** des Großen Generalstabes, der Kurt Eisner an Ludendorf **denunzierte,** von einem **Dr. Levien,** dessen Gehirnsyphilis schon unter der Regierung Eisners zu einem Haftbefehl wegen **gemeingefährlicher Geisteskrankheit** führte, von einem **Dr. Wadler,** der während des Krieges als altdeutscher Offizier **sich für Deportation der belgischen Arbeiter** einsetzte, von einem **Erich Mühsam,** diesem verlumpten Kaffeehausliteraten, der in seinem ganzem Leben noch nie gearbeitet hat!

Arbeiter! Soldaten!

Laßt Euch das Treiben dieses Gesindels nicht länger gefallen, das Euch, um sich die Taschen zu füllen, in **Elend und Hungersnot** und Verzweiflung führt. **Nieder mit der Rätediktatur.**

Es lebe das sozialistische Ministerium Hoffmann!

Die Arbeiter- und Soldatenräte Nordbayerns.

Flugblatt, in München aufgefunden am 12. April 1919.

„Was ist der Unterschied zwischen den Räten und dem Landtag? Die Volksvertreter, welche ehemals von Euch in den Landtag gewählt wurden, waren von Parteien und Parteivereinen aufgestellt. Die Partei, welche das meiste Geld hatte, konnte die meiste Reklame machen und gewann den Kampf. So kam es, dass, obwohl das ganze Volk anders dachte oder wenigstens fühlte, wichtige Entscheidungen zugunsten der Riesenvermögen und Riesengewinne getroffen wurden ... Das werktätige Volk will selbst durch seine Räte Ordnung schaffen. Alle Kreise des schaffenden Volkes, Bauern, Arbeiter, Handwerker, Kleinbeamte wählen aus ihren Kreisen heraus die tüchtigsten Männer als ihre Vertreter in das Landtagsgebäude. Es kann nicht mehr vorkommen, dass

Männer, für Jahrelang hinausgewählt, für das Volk Unheil stiften; denn die Wähler können jederzeit einen solchen Vertreter abberufen."[156]

Inwieweit diese Flugblätter Wirkung erzielen, ist schwer einzuschätzen. In den Beständen der staatlichen Archive überwiegt die Anzahl der konterrevolutionären Schriften die der Räterepublikaner. Dieses Missverhältnis dürfte ein realistisches Abbild der Wirklichkeit bieten. Der dominierenden gegenrevolutionären Publizistik stehen die Räteanhänger beinahe machtlos gegenüber.

Die Bamberger Regierung erringt die Deutungshoheit. Die Räterepublikaner stecken in einem Dilemma. Wenn sie durch Schweigen den Lügen Raum lassen, lassen sie vermuten, dass irgend etwas an den Unterstellungen dran sein muss; der Zweifel ist gesät. Wenn sie aber auf einzelne Lügen, die sie im Trommelfeuer der Behauptungen ausmachen, eingehen und diese korrigieren, steigern sie dennoch deren Bekanntheit.

Am Abend des 11. April finden sich bei der Versammlung der Räte der Münchner Betriebe über 3.000 Menschen im großen Saal des *Hofbräuhauses* ein. Eugen Leviné meint, die Kommunisten hätten für die Schein-Räterepublik, die nicht aus Massenkämpfen entstanden, sondern ein Produkt der Verhandlungen zwischen Parteiführern sei, keine Verantwortung übernehmen können, jetzt aber, wo der „weiße Schrecken" das Münchner Proletariat bedrohe, stünden die Kommunisten an der Seite der Arbeiter.

Felix Fechenbach in seinem Tagebuch: *„Nicht endenwollender Beifall und Jubel braust nach diesem Bekenntnis durch den Saal … Die Mehrheitssozialisten hatten nicht gewagt, einen ihrer Führer zu schicken. Ein Parteisekretär zweiter Garnitur war erschienen, der nie in der Politik hervorgetreten ist. Er wird oft stürmisch unterbrochen, besonders, als er von der alten Tradition der Sozialdemokratie und von ihrem Programm spricht. Und wie er dann sagt, dass er wohl für die Einigung des Proletariats sei, dass aber auf der Grundlage des kommunistischen Programms sich die Einigung nicht erzielen lasse, da wird er von stürmischen Oho-Rufen und Pfeifen am Weiterreden gehindert. – Ein Arbeiter, der sich als Mehrheitssozialist bekennt, sagt, dass es eine Schmach und Schande sei, einen offiziellen Vertreter der Partei in dieser Stunde so sprechen zu hören. Ein anderer Mehrheitssozialist bekennt, dass er sich noch nie in seinem Leben so geschämt habe wie heute, als der Vertreter seiner Partei sprach.*"[157]

Dann nimmt Gustav Landauer das Wort, nach ihm Mühsam, welcher etwas zerknirscht betont, über das Vergangene zu reden sei sinnlos, aber die Proklamation der Räterepublik könne jetzt nicht mehr rückgängig gemacht werden. Leviné ruft dazwischen: *„Der Karren ist in Dreck gefahren, aber wir helfen mit heraus, nur keine Verantwortung, wenn es schief geht, übernehmen wir. Sie haben das Volk ins Unglück gestürzt, ohne Kopf!"* Mühsam antwortet: *„Mir ist Herz ohne Kopf lieber als Kopf ohne Herz."*[158]

Um vier Uhr in der Frühe beschließt die Versammlung einmütig: *„Die heute versammelten Arbeiter-, Angestellten- und Beamtenräte der Münchner Betriebe, gleichviel welcher Partei, treten geschlossen für die Räterepublik ein und werden für die Räterepublik zu arbeiten und zu sterben wissen."*[159]

---

156 F.Mon. 2018, Münchner Stadtbibliothek / Monacensia.
157 Pol.Dir. 15586, Felix Fechenbach, StAM.
158 Notizheft des Maschinenmeisters Fritz Kunz, Pol.Dir. 15587, Gustav Landauer, StAM.
159 Zit. in: A.a.O.

Leonhard Eckertsperger: Sitzung während der 2. Räterepublik, am Tisch dritter von links Levien,
neben ihm stehend Leviné, dann sitzend Paul Frölich und Dr. med. Hildegard Menzi,
hinter Frölich stehend Egelhofer, an der Stirnseite rechts hinten Toller.

Truppenkontingente marschieren nach München, um den „russischen Terror der asiati-
schen Wüstensöhne" abzuwürgen.[160] Die Räterepublik existiert gerade eine Woche – lediglich Ankündigungen und Absichtserklärungen z.B. zur Sozialisierung der Banken,
zur Beschlagnahme von Wohnraum, zur Entwaffnung der Bürger etc. sind aufgetaucht,
aber keine durchgreifenden Maßnahmen von der Räteregierung getroffen worden –, da
veranlassen auf „Bamberger Weisung" hin Rechtsanwalt Walter Loewenfeld, Alfred
Seyffertitz mit seiner *Republikanischen Schutztruppe* und Bahnhofskommandant Aschenbrenner um ¼4 Uhr in der Frühe des 13. April 1919 die Verhaftung von Mühsam und
weiteren Exponenten der Räteregierung. Die Putschisten besetzen den Hauptbahnhof.
Die Erbitterung über die mehrheitssozialdemokratische Führung, die erst zur Ausrufung

160 „... *In München rast der russische Terror, entfesselt von landfremden Elementen. Diese Schmach
Bayerns darf keinen Tag, keine Stunde weiter bestehen ... Ihr Männer der bayerischen Berge, des
bayerischen Hochlandes, des bayerischen Waldes, erhebt Euch wie ein Mann ... Ein grüner
Buschen am Hute und die weißblaue Binde am Arm sei Euer Erkennungszeichen ... Das Ge-
samtministerium: gez: Hoffmann, Ministerpräsident ..."* F.Mon. 210, 2572, Münchner Stadtbibliothek / Monacensia.

der Räterepublik aufgeputscht hat und nun dieselbe abwürgen will, lässt die Massen wütend werden. Der Hauptbahnhof wird im Sturm genommen.

Seit dem gescheiterten Handstreich beherrscht das revolutionäre Proletariat den öffentlichen Raum in München. In der zweiten, der sogenannten kommunistischen Räterepublik konzentriert sich alles auf die Verteidigung der Stadt, denn die „Weißen" marschieren an.

Das die meisten beherrschende Gefühl besagt, „Wir sind verloren, so oder so. Aber wir werden in Ehren untergehen, damit die, die nach uns kommen, siegen." Manche kleine Erfolge werden erzielt: hinhaltender erfolgreicher Widerstand an einigen Frontabschnitten und Weißgardisten, die das Schlachtfeld räumen oder zu den Roten überlaufen.

Bekehrte Weißgardisten

Durch Freising fuhren am 15. April zwei Transportzüge Infanterie und Artillerie in ungefährer Stärke von 1200 Mann. Ein dritter Zug wurde von der Freisinger Garnison und von den Freisinger Arbeitern angehalten und über die Verhältnisse in München aufgeklärt. Der Zug kehrte um, die Soldaten übergaben ihre Waffen den Freisinger Soldaten und fuhren in ihre Heimatsorte zurück. Die begleitenden Offiziere standen allein am Zug.

Mitteilungen des Vollzugsrats der Betriebs- und Soldatenräte vom 17. April 1919, 1.

Außerhalb Münchens dominiert die Propaganda der Konterrevolution. Felix Fechenbach bekommt am 19. April einige Berliner Zeitungen zu lesen. Er schreibt in sein Tagebuch:

„Es ist grauenvoll, was da alles über München gelogen wird. Der Bahnhof zertrümmert, die Neuhauser Straße in Flammen, Massenmorde, Vermögensbeschlagnahme und die Erklärung der Frauen des Bürgertums zum Gemeineigentum; ich weiß im Augenblick nicht alles, was kranke Gehirne in Berlin sich über München ausgedacht haben. Wahr ist von all diesen Nachrichten nicht ein Wort …

Die Meldung, dass die Frauen zum Gemeingut erklärt worden seien, oder dass auch nur ein dahin zielender Antrag gestellt worden sein soll, ist so pervers, so wahnsinnig, dass es gar nicht der Mühe verlohnt, sie als erfunden zu dementieren. Als ich die paar Berliner Zeitungen gelesen hatte, machte ich mir doch einige Gedanken darüber, was wohl an den Meldungen wahr sein mag, die wir in deutschen Blättern über die Zustände in Sowjetrussland lesen, wenn wir schon innerhalb Deutschlands über Vorgänge in einer deutschen Stadt so belogen werden … Die Wahrheit war in Deutschland während des Krieges eine seltene Frucht. Sie kommt auch heute noch nicht zahlreicher vor wie italienische Orangen."[161]

In einem räterepublikanisches Flugblatt, das die Soldaten der Weißen Truppen aufklären will, heißt es:

---

161 Pol.Dir. 15586, Felix Fechenbach, StAM.

An unsere Brüder außerhalb Münchens!
Soldaten! Baiern und Württemberger!

In München hat das Proletariat die Macht erkämpft: dasselbe Proletariat, das Seite an Seite, Schulter an Schulter mit Euch viereinhalb Jahre lang im Interesse des menschenverschlingenden Kapitalismus geblutet hat. Soldaten, könnt Ihr glauben, dass diese Münchner Proletarier, dass ein paar Hunderttausend Arbeiter, die jahrelang mit Euch zusammen in Not und Tod gestanden haben, dass Eure Kameraden plötzlich wilde Mordbrenner, Plünderer und Frauenschänder geworden sind? Und wenn Ihr diese lächerlich dummen Lügen nicht glaubt, weshalb wollt Ihr dann kämpfen gegen Eure eigenen Kameraden? Weshalb sagt Ihr nicht zu Euren Offizieren:

Bevor wir nach München marschieren und bairische Männer und Frauen erschießen, wollen wir uns erst einmal ganz genau erkundigen, was eigentlich in München los ist.

In München herrscht Ruhe und Ordnung. Nachdem der Generalstreik vom Proletariat als beendigt erklärt wurde, kann jedermann ungestört seiner Arbeit nachgehen, gleich ob Bürger oder Professor. Nach Erstürmung des Bahnhofs am Sonntag, den 13. April, ist kein Tropfen Blut mehr geflossen.

Eine Reihe von Maßnahmen sind getroffen worden: Kommissionen von Arbeitern sind eingesetzt, um für eine gerechte Verteilung der Lebensmittel zu sorgen, andere Kommissionen verwalten Eisenbahn, Fuhrwesen usf. Auch eine neue Armee von Proletariern ist geschaffen worden. Strenge Disziplin unter selbstgewählten Führern herrscht hier. Diese Armee wünscht ebenso wenig wie irgendein Proletarier Münchens den Kampf mit Euch. Seid Ihr doch auch Proletarier; Ihr müsst Euch frei machen von Euren Offizieren.

An der Spitze der Räte-Regierung soll angeblich »landfremdes Gesindel« stehen. Mit dieser Verleumdung will man Euch irreführen. Fast ausschließlich Baiern kämpfen an der Spitze für Eure Interessen, für das Interesse des gesamten Proletariats.

Soldaten, wir fordern Euch hiermit auf, schickt sofort Leute zu uns, und Ihr werdet schon in der ersten halben Stunde sehen, dass in München absolute Ordnung herrscht, dass keinem einzigen Menschen Unrecht geschieht, dass die proletarische Regierung gerechter ist als alle anderen Regierungen zusammen.

Das Proletariat Münchens garantiert Eurer Abordnung absolute Sicherheit, Ihr könnt jederzeit kommen, Euch alles ansehen und jederzeit ungehindert zurückkehren.

Fragt Eure Führer: Wollt Ihr uns nach München fahren lassen, damit wir mit unseren eigenen Augen sehen können, was dort vorgeht? Und wenn sie Euch das nicht erlauben, dann wisst Ihr, dass sie die Wahrheit fürchten.

Dann weigert Euch, gegen uns, gegen Euresgleichen, gegen bairische Männer und Frauen zu kämpfen!

Kommt und erfahrt die Wahrheit. Eure persönliche Sicherheit ist uns heilig.

Das Proletariat der Stadt München[162]

---

162 F.Mon. 2675, Münchner Stadtbibliothek / Monacensia.

Zur Herstellung eines markanten, gemeinsamen Feindbildes in der Öffentlichkeit ist es notwendig, das in bairischen Traditionen tiefverwurzelte Element rebellischer Widerständigkeit zu verleugnen. Dabei greift man auf ein Klischee zurück, das schon im 19. Jahrhundert verwendet wurde: Die Arbeiter sind gutmütig, königstreu, trinken Bier und lassen sich leicht verführen. Wer allerdings im Staatsarchiv die Bestände der Polizeidirektion und der Gerichte einsieht, muss zur Kenntnis nehmen, dass die meisten an der Revolution aktiv Beteiligten Einheimische sind.

Die Arbeiter- und Soldatenräte können noch so oft darauf hinweisen, dass sie nicht, wie es die gegnerischen Flugblätter behaupten, unter der Fuchtel „landfremder Caféhaus-Literaten" oder „jüdisch-bolschewistischer Revolutionsgewinnler" stehen. Im Protokoll der Versammlung der Soldatenräte der Münchner Garnison vom 14. April im Gewerkschaftshaus heißt es, sie sprächen sich für die Räterepublik aus. Und: *„Diese Versammlung der Soldatenräte zeigt, dass es nicht die »landfremden Kafeehaushelden« sind, die die Macht künstlich an sich gerissen haben und die ganze Hauptstadt unter ihre terroristische Herrschaft gezwungen haben, wie die nordbayerische Presse im Dienste der Regierung Hoffmann es darstellen möchte, sondern, dass die Macht der Räterepublik auf den Schultern ruht, auf denen sie allein Bestand haben kann, auf den Schultern des gesamten werktätigen Volkes."*[163]

Es hilft nichts. Das eine Bild von den Räterepublikanern setzt sich durch: *„Nie waren sie selbst Arbeiter gewesen, denn sie alle gehörten einem Volksstamm an, der physische Arbeit bekanntlich nicht schätzt."*[164]

Es verkörpern sich – frei nach Büchner – die Phrasen in blutigem Terror. Erst nachdem die Freikorps alles niederkartätscht haben, was nach Meinung von Gustav Noske, Friedrich Ebert und Johannes Hoffmann als „bolschewistisch" anzusehen ist, beginnen manche eingefleischten Mehrheitssozialdemokraten an der militärischen Regierungsstrategie zu zweifeln, andere vergießen nur Krokodilstränen. Jetzt plötzlich gehören Luxemburg, Liebknecht, Eisner und Landauer wieder zur Arbeiterbewegung. Sieger entscheiden, was historische Wahrheit zu sein hat. Nur tote Revolutionäre sind gute Revolutionäre.

---

163 Pol.Dir. 10040, Rudolf Egelhofer, StAM.
164 *Rote Hand.* Satirisch-politische parteilose Zeitung 8/1919, 1.

Beilage zum Wahren Jacob

Nummer 860 · Stuttgart, 4. Juli 1919 · 36. Jahrgang

IM BLUTRAUSCH

Dr· KARL LIEBKNECHT ✝ ROSA LUXEMBURG

KURT EISNER ✝ GUST· LANDAUER

LAMMESGEDULD UND REVOLUTIONSFURIEN

Die bessere Hälfte des Umsturzes

> *Die Krise besteht gerade in der Tatsache, dass das Alte stirbt und*
> *das Neue nicht zur Welt kommen kann: in diesem Interregnum*
> *kommt es zu den unterschiedlichsten Krankheitserscheinungen.*[165]

Schon mit der demokratischen Bewegung des Vormärz und der 1848er Revolution fordern Frauen Gleichberechtigung gegen Normen, Konventionen und gegen das herrschende Frauenbild. Im Vorfeld des Umsturzes 1918 nehmen Kriegs- und Staatsverdrossenheit zu, sind viele Frauen aktiv und riskieren ihre Freiheit und ihre Existenz. Bis heute hält sich hartnäckig das Gerücht, Frauen hätten an der revolutionären Ereignissen keinen Anteil gehabt. Fotos und Augenzeugen sagen anderes.[166]

„Ursula eilte ans Fenster: Die Straße war schwarz von Menschen. Von der einen Straßenseite zur anderen war sie mit Frauen überschwemmt. Ja, es waren nur Frauen – alle in dunklen oder in schwarzen Kleidern. Niemand trug einen Hut, man sah nur Wolltücher; einige hellere Schals, Mützen, offene Haare und Knoten, dunkle und helle, stumpfe und solche, die einen merkwürdigen Schimmer gaben – so sah man Scheitel an Scheitel. Der Zug hatte sich eben vor dem Hause gestaut, und die Straße hinauf und hinab waren die Frauen über die Gehsteige hinweg bis zu den Türen der Häuser hinauf gebrandet. Es war eine Frauendemonstration, das erkannte jetzt Ursula. Sie hatte Fahnen bei sich und Tafeln, manche rot, viele aber auch schwarz, schwarze Wimpel an langen Stangen. Die Tafeln und Transparente waren wie unaufhörlich Schreie über der dunklen Menge: »Nie wieder Krieg« – »Wo sind unsere Söhne?« – »Frieden und Brot« – »Nieder mit dem Gebärzwang«.

Ursula kleidete sich auf der Stelle an und sprang die Treppe hinunter ... Ein unverständliches Murmeln war um sie her, das sie an Prozessionen erinnerte, und ein stickiger Brodem betäubte sie. Sie sah junge Nacken vor sich und pergamentene Hälse, schon gelocktes und stumpfes, sauber gekämmtes oder verfilztes Haar ... Allmählich ging die Vorwärtsbewegung schneller. Sie bogen von der Georgenstraße in die Leopoldstraße ein und erfüllten auch hier die ganze Breite zwischen den Pappeln ... Am Siegestor hatten sich wieder die Massen gestaut. Es war auf der

---

165 Antonio Gramsci, Gefängnishefte, hg. von Klaus Bochmann und Wolfgang Fritz Haug, Heft 3 von 10, Hamburg 1991, § 34, 354.

166 Die erste, die die Bedeutung von Frauen in der bairischen Revolution würdigte, war Christiane Sternsdorf-Hauck mit ihrem Buch „Brotmarken und rote Fahnen. Frauen in der bayrischen Revolution und Räterepublik 1918/19, Frankfurt/Main 1989". Die Neuauflage erschien 2008 mit dem Zusatz „Mit einem Briefwechsel zwischen Frauen vom Ammersee, aus München, Berlin und Bremen". Als zweite relevante Arbeit gab 2011 Egon Günther unter Mitarbeit von Thies Marsen „Hilde Kramer. Rebellin in München, Moskau und Berlin. Autobiographisches Fragment. 1900 – 1924" heraus.

anderen Seite kein Ende abzusehen, denn auch vom nördlichen Schwabing her, aus den Vierteln der Ungererstraße, vom Schwabinger Krankenhaus waren Haufen und geschlossene Züge dazugestoßen ... Der Druck verstärkte sich von einem Augenblick zum anderen, da man durchs Siegestor aufgehalten nur langsam weiterkam ... »Nieder mit dem Krieg« setzte jetzt eine Stimme ein, andere folgten und schließlich war es ein rauer, misstöniger, unverständlicher Schrei an dieser Stelle des Zuges, der sich aber nicht weiter pflanzte, sondern erstickte und unterging in dem Tappen und Schleifen.“[167]

Dann kommt es zum denkwürdigen 7. November. Zenzl Mühsam: *„Die ganze Theresienwiese war voll Menschen, mindestens 200.000 ... An der Türkenkaserne war ein Lastauto mit Soldaten, die die Kaserne stürmen wollten ... ich sprang auf das Verdeck des Autos, nahm die rote Fahne und schrie: »Hoch der Friede und die Revolution« ... und dann zogen wir Mühsam rauf, der eine wundervolle Rede an die Soldaten richtete, da stürmten die Soldaten aus der Kaserne, zerschlugen ihre Gewehre auf dem Pflaster ...“*[168]

Franz Xaver Hartl: Der Abend vom 7. November 1918 auf der Theresienwiese.

Der Münchner Psychiatrie-Professor Emil Kraepelin „weiß“, warum Frauen in der Revolution die treibenden Kräfte sind: *„Hysterische Störungen ... setzen ein, wenn eine heftige Gemütserschütterung die ruhige, sachliche Überlegung verdrängt und an die Stelle zielbewussten Handelns die triebartige Entladung innerer Spannungen tritt. Daher ist die Flucht in*

167 Wilhelm von Schramm, Die roten Tage. Roman aus der Münchener Rätezeit, München 1933, 19 f.
168 Zenzl Mühsam, Eine Auswahl aus ihren Briefen. Schriften der Erich-Mühsam-Gesellschaft 9, hg. von Chris Hirte und Uschi Otten, Lübeck 1995, 45.

den hysterischen Anfall im allgemeinen der letzte Ausweg unentwickelter, gegen die Gefahren des Daseins mangelhaft gerüsteter Persönlichkeiten, der Kinder und Jugendlichen, der Frauen, der Erregbaren, Haltlosen und Willensschwachen. Beim gereiften, innerlich gefestigten Manne spielen diese veralteten Schutzmaßregeln gegen überwältigende Einwirkungen fast keine Rolle mehr."[169]

Felix Fechenbach, der beim Sturm auf die Kasernen eine entscheidende Rolle spielt, erinnert sich an eine der nach Meinung Kraepelins „mangelhaft gerüsteten Persönlichkeiten":

„Sie stand auf der breiten Treppe, die hinaufführt zum großen Saal des Mathäuserbräu in München und hatte eine rote Schärpe um die Hüften. Auf der dritten Stufe von unten stand sie und hielt in der linken Hand eine wallende, rote Fahne, den Schaft auf die Treppe gestützt. Wer durch die große Glastür kam, wandte sich an sie, als müsste das so sein, und jeder bekam Auskunft oder wurde zum Arbeiter- und Soldatenrat gewiesen, der vor einer Stunde erst oben im Saal gewählt worden war.

Es war die Nacht vom 7. zum 8. November 1918. Draußen vor der großeu Glastür war lautes Treiben. Lastautos mit Gewehren und Munition fuhren an. Soldaten und Arbeiter kamen, wurden bewaffnet, zu kleinen Trupps zusammengestellt, und marschierten ab zur Besetzung öffentlicher Gebäude. Patrouillenautos wurden ausgerüstet und fuhren mit lautem Geratter über das holprige Pflaster des Hofes auf die Straße.

Und auf der Treppe stand immer noch das Mädchen mit der roten Schärpe. Die Ereignisse des Tages hatten sie in glühende Erregung versetzt. Es war der größte und erlebnisreichste Tag ihrer achtzehn Jahre.

Mittags war sie auf der Theresienwiese gewesen, mitten unter der Masse schaffender Menschen, Frauen und Männer, die hier zusammenströmten, ihren politischen Willen kundzutun. Aber es galt heute mehr. Man fühlte es deutlich. Eine schwere, ungelöste Spannung lag über allem. Entscheidung wurde erwartet.

Da schleuderte ein Redner den Feuerbrand in die Menge: »Viereinhalb Jahre lang haben wir geredet. Aus Angst um unser bisschen Leben haben wir das Leben verloren! Jetzt ist nicht mehr Zeit zum Reden, es gilt zu handeln!«

Im nächsten Augenblick stand ein junger Soldat neben ihm: »Genossen! Man hält die Soldaten in den Kasernen zurück! Man hat scharfe Munition ausgegeben!« – Wie ein Peitschenhieb wirkte das. Die Masse brüllt auf, als sei sie geschlagen worden. Und als der Soldat weitersprach, klang es fast wie ein Befehl:

»Auf, zu den Kasernen! Es lebe die Revolution!«

Es war, als hätten alle nur auf dieses Signal gewartet. Die Masse geriet in Bewegung, wogte. Der Ruf »Zu den Kasernen!« pflanzte sich fort, hallte tausendfach wieder und, die ganze Straße einnehmend, schob sich ein breiter Menschenstrom ins Kasernenviertel.

Das Mädchen mit der roten Schärpe war bei den Vordersten. Ihr Herz schlug vor froher Erregung in rasendem Tempo. Sie darf mit dabei sein, wo das Volk für seine eigene Sache streitet! Vielleicht kommt es zu Kämpfen? Wird sie verwundet werden, wird sie fallen? Blitzschnell schossen ihr diese Fragen durch den Kopf. Aber sie drängte sie sofort zurück, gab sich ganz dem

---

169 Emil Kraepelin: Psychiatrische Randbemerkungen zur Zeitgeschichte. In: *Süddeutsche Monatshefte* 1919, 176.

Taumel der Begeisterung hin, der sie erfasst hatte. Heiß jagte ihr der Blutstrom durch die Adern und ein über das andere Mal rief sie:

»Nieder mit dem Krieg! Es lebe die soziale Republik!«

Und stürmisches Echo kam aus der vorwärtsdrängenden Menge. So war sie mitgezogen, von Kaserne zu Kaserne, zur Militärarrestanstalt und zum Telegraphenamt. Und am Abend stand sie dann mit ihrer roten Fahne auf der Treppe zum Hauptquartier im Mathäserbräu.

Niemand hatte sie beauftragt. Sie stand einfach da, freute sich des raschen Sieges, dachte daran, wie morsch doch das Alte gewesen sein musste, dass es so ohne jede Gegenwehr zerbrach vor dem Massenschritt, der einer neuen Zeit den Weg bahnte.

Ihre Gedanken wurden oft zerrissen von Kommenden, die eine Auskunft verlangten oder zum Soldatenrat wollten. Aber sie war so erfüllt von dem, was geschehen, so siegesberauscht, dass sie nach jeder Auskunft, die sie gegeben, immer wieder ihre Gedanken weiter spann.

Die Siegesfreude leuchtete ihr aus den Augen. Und sie achtete des frostigen Luftzugs nicht, der bei jedem Türöffnen vom Hof herein strich und ihr schwarzes Haar zauste.

Viele Stunden stand sie da, nur leicht bekleidet mit einem dunklen Tuchrock, einer weißen Bluse und der roten Schärpe um die Hüften.

Am nächsten Morgen zwang sie hohes Fieber zu Bett. Die Nacht auf der zugigen Treppe hatte ihr eine schwere Lungenentzündung eingebracht. Im Fieberdelirium erlebte sie noch einmal den Kasernensturm. Sie hat nur den Tag des Sieges gesehen. Was nachher kam, blieb ihr erspart.

Als man ein paar Tage später das Mädchen mit der roten Schärpe zu Grabe trug, klangen hinter ihrem Sarg die Schritte der Frauen und Männer der Arbeit, die einer neuen Zeit die Wege bahnen.“[170]

Frauenversammlung. Am 19. November fand im Wagnersaale eine überfüllte Frauenversammlung statt, einberufen vom Bayer. Verein für Frauenstimmrecht, vom Deutschen Frauenausschuß für dauernden Frieden, vom Gewerkschaftsverein und der Frauenagitationskommission des sozialdemokr. Vereins, in der Lida Gustava Heymann über die Frauen im neuen Staat sprach. Sie nahm eingangs zu den großen politischen Wandlungen Stellung und forderte dazu auf, den neuen Staat mit aller Kraft zu stützen. Der neue Volksstaat brachte den Frauen die politische Gleichberechtigung. Aber schon sind Kräfte am Werk, diese Rechte wieder zu beschneiden. Deshalb ist die sofortige Gründung eines Frauenrates geboten. Ihm obliegt es, die politisch noch unorientierten Frauen zu unterrichten, dafür zu sorgen, daß den Frauen alle Berufe, auch der Richterberuf, eröffnet werden und daß in Staat und Verwaltung an verantwortungsvolle Stellen Frauen treten können. Der Frauenrat muß weiter veranlassen, daß auf die Wahllisten aller Parteien zur konstituierenden Nationalversammlung Frauen in genügender Zahl und an ausschlaggebende Stelle gesetzt werden. Im weiteren Verlaufe ihrer Ausführungen charakterisierte die Referentin die ablehnende Stellung der Frau zum Kriege. Die Frauen werden in erster Linie daran denken, international zu arbeiten. In dem neuen freien Volksstaat wollen wir freie Frauen haben. Ihnen wird die Aufgabe obliegen, die Grundlage für eine neue Kultur zu schaffen. An das Referat schloß sich eine rege Aussprache an.

Münchener Post 271 vom 20. November 1918, 5.

---

170 [Walther Victor (Hg.),] Das Felix Fechenbach Buch, Arbon 1936, 128 ff.

Während des Krieges übernahmen Frauen viele Arbeitsplätze, die ursprünglich Männern vorbehalten waren. Jetzt, nach Ende des Krieges, kehren die Männer heim und beanspruchen ihre Arbeitsplätze wieder; die Frauen werden entlassen. Daher fordern die Münchner Briefträgerinnen, die 28-tägige Kündigungsfrist zu verlängern, um so mehr Zeit für eine Stellensuche zu gewinnen. Auf der 5. Sitzung des *Münchner Arbeiterrats* plädiert Albert Roßhaupter (MSPD) gegen die Annahme des Antrags:

„Den Antrag der Briefträgerinnen finde ich komisch. Es geht doch anderen Frauen auch so, es müssen sich alle darein finden, es muss einfach den Feldsoldaten Platz gemacht werden, diese sind in allererster Linie zu berücksichtigen – es wird auf die 4-wöchentliche Kündigung verwiesen. Es sind die wenigsten Frauen, deren Männer gefallen sind und in den meisten Fällen ist dann ein Doppelverdienst da, wenn die Männer zurückkehren, was doch sicher gar nicht nötig ist. Antrag ablehnen."[171]

Schaffnerinnen 1917 mit ihrem Vorgesetzten im Hof der Straßenbahndirektion an der Einsteinstraße.

Lida Gustava Heymann: *„Erstaunlich, fast unbegreiflich war es, mit welcher Lammesgeduld viele der Frauen, die z.B. bei der Tram, Post und Eisenbahn sowie im Handel und in den Fabriken innegehabten Posten ohne Widerstand den Männern räumten ... und dann selbst ohne jeden Verdienst dastanden. Das war nur möglich gemäß der Überlieferung, dass man Soldaten –*

---

171 Arbeiter- und Soldatenrat, Mappe 30, 7, Bl. 345, 5. Sitzung des Münchner Arbeiterrats, BayHStA. Zit. in: Andrea Kampf, Frauenpolitik und politisches Handeln von Frauen während der Bayerischen Revolution 1918/19. Akteurinnen, Konzepte, Handlungsräume, Dissertation, Hagen 2016, 269.

Menschenschlächter – eo ipso als Helden betrachtete, denen das Vaterland und die Frauen zu Dank verpflichtet seien ... Die Frauen begehrten erst energisch auf, als die Männer sich erdreisteten, in für Bayern typische und ausschließliche Frauenberufe wie Kellnerinnen und Straßenreinigerinnen einzudringen ... Da gab es energischen Widerstand; da fanden z.B. die Kellnerinnen nach erledigtem Tages- und Abendwerk noch Kraft, auf Nachtversammlungen, die bis in den frühen Morgen dauerten, mit voller Energie ihre Rechte zu reklamieren."[172]

Am weitesten links steht in München der *Revolutionäre Arbeiterrat* (RAR). In ihm sind drei Frauen aktiv, die sich schon am Januarstreik 1918 beteiligt haben: Viktoria Gärtner, Hedwig Kämpfer und Agnes Losem.

Bund sozialistischer Frauen

Wir **dienen dem Sozialismus,** als dem Gedanken der Zukunft.

Wir **bekämpfen den Kapitalismus,** als die Macht der Vergangenheit und die Not der Gegenwart.

Wir gehören den verschiedenen sozialistischen Parteien an; wir fühlen uns trotzdem als **Einheit,** denn wir vergessen nie **das gemeinsame Ziel.**

Wir wenden uns an **alle** arbeitenden Mädchen und Frauen, die sich zum **Sozialismus** bekennen. Die **Handarbeiterin** und die **Kopfarbeiterin** sind uns gleich willkommen.

Wir wenden uns an alle Mädchen und Frauen in **Stadt und Land,** die politisch noch unreif sind, denn wir wollen sie sammeln.

Wir **wollen erziehen und bilden** durch Vorträge, Kurse und Diskussionen.

Wir wollen unsere **Frauenforderungen** aufstellen und vertreten in **Parlament und Frauenrat.**

Wir wollen Stellung nehmen zu allen politischen Ereignissen – immer **als Frauen,** immer **als Sozialistinnen.**

Kommt und helft!

Geschäftsstelle: Herzog Heinrichstraße 11|III
Telephon Nr. 10959.

---

172 Lida Gustava Heymann unter Mitarbeit von Anita Augspurg, Erlebtes – Erschautes. Deutsche Frauen kämpfen für Freiheit, Recht und Frieden 1850 – 1940. Hg. von Margit Twellmann, Meisenheim an der Glan 1972, 173 f.

Der *Bund Sozialistischer Frauen* entsteht im Dezember 1918. Mitglieder sind u.a.: Rosa Aschenbrenner, Nelly Auerbach, Mathilde Baumeister, Marie Bertels, Thekla Egl, Constanze Hallgarten, Lida Gustava Heymann, Hedwig Kämpfer, Nanette Katzenstein, Elma Klingelhöfer, Antonie Pfülf und Sophie Steinhaus. Die meisten von ihnen denken, die Forderung nach einer formal-rechtlichen Gleichstellung erübrige sich, da in der kommenden sozialistischen Gesellschaft politische, soziale und wirtschaftliche Abhängigkeiten sowieso beseitigt seien. Die neue Gesellschaft werde die Frauenfrage erledigt haben.

Frauen engagieren sich und fordern ohne Tickets einer Partei ihre Plätze in den Rätegremien. Dort scheitern sie meistens an Männern, die sich zwar fortschrittlich wähnen, aber immer noch patriarchalisch denken. Heymann: *„Mit steigendem Missbehagen wurde diese Zusammenarbeit der Frauen von vielen sozialistischen Männern betrachtet; sie spürten offenbar, dass es hier für sie ums Ganze ging, fühlten sich in ihrem Autoritätsgefühl bedroht, ihre Herrennatur begehrte auf."*[173]

Im *Bund* treffen verschiedene Strömungen der Frauenbewegung aufeinander. Die Frage stellt sich, welches ist der kleinste gemeinsame Nenner, ab welchem Moment ist eine Mitgliedschaft nicht mehr möglich und wieweit ist eine Zusammenarbeit mit Frauen angebracht, die in anderen, den konservativen oder liberalen Organisationen tätig sind. Sophie Steinhaus spricht am 16. Dezember um 19.30 Uhr im ersten Stock des Deutschen Theaters zum Thema „Liberalismus und Sozialismus".[174]

Die Münchner Zeitungen kündigen Versammlungen der Frauenbewegung in der Regel an. Wenn sie diese kurz besprechen, geschieht dies oft mit einem mitleidig-wohlwollenden Unterton. Ohne Wohlwollen mobilisiert die Presse inzwischen gegen Kurt Eisner und alle, die links von ihm stehen. Dabei behauptet sie ungehindert ihr Meinungsmonopol und berichtet darüber, wenn es den staatstragenden Parteien gelingt, mit ihren eingespielten Apparaten und finanziellen Ressourcen Kundgebungen mit rhetorisch geschulten Politikern erfolgreich zu inszenieren.

Rätesympathisanten packt ein Gefühl von Hilflosigkeit und Wut. Sie haben nichts, was sie dem Trommelfeuer der Lügen, den bürgerlichen Umgangsformen entsprechend wohlanständig verpackt, entgegensetzen können. Ratlosigkeit und Zorn sind die Ursache dafür, dass immer häufiger Berufspolitiker niedergeschrien werden und dass ihre Versammlungen massiv gestört werden.

Soldaten sprengen am 17. Dezember eine Versammlung der DVP im Saal des Hotel *Wagner*. Der *Bayerische Verein für Frauenstimmrecht* ruft deshalb in einem Flugblatt auf:

„Republikaner, besinnt Euch! Freiheit bedeutet nicht: Verwilderung, Freiheit bedeutet Selbstzucht und Verantwortung. Welches Bild bieten unsere Versammlungen in letzter Zeit? Sie sind ausgeartet in Disziplinlosigkeit, Niederschreien des Gegners, wüstes Toben, ja, Tätlichkeiten. Das war früher nicht üblich in München. Wer die Würde des Hauses nicht wahren kann, ist nicht reif zum Besuch von Versammlungen ... Eine Versammlung zu stören, braucht nichts wie Rücksichtslosigkeit, – sie sprengen braucht nichts wie Brutalität, aber Ehre ist dabei nicht zu

173 Heymann, a.a.O., 165.
174 Arbeiter- und Soldatenrat 2, 11, BayHStA.

holen. Republikaner, besinnt Euch! Ehrt Euch selbst, indem Ihr unsere Volksversammlungen wieder zu Ehren bringt.“[175]

Als ob Räteanhänger mit ihren Gegnern auf gleicher Augenhöhe kämpften! Als ob die finanziellen Möglichkeiten und Methoden der Konterrevolutionäre ehrenhaft wären! Die Aufrufe, sich doch gefälligst gesittet zu benehmen, finden kaum Gehör.

Frauen Münchens!

Eine neue Zeit ist angebrochen!

Die Revolution der Soldaten und Arbeiter hat die Frauen zu gleichberechtigten Staatsbürgern gemacht. Politische Aufklärung ist deshalb das Gebot der Stunde. Die Interessen aller Ausgebeuteten heischen die Festigung und Vertiefung der Revolution. Deshalb kommt zu der am

Dienstag 10. Dezember

abends halb 8 Uhr

im Wagner-Saale

Sonnenstrasse 21 stattfindenden

öffentl. Versamlung.

Thema:

Die Frauen und die Revolution.

Rednerin: Frau Hedwig Kaempfer.

Freie Aussprache.

Erscheint in Massen.

Der Vollzugsausschuss des Arbeiterrats München

Reck, I. Vorsitzender.

---

175 StAnw Mü I, 1943, Richard Gustav Bampi, StAM.

Räterepublikanern ist das gemeinsame Engagement der Frauen unheimlich. Das Gefühl der Bedrohung scheint berechtigt. Dr. Rosa Kempf (*Deutsche Volkspartei*) fordert in einer leidenschaftlichen Rede am 18. Dezember 1918 im *Provisorischen Nationalrat* „# das Recht *auf aktives und passives Wahlrecht für Frauen in allen Körperschaften. So viel Frauen wie mög- lich sollen mit dem Ziel der Quotierung in die Parlamente; es muss prozentual ebenso viele weib- liche Abgeordnete wie Wählerinnen geben. # Frauen sollen sich in allen Zweigen der öffentlichen Verwaltung betätigen; es muss ebenso Ministerinnen geben wie Bürgermeisterinnen. # In den Schulen ist die Koedukation einzuführen. # Zulassung von Frauen in der Rechtspflege, d.h. zum Amt der Richterin, Schöffin usw. # Gleichstellung von Ehepartnern: Abschaffung des Gesetzes, nach dem die Frau nur mit Zustimmung ihres Ehemannes erwerbstätig sein darf. Ebenfalls Ab- schaffung des Gesetzes, nach dem Beamtenfrauen grundsätzlich nicht erwerbstätig sein können. # Aufhebung des »Zwangszölibats« für weibliche Beamte. # Gleichstellung von ledigen Müttern und unehelichen Kindern: Einführung des Erbrechts für uneheliche Kinder. Die ledige Mutter hat das Recht, mit »Frau« statt mit »Fräulein« angeredet zu werden. # Aufhebung der Regle- mentierung der Prostitution"*[176]

In der Sitzung des Ministerrats vom 4. Dezember schlug der Führer der bayrischen Mehrheitssozialdemokratie, Innenminister Erhard Auer, vor, die Wahlen zum Landtag und zur Verfassunggebenden Nationalversammlung möglichst bald und deshalb ohne die Frauen durchzuführen, da die Erstellung der Wählerlisten bei einer Einbeziehung der Frauen doppelt so lange dauern würde. Antifeminist Auer setzte sich nicht durch.

Trotzdem sind die Wahlergebnisse ernüchternd. Im Landtag sitzen lediglich acht Frauen. Ein gesetzlich verankertes Frauenwahlrecht bedeutet zwar formale Rechts- gleichheit, hat aber noch lange nicht die gesellschaftliche Geschlechterordnung aufge- brochen.

Lida Gustava Heymann kritisiert die Integration der Frauen in die alten, festgefah- renen Strukturen:

„*Der alte Reichstag und die neue Nationalversammlung haben ein verflucht ähnliches Ausse- hen. Viele der alten Abgeordneten aus dem selig dahingeschiedenen Reichstage kehren wieder zu- rück. Sie haben sich, so unglaublich das auch scheint, von ihrer alten Partei unter neuer Firma aufstellen lassen und sind, was noch unglaublicher ist, von deutschen Männern – und leider auch Frauen – wiedergewählt worden. Dieselben altersschwachen Greise, dieselben Parteigötzen, die seit Jahren an jedem Kuhhandel beteiligt, zu jeder Konzession bereit waren, die sich von der preußisch-monarchistisch militärischen Regierung so schmachvoll hatten betrügen lassen, die de- ren verbrecherische Kriegspolitik mitgemacht haben und dadurch eine nie wieder gutzumachende Schuld auf sich luden, diese Männer ziehen wieder in die Nationalversammlung ein.*"

Es ist bedauerlich, „*dass viele Frauen die Politik der Männer zu der ihren machen, dass ih- nen Parteipolitik über alles geht, dass sie im männlichen Parteidogma erstarren, dass das Ziel al- ler ihrer Bestrebungen erreicht ist, wenn sie im Reichs-, Landes- oder Stadtparlament sitzen … es ist bedauerlich, wenn sie dann genau so gucken und spucken wie die Männer.*"[177]

---

176 Verhandlungen des Provisorischen Nationalrats, 1. Band, 115 ff., http://daten.digitale-
    sammlungen.de/ ~db/bsb00009665/ images/
177 Heymann, a.a.O., 168.

Frauen haben – das liegt angeblich in ihrer Natur – demütig zu erdulden, was das Patriarchat von ihnen verlangt, sie haben unterwürfig ihren Ehemännern zu dienen, sie haben hinzunehmen, dass sie Menschen zweiter Klasse sind. Muckt eine Frau auf, geht sie sogar in die Politik, vergeht sie sich freilich an ihrer Natur.

Am 15. Januar ermorden Freikorps-Angehörige Rosa Luxemburg und Karl Liebknecht in Berlin. Im Münchner *Simplicissimus*, der in der Woche darauf erscheint, ist folgende Glosse zu lesen:

Als die kleine Rosa noch ein Röschen war, das in einem idyllischen deutschen Pfarrhaus am Rhein knospete, sagte eines Tages ihr Papa Fürchtegott-Emil: „Röschen," sagte er, „du liest mir zu viel in ‚Herzblättchens Zeitvertreib'. Ich halte es für ein gefährliches Buch — widersprich mir nicht Kind —, es ist sicher revolutionär!" Dieses scharfe, wenn auch vielleicht gut gemeinte Wort bohrte sich in das jugendliche Gemüt, also daß es sich gegen den elterlichen Zwang empörte. Von nun an las das Mädchen heimlich aufrührerische Bücher wie „Das Geheimnis der alten Mamsell", und als sie siebzehn Jahre alt geworden war, entfloh sie bei Nacht und Nebel bis nach Luxemburg, wo ihre Spur verloren ging. Einige behaupten, daß sie dort Schriftstellerin geworden, andere, daß sie auf noch schrecklichere Art zu Grunde gegangen sei. Dem sei wie ihm wolle. Jedenfalls muß der Unfug aufhören, der von Berlin aus mit dem Namen der stillen rheinischen Pfarrerstochter getrieben wird — zumal jederzeit festgestellt werden kann, daß die Berliner Dame überhaupt kein weibliches Wesen ist.   Emanuel

Simplicissimus 43 vom 21. Januar 1919, 539.

Am Rätekongress in München vom 25. Februar bis zum 8. März 1919 nehmen lediglich sechs Frauen teil. Weder können viele Frauen Räte wählen noch als Räte gewählt werden. Im Entwurf des Gesetzes zur Bildung berufsständischer Räte heißt es:

„Die Frauen werden von der Wahl nicht grundsätzlich auszuschließen, jedoch nur so weit zu berücksichtigen sein, als sie nicht bloß im Haushalt, sondern in wirtschaftlichen Betrieben tätig sind."[178]

Am 7. März beantragt Anita Augspurg im Rätekongress die Einrichtung von Frauenräten; die Mehrheitssozialdemokraten lehnen den Antrag ab. Viele Frauen kehren daraufhin der Rätebewegung den Rücken. Augspurg empfindet den Rätekongress als ein ähnliches Gebilde wie den Landtag. Sie schreibt über den formalen Parlamentarismus:

„Es genügt nicht, dass Frauen mit den Männern zur Wahlurne gehen und dass der Volksvertreter von Männer und Frauen gewählt wird, es genügt auch nicht, dass die Parteien auf ihre Kandidatenlisten einige weibliche Namen stellen, um die weibliche Wählerschaft bei guter Laune

---

178 Arbeiter- und Soldatenrat Mappe 3, 1, Bl. 345, BayHStA.

zu halten und dass schließlich jede Partei mit einer oder der anderen Paradefrau ins Parlament einzieht."[179]

Schon Wochen vor der Proklamation der Räterepublik ist vielen klar, dass die Auseinandersetzungen um den richtigen Weg in den Zukunftsstaat ähnlich blutig werden wie die Kämpfe in Berlin und anderen Städten zuvor.

Eine offene Frage diskutieren die Frauen im *Bund Sozialistischer Frauen* immer wieder. Die Mehrheit lehnt Gewalt ab. Sie distanziert sich von der Forderung nach der Diktatur des Proletariats, die häufig gestellt wird. Die Minderheit betont, die Forderung diene lediglich der Abwehr einer Gewalt, die seit Jahrhunderten im patriarchalischen Kapitalismus gegen die Unterprivilegierten angewendet werde: „Wenn jemand unsere Errungenschaften mit Gewalt beseitigen will, können wir uns nur mit Gewalt dagegen wehren." Diese Abwehr sei nicht Selbstzweck, sondern überlebensnotwendig. Die Mehrheit verweist auf die zwingende Vermutung, dass derjenige, der die Mittel seiner Gegner anwende, sich diesem seinen Wesen anverwandle und selbst Unterdrücker werde. Die Diskussionen sind festgefahren, die Mehrheit setzt sich durch.[180]

Der *Bund* ruft wiederholt dazu auf, ausschließlich mit friedlichen Mittel die Auseinandersetzungen im Meinungsstreit zu führen. In den bürgerlichen Medien werden immer nur zwei Haltungen von Räterepublikanern beschrieben: Wer mit gewaltlosen Mitteln argumentiert, ist ein lächerlicher Idealist; alle anderen werden als „Terroristen" etikettiert. Trotzdem lässt der *Bund sozialistischer Frauen* Plakate anschlagen:

„Frauen u. Mütter! Wir hassen den Krieg, mehr noch den Bruderkrieg! Wir dulden nicht, dass Proletarier auf Proletarier schießen. Wir wollen, dass das Neue sich ohne Blutvergießen verwirklicht. Wir glauben an die Kraft des sozialistischen-kommunistischen Gedankens. Gedanken siegen ohne Blut. Wir wollen jede für sich und alle zusammen diesem Morden ein Ende machen. – Proletarierbrüder! Hört uns! Handelt als Menschen einer neuen Gesellschaft!"[181]

Ein nicht unerheblicher Teil der Basis der Münchner Mehrheitssozialdemokraten befürwortet die Ausrufung der Räterepublik. Die konservative Parteiführung der Münchner MSPD setzt jetzt vor allem auf Frauen. Sie vermutet, dass die meisten Ehefrauen ihrer

---

179 *Süddeutschen Freiheit* 20 vom 31. März 1919.
180 Der Streit findet auch Eingang in die Literatur. Im Theaterstück „Die Hölle" von Upton Sinclair setzen sich Eugen Leviné und Karl Liebknecht mit gewaltfreien Engeln auseinander: *„DER ENGEL DER GERECHTIGKEIT: Mach der nutzlosen Gewalt ein Ende, Eugen. Nicht dafür machten wir Revolution. EUGEN LEVINÉ: Hör mich an, alter Freund. Wir haben eben erst begonnen. Siehst du, wie die meuternden Soldaten erschossen werden? ... Im Hauptquartier wird unser Tod geplant. Giftgase strömen vom Himmel nieder ... LIEBKNECHT: Sie werden die ganze Welt verwüsten, um nicht die Finger von der Kehle des Proletariats lassen zu müssen ... EUGEN LEVINÉ: Lasst uns nicht mit Streit wertvolle Zeit vergeuden. WIR werden die Schurken unschädlich machen. Wenn Ihr, die guten Engel, sie dann lieben wollt, liebt zu! ... DER ENGEL DES HUMORS: Wie wär's, wenn wir es mit Humor versuchten, Eugen? EUGEN LEVINÉ: Glaubst du, die Engros-Mörder einer ganzen Menschheit werden sich bekehren, weil wir sie verlachen? DER ENGEL DES HUMORS: Einer muss den Versuch der Menschlichkeit wagen. EUGEN LEVINÉ: Lass die besitzende Klasse den Anfang machen, dann kommen wir gerne nach. DER ENGEL DER LIEBE (verzweifelt): Grauen auf Grauen, getürmt durch alle Zeiten. Wenn ihr töten wollt, beginnt bei mir."* Upton Sinclair, Die Hölle. Drama in vier Aufzügen mit Kino-Einlagen, Berlin 1925, 88 f.
181 F.Mon. 2934, Münchner Stadtbibliothek / Monacensia.

Parteimitglieder „vernünftiger" sind als ihre Männer. Auf hektografierten Zetteln werden ausgesuchte weibliche Parteimitglieder aufgefordert, bei der in der MSPD angesetzten Urabstimmung über Ja oder Nein zum Rätesystem aktiv zu werden:

„München, den 11. April 1919 – Sehr geehrte Frau! Heute nachmittag 5 – 9 Uhr soll in der sozialdemokratischen Partei bekanntlich eine Urabstimmung erfolgen, bei der es sich darum handelt, ob die Arbeiterschaft sich für oder gegen die Räterepublik entscheidet. Schleunigste Aufklärung insbesondere der Frauen tut dringend not, und zwar kann sie nur auf den Straßen gesprächsweise erfolgen, vor den Plakaten oder innerhalb der sich überall ansammelnden Gruppen. Eine große Anzahl russischer Bolschewisten suchen Stimmung für Kommunismus und Rätediktatur zu machen, dieser Propaganda muss entgegengetreten werden, was ganz leicht geschehen kann, wenn man sich ganz unauffällig angezogen unter das Publikum mischt und als einfacher Zuhörer dort seine Meinung äußert. Die Frauen suchen Belehrung und sind zugänglich und dankbar, wenn sie ihnen aus dem Munde einer Frau zuteil wird. Von der Heitigen [sic!] Entscheidung hängt außerordentlich viel ab für München, infolge einseitiger Beeinflussung schwenken die ungeschulten leicht zu überredenden Elemente massenhaft zu den Kommunisten an [sic!], andererseits lässt sich vielleicht dem drohenden Unheil noch entgegenwirken, nachdem ja auch von außen her Hilfe im Anzug sein soll. – Wir bitten Sie, Ihre Kraft soweit als möglich in den Dienst dieser Sache zu stellen und auch Bekannte zur Mithilfe aufzufordern. Falls Sie sich noch mit uns zu besprechen wünschen, bitten wir Sie, sich sogleich in unserem Büro einzufinden."[182]

Die MSPD hat viele ihrer Mitglieder an die USPD und an die KPD verloren. Ernst Toller: *„Das Verhältnis [in der SPD] ist heute so, dass von 20.000 Mitgliedern … mehr als 12.000 keine Arbeiter sind."*[183] Die MSPD-Parteiführung erreicht, dass etwa ein knappes Drittel der Parteimitglieder sich an der Wahl beteiligt und davon die Hälfte sich gegen die Räterepublik ausspricht.

Am Abend des 4. April treffen sich gegen 10 Uhr im Sitzungssaal des Kriegsministeriums in der Ludwigstraße Vertreter der Parteien und des *Bauernbundes*, um darüber zu beratschlagen, was zu tun sei, nachdem in vielen Volksversammlungen die Proklamation der Räterepublik gefordert wird. Ernst Schneppenhorst, Militärminister der Regierung Hoffmann, gegen dessen Anwesenheit Mühsam protestiert, der aber bleiben darf, erinnert sich daran, dass *„Mühsam, Landauer und eine Reihe uneingeladener Gäste, vermutlich Mitglieder des revol. Arbeiterrats, auch Damen, die keinen besonders guten Eindruck machten"*[184], anwesend waren.

Nach der Ausrufung der Räterepublik am 7. April, die vor allem unter dem Druck der mehrheitssozialdemokratischen Basis erfolgt, engagieren sich viele Frauen, obwohl nach Einbruch einer Kältewelle seit Ende März die Lebensmittel noch knapper geworden, die Löhne gesunken und die Wohnungen überfüllt sind. Zudem frisst die ansteigende Inflation den Geldwert.

Am 10. April erscheinen die „Leitsätze für die Betriebsräte", nach denen den weiblichen Beschäftigten eine Vertretung nach ihrem zahlenmäßigen Anteil im Betrieb

---

182 4 H.un.app. 219 f-125, Flugblattsammlung der Bayerischen Staatsbibliothek.
183 F.Mon. unsigniert, Münchner Stadtbibliothek / Monacensia.
184 StAnw. Mü I 2131/1, Strafverfahren gegen Mühsam u. Genossen wegen Hochverrats, 131, StAM.

zugebilligt wird, die frühe Form einer Frauenquote, die zumindest in den Betrieben in München eine deutliche Erhöhung der Frauen in den Betriebsräten zur Folge hat. So sind von den insgesamt 1.725 Betriebsräten in München immerhin 233 Frauen; die Frauenquote beträgt damit 13,5 Prozent, eine Höhe, wie sie in keinem anderen Rätegremium erreicht wird.

Frauen fordern gleiche Rechte, obwohl ihre Zeit mit Haushalt, Kindern und Beruf voll ausgefüllt ist. Ihr politischer Handlungsspielraum hat sich zwar etwas erweitert, aber sie betreten eine männerdominierte Welt, in der sie neue Hürden und Blockaden erwarten.

Heinrich Hoffmann: Postbeamtinnen bei der Demonstration am 22. April 1919.

Wer pazifistisch argumentiert, hat es auch in diesen Tagen schwer. Felix Fechenbach notiert unter dem 10. April in sein Tagebuch: *„In der Barerstraße hörte ich Maschinengewehrfeuer. Straßenkämpfe in München? Das kann nicht sein. Wie ich um die Ecke biege, merke ich, dass meine Besorgnisse grundlos sind. Im Hof der Türkenkaserne werden nur Maschinengewehre ausprobiert und am Gitterzaun schauen große und kleine Kinder der Schießerei aufmerksam zu. Wann werden diese Mordinstrumente endlich einmal in den Hades sinken?"*[185]

Als 1912 die „Erinnerungen einer Überflüssigen" von Lena Christ erschienen, war die Resonanz im Publikum beträchtlich. Die Autorin schilderte in drastischen Worten ihr zerrüttetes Verhältnis zu ihrer Mutter, von der sie misshandelt wurde, und ihre katastrophalen Erfahrungen in der Ehe mit einem Trinker. Auch mit den Büchern, die später erschienen, war sie erfolgreich. In der Erzählung „Die Rumplhanni" schilderte Lena Christ, wie eine Köchin versucht, selbstständig zu werden. Gegen Ende des Weltkrieges

185 Pol.Dir. 15586, Felix Fechenbach, StAM.

erkrankte die Schriftstellerin an Tuberkulose und geriet in wirtschaftliche Not. Sicher hat es lange gedauert, bis sie sich dazu durchrang, einen Hilferuf abzusenden. Am 11. April 1919 trifft im Ministerium für soziale Fürsorge folgender Brief ein:

München, Winthierstrasse 41/4
10.4.19

An den Zentralrat, München
     Sehr geehrter Herr Toller!
In Anbetracht dessen, dass jetzt endlich etwas für die armen Leute geschieht, komme ich mit meiner Bitte vertrauensvoll zu Ihnen. Ich bin eine arme Schriftstellerin, mein Mann ist seit seiner Rückkehr aus dem Feld, wo er zuletzt als Unteroffizier war, erwerbslos. Wir wissen nicht, wo wir für uns und die zwei Kinder noch das Geld zum Leben hernehmen sollen. Da ich lungenkrank bin, so kann ich nicht grobe Arbeit verrichten. Außerdem gilt ja auch in der Räterepublik, wie ich sehe, der wirkliche Künstler etwas. Und dass Sie es mit einer anerkannten Schriftstellerin zu tun haben, mag Ihnen der Umstand beweisen, dass meine Bücher teilweise Auflagen bis zu 30.000 erlebten. Leider ohne dass ich solche Honorare erhalten hätte wie Ludwig Thoma, Ganghofer und so weiter. Natürlich, denen schmeißt man es nach und uns drückt man es ab. Ich habe drei große Arbeiten angefangen; bitte helfen Sie mir durch Ihre Hilfe in barer Unterstützung zur Vollendung! Ich bin aus dem Volk als lediges Kind einer Köchin und ich schreibe fürs Volk. Hauptsächlich Bauerngeschichten.

Sollten Sie meinen Arbeiten Interesse entgegenbringen, so bin ich gern bereit, Ihnen dieselben zu überreichen. – Zur Zeit habe ich fast 600 Mk Schulden und gar keine Einnahme. Ich muss alle Tag etwas von meinen sauer erworbenen Sachen verkaufen. Bitte unterstützen Sie mich durch eine einmalige größere Summe oder durch ein Monatsgeld, damit ich wieder aufschnaufen kann.
Im voraus dankend bin ich

Ihre ergebene
Frau Magdalena Jerusalem,
genannt Lena Christ

Ich bitte aber inständig, meine Bitte nicht in der Zeitung zu veröffentlichen![186]

Die Archivalien des Staatsarchivs erzählen nicht, ob und in welcher Höhe Lena Christ eine Unterstützung bekam. Wenn sie eine bekam, war sie schon bald aufgebraucht. Sie versuchte sich dann mit dem Verkauf gefälschter Bilder und wurde angezeigt. Eine Gefängnisstrafe drohte. Die Verzweiflung war übermächtig. Im Waldfriedhof traf sie am 30. Juni 1920 ihren ehemaligen Ehemann, der ihr Zyankali gab.

An allen Ecken und Enden der Räterepublik knirscht es. Wenn der Widerspruch zwischen hegemonialen Rechtfertigungsprinzipien und den wirklichen, nicht mehr verdrängbaren Auswirkungen der herrschenden Politik für die Mehrheit im Volke

---

186 Pol.Dir. 15591, Ernst Toller, StAM.

offensichtlich wird, brechen weite Teile des öffentlichen Diskurses zusammen und eröffnen Lücken, in die neue Themensetzungen und ihre Programmatik vorstoßen. Da treten, und das ist zuweilen noch harmlos, ein selbsternannter Messias genauso auf wie große und kleine Propheten des Weltuntergangs, da finden Retter der Welt den Grund der Katastrophe in obskuren Erklärungen, da ziehen die, die ihre Privilegien verloren haben oder Gefahr laufen, sie zu verlieren, aus dem zerbrochenen Gerüst ihrer Rechtfertigungen ein oder zwei Nebenaspekte und blasen sie zu neuen Vorwänden auf. Sie erschaffen fantastische Behauptungen, die so irre sind, dass das Gros der Bevölkerung sich hier eine Erfindung gar nicht vorstellen kann.

Die mehrheitssozialdemokratische Exilregierung lässt von Flugzeugen Flugblätter auf München herabregnen, in denen es heißt: *„Duldet ihr wirklich, dass nach Kommunistenideal alle Frauen jedem Manne gehören und damit in kürzester Frist restlos zu Huren werden?"*[187]

Erich Mühsam erinnert sich: *„Die Regierung Hoffmann hetzte das Land in unglaublicher Weise gegen München auf, gegen uns bekanntere Führer wurden die ungeheuerlichsten Verleumdungen in die Welt gesetzt, von denen besonders die Behauptung, wir hätten in München die Kommunisierung der Frauen bereits eingeführt (jedem Bolschewisten müsse jede Frau nach Belieben zur Verfügung stehen), auf die naive Bevölkerung Eindruck machte."*[188]

Simplicissimus 3 vom 15. April 1919, 43.

Für Witzereißer ist das ein gefundenes Fressen. Sie können hier ihrem Sexismus endlich freien Lauf lassen. Links steht der Mann, rechts die Frau, in der Mitte ein frierendes Kind. Zwei Kartoffeln liegen auf dem Tisch, eine liegt in der Schüssel. Offenbar hat die Frau den Mann geschimpft, weil nichts zum Einheizen da ist. Der Mann kontert: „Halt's Maul, Alte, sonst laß i di verstaatlichen!"

Das Fundament des Obrigkeitsstaats liegt nicht nur in den Augen seiner Kritiker in der bürgerlichen Kleinfamilie. Auch Apologeten der bürgerlichen Gesellschaft sehen die

187 Zit in: Kampf, a.a.O., 11.
188 Mühsam, Von Eisner bis Leviné, a.a.O., 74.

Familie als „Keimzelle des Staates". Ihr Oberhaupt, der Mann, vertritt die Familie in der Öffentlichkeit und besorgt als ihr „Ernährer" ihre ökonomische Reproduktion, die Frau dient der physischen Reproduktion und besorgt zugleich alles im Dienst des familiären Zusammenhalts. Frauen unterliegen dem Zwang, für ihre wirtschaftliche Versorgung sexuelle Beziehungen ohne Liebe einzugehen, sowohl in der Ehe wie in der Prostitution, denn beide haben mehr gemeinsam als es scheint.

Für Männer ist der autoritäre Charakterpanzer im Obrigkeitsstaat konstitutiv. Sie sind dazu erzogen, nach oben zu buckeln und nach unten zu treten. Auf diese Weise erwerben sie getreu den herrschenden Karrieremustern ihre Position in der Hierarchie des Gemeinwesens und verteidigen dessen Verfasstheit und damit die Ehe mit allen Mitteln gegen Frauen und Männer, die die tradierten Normen und deren vorgegebenen Rollenzuschreibungen in Frage stellen oder durchbrechen.

Seit der zweiten Hälfte des 19. Jahrhunderts, in der die Sehnsucht nach einer neuen Zeit ohne Ausbeutung des Menschen durch den Menschen, ohne Krieg und Kapitalismus, ja ohne jegliche Herrschaft immer häufiger ertönt, wird auch die Frage angesprochen, ob diese neue Zeit nicht auch einen neuen Menschen erfordere. Psychoanalyse und Reformpädagogik bieten Antworten. Sie hinterfragen die festgelegte Rollenverteilung zwischen Mann und Frau und damit auch alle Tabus und Restriktionen, die die Entfaltung von Sexualität behindern.

Nach der Oktoberrevolution wurde im Kampf gegen Zarismus und Orthodoxie neben der Umwälzung auf wirtschaftlichem Gebiet die Befreiung der Köpfe von Denkfiguren und Verhaltensweisen der alten Ordnung zentrale Aufgabe. Wenn schon die Eigentumsverhältnisse an Produktionsmitteln zur Disposition standen, dann war es auch selbstverständlich, dass keine Frau einem Mann „gehören" sollte: Menschen mit freiem Willen leben in freien Liebesbeziehungen, frei von klerikal-staatlichen Eingriffen, von ökonomischen Zwängen und von patriarchaler Gewalt

Zu den ersten Dekreten des neuen Russland gehörten „Über die Aufhebung der Ehe" und „Über die bürgerliche Partnerschaft, Kinder und Eigentum". Kirchliche Trauungen wurden abgeschafft, die Partnerschaft der Freien und Gleichen, die zivile Ehe, eingeführt, ein Paar konnte unkompliziert geschieden werden. Der Anspruch, die Sexualität zu befreien, führte auch dazu, dass die Paragraphen, die Homosexualität oder Abtreibung unter Strafe stellten, aufgehoben wurden.

Auf Demonstrationen skandierten junge Leute: „Nieder mit den Spießern! Nieder mit dem Betrug der Pfaffen! Wir brauchen keine Kleider – wir sind Kinder der Sonne und der Luft!". In Moskau entstand am Ufer der Moskwa ein großer FKK-Strand.

In einigen Gebieten der Sowjetunion erschienen lokale Dekrete zur „Abschaffung des privaten Besitzes von Frauen". Das Dekret von Saratow, der Hauptstadt der Wolga-Deutschen, das angeblich am 1. Mai 1918 erlassen wurde, erklärte Frauen zwischen 17 und 32 Jahren zum „Eigentum der ganzen Arbeiterklasse". Schon bald stellte sich heraus, dass das Dekret eine Fälschung war. Nur hatte sich das Märchen von der „Sozialisierung der Frauen", die die Kommunisten verfügten, in Windeseile verbreitet und diente jetzt der Abschreckung vor dem gottlosen Treiben der Revolutionäre.

Paul Frölich schreibt wenige Monate nach der Einnahme Münchens: *„Während in München selber die freudige Ruhe der herrlichen Frühlingstage herrschte, war die bürgerliche*

Presse draußen gefüllt mit den unglaublichsten Greuelgeschichten über die Stadt des Proletariats. Vom »Freistaat«, dem Regierungsorgan der Hoffmänner, von der »Kreuz-Zeitung« und der »Deutschen Tageszeitung« bis zum »Vorwärts« und den tausenden kleinen Ablegern in der Provinz wurden die schrecklichsten Schauermärchen verbreitet. München stand in Flammen, eine wahnsinnige Menge plünderte Tag und Nacht in den Warenhäusern und in den Privatwohnungen ... Die Bourgeoisie wurde in Massen füsiliert. Levien war mit zwei Millionen auf und davon, die Kommunisten verteilten die Lebensmittel untereinander und schwelgten die Nächte hindurch mit den Göttinnen des Bordells in wüsten Gelagen. Die Bevölkerung aber darbte, und wie Fliegen starben Greise und Kinder dahin. Wie Molken aber schoss das Gemüt des braven Bürgers zusammen, als er ... die Schreckensnachricht erhielt: »Die Kommunisierung der Frauen einschließlich der Ehefrauen wurde zum Beschluss erhoben.« Schade, die geilen Bourgeoisiedämchen erfuhren von dieser Tatsache nur aus den Flugblättern, die Hoffmanns Flieger über München abwarfen ... In München lachte man über diese Lügen, aber auf die Bauern und Soldaten, die Tag für Tag in immer neuen Versionen damit gefüttert wurden, übten sie ihre Wirkung."[189]

So enthält diese Kampagne, in der freizügige Sexualmoral immer auch jüdischen Bohemiens und Literaten angedichtet wird, in sich bereits wesentliche Elemente des heraufziehenden Nationalsozialismus. Die Linke hat gegen diese plakative Polemik, die ein eingespielter Apparat mit viel Geld massenhaft unters Volk streut, keine Chance. Ihre Antwort, die mit bescheidenen finanziellen Mitteln nüchtern ihre Leistungen aufzählt, Sturz des alten Systems, Beendigung des Krieges, Frauenwahlrecht etc. und die fordert, die Errungenschaften der Revolution zu sichern, bleibt beinahe wirkungslos.

Wenn Männer, die südlich des Weißwurstäquators leben, Frauen meinen, sprechen sie von „Weiberleit". Im Patriarchat haben „Weibsbilder" nur eine dienende Rolle. Sie sind für Kinder, Küche und Kirche zuständig. Und sie sollten sich gefälligst aus den Geschäften der Männer raushalten. Sie sind ja zu blöde für die Politik und es ist katastrophal, dass sie seit dem Umsturz wählen dürfen: *„Der verkannte Spartakist: »Koan Sozi wäi i ned«, sagt die Resi im Wahllokal, »da nim i liaba den von da Sparkassn!«"*[190]

Ein Bilderbogen aus der *Monacensia* mit dem Titel „1. Die Räterepublik" zeigt exemplarisch die Zerrbilder, die das Bild von der Rätebewegung die folgenden 100 Jahre prägt.[191] Das Flugblatt dürfte Ende April oder Anfang Mai erschienen sein, hier einige Ausschnitte:

---

189 Paul Werner [i.e. Paul Frölich], Die Bayrische Räte-Republik. Tatsachen und Kritik, Leipzig 1920, 44. – Die Schauermärchen werden in viele Variationen kolportiert: Sozialdemokraten und Gewerkschaftsbeamte sind *„doch nicht fähig, eine Versammlung zu gewinnen, in der ein »Dr.« Levien den Hörern auseinandersetzt, dass er das gleiche wolle wie Jesus Christus, und Landauer dem Proletariat die feinen und schönen Frauen der Bürger als Morgengabe der Räte-Republik in Aussicht stellt."* Paul Busching, Die Revolution in Bayern. In: *Süddeutsche Monatshefte* 9 vom Juni 1919, 226. – Und selbstverständlich wird Levien sein ehrlich erworbener Doktortitel aberkannt.
190 Notizheft der Margarethe Kapfhammer, Privatsammlung. – *„Der verkannte Spartakusanhänger: »Einen Sozialdemokraten wähle ich nicht«, sagt die Therese im Wahllokal, »da nehme ich lieber den von der Sparkasse!«"*
191 Plakat- und Flugblattsammlung ohne Signatur, Münchner Stadtbibliothek / Monacensia.

Frauen sind, und das empört, mittendrin bei der Revolution.

Liederliche Frauen schmeißen sich an die Revolutionäre

und feiern bei den Gelagen der Revolutionäre mit, während das Volk hungert.[192]

Enthemmte Frauen huren mit den Revolutionären herum.[193]

---

192 Carl Amery, der in der Schrift eines *„weißen Pamphletisten"* eine Rechnung für *„Herrn R. Egelhofer, Stadtkommandant",* lautend über *„7 Kuchen, per Stück 5.50 M, 2 Teekuchen 2.- M, 30 Desserts -.45 M, 10 Kartons -.30 M, in Summa 59.- M"* entdeckt hat, merkt an: *„O rotes Sodom! Auch Orgien wollen gelernt sei, neunundfünfzig Revolutionsmark genügen da nicht. Der Rudi Egelhofer hätte etwas Erfahrungen als Ordonnanz in den Casinos der kaiserlichen Marine sammeln sollen, ehe er ans Orgienfeiern ging."* Carl Amery, Leb wohl geliebtes Volk der Bayern, München 1996, 205.

193 Dr. med. Helenefriderike Stelzner, an der Berliner Charité psychiatrisch ausgebildet, sagt über Hilde Kramer, sie sei ein *„zwei Meter großes Mannweib mit kurz geschnittenem Haar, das mit anderen mit ihr in Beziehung stehenden Weibern verhaftet worden sei … wohl mögen auch gelegentlich Revolutionsbewegungen von sexuell Anomalen durchsetzt sein."* Helenefriderike Stelzner: Psychopathologisches in der Revolution. Nach einem Vortrag in der Berliner Gesellschaft für Psychiatrie und Nervenkrankheiten am 12. Mai 1919. In: *Zeitschrift für die gesamte Neurologie und Psychiatrie* 49/1919, 403. – Die 1.85 Meter große Hilde Kramer hat gemeinsam mit Mühsam und anderen die *Vereinigung Revolutionären Internationalisten* gegründet und trat später der KPD bei.

Am schlimmsten aber ist: Wenn Frauen ihre tradierten Rollenmuster abwerfen, verlieren sie ihre Weiblichkeit, werden zu „Mannweibern", zu „Flintenweibern", zu „Revolutionsfurien", die am liebsten in der „Kommission zur Bekämpfung der Gegenrevolution" wie die Genossin Toni Gernsheimer[194] oder im Revolutionstribunal wie die Genossin Hedwig Kämpfer wüten. Echte Frauen sind sie nicht mehr.

Und es genügt ihnen nicht, mit einer Richterrobe Recht zu sprechen, sie wollen mehr. Gertrud Baer, die Frauenbeauftragte im Ministerium für soziale Fürsorge, schreibt am 11. April an den *Zentralrat*: *„Endunterzeichnete erlaubt sich beim provisorischen revolutionären Zentralrat zu der Verfügung betreffend: Revolutionstribunal, folgenden Zusatz zu beantragen: In allen Fällen, in denen Vergehen von Frauen oder gegen diese zur Aburteilung gelangen sollen, sind die gleiche Anzahl weibliche wie männliche Richter zum Revolutionstribunal zuzuziehen."*[195]

Felix Fechenbach nimmt an einer Sitzung des Revolutionstribunals im Strafsitzungssaal des Münchner Landgerichts am 17. April teil:

„Nach kurzer Zeit hatte ich schon den Eindruck, dass der Name das Furchterregendste an dem Tribunal ist ... Um drei Uhr soll ein politischer Prozess stattfinden. Ein Mitglied des »Bundes zur Bekämpfung des Bolschewismus« ist beschuldigt, an dem Putsch in der Nacht zum 13.

---

194 Arbeiter- und Soldatenrat 1, 43, BayHStA. – Die Genossin Eisner ist in der „politischen Kommission Geheimdienst" und die Genossin Remolt in der „Kommission kriminelle Gerichtsbarkeit" aktiv. Arbeiter- und Soldatenrat 2, 33, BayHStA. – Frau Remolt wird zudem am 16.4.1919 in den Aktionsausschuss, das eigentliche Regierungsorgan der Räterepublik, gewählt.
195 Arbeiter- und Soldatenrat 2, 4, BayHStA.

‖ 128

April beteiligt gewesen zu sein. Der Zuhörerraum ist überfüllt. Meist Arbeiter und Soldaten; das Bürgertum ist durch einige Rechtsanwälte vertreten. Das Tribunal ist diesmal neun Köpfe stark, meist Arbeiter, ein oder zwei Privatangestellte oder Techniker; zum ersten Mal sehe ich hier Frauen als Richter fungieren."

Im Prozess zeigt sich, dass der Angeklagte sich als Spitzel in die kommunistische Partei eingeschlichen hat und zugleich als Kassierer im Münchner Zweig der *Liga gegen den Bolschewismus* tätig war. Am Palmsonntagsputsch war er mit weiteren Helfern beteiligt und strich dafür 26.000 Mark ein. Weitere 50.000 waren beim Erfolg der Unternehmung in Aussicht gestellt.

Das Urteil lautet auf fünf Monate Gefängnis ersatzweise 5.000 Mark Geldstrafe. *„Im Zuhörerraum war man sehr wenig befriedigt von dem milden Urteil. Dieses Urteil hindert aber nordbaierische Zeitungen nicht, von Massenhinrichtungen durch das Revolutionstribunal zu sprechen, trotzdem noch nicht ein einziges Todesurteil gefällt wurde."*[196]

Filmstar Henny Porten ist berühmt. Auf sie richten sich männliche Sehnsüchte, viele Frauen identifizieren sich mit ihr, der Boulevard liebt sie. Da liegt es nahe, sie in den Propagandafeldzug der Konterrevolutionäre einzuspannen.

Auch Zeitungen müssen sparen. Nachrichtenagenturen liefern gegen Abonnement Informationen aus aller Welt, die eigene Redakteure überflüssig machen. Die 1913 gegründete *Telegraphen-Union GmbH* wird seit 1916 schrittweise vom deutsch-nationalen Wirtschaftsführer Alfred Hugenberg übernommen. Und so setzt die T.-U. eine besondere Zeitungsente in die Welt, deren Wahrheitsgehalt lediglich *Die Rote Fahne* anzweifelt:

> Berlin, 26. April. (T.-U.) Wie der „Deutschen Tageszeitung" mitgeteilt wird, soll die bekannte Kinoschauspielerin Henny Porten von den baerischen Kommunisten auf einem Erholungsurlaub im Allgäu ermordet worden sein. Wie bereits vor einigen Tagen gemeldet wurde, war die Schauspielerin von den Kommunisten als Geisel festgenommen worden.

Zit. in: *Die Rote Fahne* 60 vom 28. April 1919, 2.

Nachdem die Weißen Truppen München eingeschlossen und vom Hinterland abgeschnürt haben, kommt es zum so genannten „Geisel-Mord", ein Kampfbegriff der Konterrevolutionäre, den die Nazis später weiter pflegen und der so unhinterfragt bis heute traktiert wird.

Die auf München marschierenden Truppen unter dem Oberbefehl des mehrheitssozialdemokratischen Reichswehrministers Gustav Noske sehen die Münchner Rote Armee nicht als exekutiven Arm einer kriegsführenden Macht im Sinne der Genfer Konvention an. Für Noske ist die Rote Armee nur eine Truppe von Insurgenten, die man nicht gefangen nimmt, sondern sofort füsiliert. Auch mit Rot-Kreuz-Binden versehene Sanitäter werden nicht verschont, sondern nach der Gefangennahme einfach niedergeschossen.

---

196 Pol.Dir. 15586, Felix Fechenbach, StAM.

Das Verhalten der Weißen geht wie ein Lauffeuer durch die Stadt und wird auch auf Flugblättern und Plakaten bekannt gemacht. Die Erregung darüber löst bei Fritz Seidel, dem Kommandanten des Luitpoldgymnasiums, in dem die verhafteten Mitglieder der *Thule-Gesellschaft* festgehalten werden, eine Kurzschlusshandlung aus.[197]

Die Mitglieder dieser Gesellschaft sind freilich keine Geiseln, sondern Kombattanten, die mit Urkundenfälschung, Spionage für die Bamberger Regierung und mit Sabotage der Räteregierung aktiv in die Kämpfe eingriffen.

Seidel befiehlt am Nachmittag des 30. April die Hinrichtung der gefangenen Thule-Mitglieder als Vergeltung für die Massaker der Weißen. Verzweiflung und Erbitterung überdecken den nüchternen Verstand. Das Attentat auf Auer nach dem Mord an Eisner war eine Affekthandlung, die Exekution der Thule-Leute war die zweite Verzweiflungstat. Noch in der Nacht zum 1. Mai distanziert sich der *Münchner Arbeiter- und Soldatenrat* von diesem Vorgehen.

Der schwer verletzte Graf Arco liegt Ende April im Lazarett, das in der Schule in der Kirchenstraße in Haidhausen untergebracht ist. Die Ärztin im Stab der Roten Armee, Dr. Hildegard Menzi, versucht vergeblich, den Volksbeauftragten für das Sanitätswesen, Dr. Schollenbruch, per Telephon zu erreichen, um ihm klar zu machen, dass Arco und einige weitere Gefangene in Gefahr sind.

Erst eilt sie zu Arco, versorgt ihn mit Medikamenten und trifft sich dann mit Schollenbruch im Lazarett, das in der Schule an der Blumenstraße eingerichtet ist. Der Arzt erzählt ihr von den Ereignissen im Luitpoldgymnasium. Da ist Dr. Menzi sofort klar, dass der Tod der *Thule*-Leute der konterrevolutionären Propaganda sehr gelegen kommt und den Blutdurst der aufmarschierten Soldateska noch mehr anstachelt.

Schollenbruch weiß ein Versteck. Er und Menzi nehmen Rücksprache mit Egelhofer, dann bringen sie Graf Arco und die letzten Gefangenen, die im Luitpoldgymnasium festgehalten werden, in Sicherheit.[198] Dabei helfen auch Ernst Toller und Thekla Egl; beide haben von der Hinrichtung der *Thule*-Leute in der Sitzung der Betriebsräte erfahren und sind danach sofort ins Luitpoldgymnasium geeilt.

Die Logik im Ablauf der Ereignisse wird in den Akten des Bestands „Volksgericht, Standgericht" im Staatsarchiv erkennbar. Die Kämpfe sind in erster Linie von den Arbeitern ausgefochten worden, die über die Grausamkeit der Weißen informiert waren, die von dem Gemetzel im Berliner Zeitungsviertel und von den Massakern bei der

---

197 Dass Rudolf Egelhofer den Befehl dazu gegeben hat, ist fraglich. Inwieweit mit dem Stempel, der seinen Namenszug trägt, Missbrauch getrieben wurde, ist schwer zu beurteilen. Der der Sympathie für die Roten unverdächtige Reichsbahnoberrat Max Siegert erinnert sich: „*Auf dem Weg vom Telegraphenbüro II zum Gleis 12, auf dem die Sonderlokomotive mit einem Personenwagen bereit stand, erzählte* [Egelhofers Adjutant] *Hofmann, dass sein Freund Egelhofer ganz unglücklich darüber sei, weil in der vergangenen Nacht im Luitpoldgymnasium 12 Geiseln erschossen worden sind.*" Max Siegert, Aus Münchens schwerster Zeit. Erinnerungen aus dem Münchener Hauptbahnhof während der Revolutions- und Rätezeit, München/Regensburg 1928, 118.
198 Mehr dazu in: StA Mü I 2127, Hildegard Menzi, STAM.

Niederschlagung der Räte in Hamburg, Bremen und weiteren Orten wussten. Da heißt es dann: „Wir lassen uns von den Weißen nicht kampflos abschlachten!"[199]

Es geht den Arbeiterinnen und Arbeitern, obwohl sie die drohende Niederlage ganz klar vor Augen sehen, um ihren aufrechten Gang und um ihre „proletarische Ehre".

Die konterrevolutionären Truppen richten bei ihrem Einmarsch in München mit beispielloser Brutalität ein Blutbad an und beginnen die Viertel von „Aufrührern, Anarchisten und Bolschewiken zu säubern".[200] Denunzianten haben jetzt Hochkonjunktur, überall krachen Salven der Erschießungskommandos in der Stadt.

Zenzl Mühsam: „*Wie wir beide* [mein früherer Lebensgefährte Ludwig Engler und ich] *durch die Straßen geführt wurden, an der Universität vorbei, elegante Damen und Herren brüllten: »Schlagt sie nieder, das sind die Richtigen, die Frau Mühsam, nicht lange Geschichten machen, schlagt sie tot!« Nexö, wie ich den Leutnant, der mich und L.E. verhaftet, fragte, wo ist Erich Mühsam, da gab er mir zur Antwort, »Landauer ist in Stadelheim erschlagen worden, E.M. da bei einem Vorort bei Ebrach erschossen worden.« … Ich empfand keine Trauer, nur Hass, der mir geblieben ist und in mir bleiben wird … Die Arbeiter … wissen heute, welch eine Güte sie erwarten können, in München wurden so an die 1.200 Arbeiter und Rotgardisten standrechtlich erschossen.*"[201]

Männern wird meistens in den Kopf oder in das Herz geschossen, an Frauen tobt sich sexualisierter Sadismus aus. Die Gräueltaten werden in den allermeisten Fällen nicht gesühnt, wenn doch, kommt es zu lächerlichen Strafen.

Emil Julius Gumbel: „*Georg Kling und seine Tochter Marie Kling taten am 2. Mai in Giesing freiwillig Sanitätsdienste bei der Roten Armee in einer Station an der Weinbauerstraße. Sie waren mit Roten-Kreuzbinden versehen. Am 3. Mai wurde Georg Kling auf die Polizeistation Tegernseer Landstraße transportiert, weil seine andere Tochter Anni angeblich Munition getragen habe. Marie ging freiwillig mit. Der Schutzmann Keitler behauptete, Marie habe mit der Sanitätsflagge den Roten Zeichen gegeben. Sie kam vor ein Standgericht, wurde auf Grund von Zeugenaussagen von Regierungstruppen freigesprochen und sollte am 4. Mai entlassen werden. Als der Vater sie morgens abholen wollte, war sie schon nach Stadelheim abgeführt. Augenzeugen bekunden, dass sie dort als Zielscheibe verwendet wurde. Zuerst wurde sie ins Fußgelenk, dann in die Wade, dann Oberschenkel, zuletzt in den Kopf geschossen. Eine Verhandlung gegen die Täter fand nicht statt. Denn bei der Aufhebung der Militärgerichtsbarkeit waren die Akten »verloren« gegangen.*"[202]

---

199 „*Die Zahl der kampfverwendungsfähigen Truppen der Roten Armee ca.: 12.000 – Schätzungen in der ‚Stadtchronik 1918/19' 12 – 15.000 – Aufgrund von ‚Nachrichten und Meldungen vom Feind' schätzt* [Major a.D. Karl] *Deuringer 30 – 40.000, davon ‚zu äußerstem Widerstand entschlossene Kämpfer' 10.000.*" Walter Roos, Die Rote Armee der Bayerischen Räterepublik in München 1919, Heidelberg 1998, 140.

200 Üblicherweise „säubert" man von Ungeziefer und nicht von Menschen.

201 Brief Zenzl Mühsams an den dänischen Schriftsteller Martin Andersen Nexö vom 28. September. In: Chris Hirte/Uschi Otten (Hg.), Zenzl Mühsam, a.a.O., 15 f. – Zenzl Mühsam sollte mit der Todesnachricht ihres Mannes aus der Fassung gebracht werden. Sie und Engler werden nur gerettet, weil zufällig ein Professor, der mit Erich Mühsam befreundet ist, aus der Universität kommt, die Verhaftung sieht und mit seinen Kollegen interveniert.

202 Emil Julius Gumbel, Vier Jahre politischer Mord, Berlin-Fichtenau 1922, 38 f.

Seit Tausenden von Jahren sind erfolgreiche Männer erfolgreiche Jäger. Als Lebensmittel dient nicht nur das Fleisch der Tiere. Zum Beuteschema gehören gewöhnlich auch Frauen. Sie nehmen einen zentralen Platz ein im kollektiven Unterbewusstsein der Männer. Verweigert die Frau diese Rollenzuschreibung und wird selbst zur Jägerin, trifft sie damit den Mann in seinem Innersten. Er ahnt instinktiv, dass sie es ist, die seinem ureigensten Terrain, der Welt der Politik, der Macht und des Krieges, die Grundlage entzieht. Während er den konkurrierenden Mann, auch wenn er ein Verbrecher ist, „ehrbar" und ethisch konform kurz entschlossen tötet wie ein Vieh, tötet er die revoltierende Frau langsam, indem er den Mord einer sexuellen Aggression gleich ausübt und sein Opfer damit noch einmal endgültig unterwirft.[203]

Revolutionäre Frauen verkörpern die Hoffnung auf eine andere, bessere Welt. Der Selbsthass von Männern, die jede Hoffnung verloren oder verraten haben, wendet sich in einer beispiellosen Tötungslust nach außen. Erich Mühsam:

„So fürchterliche Entartungen des Gefühles, wie sie in München bei standrechtlichen Erschießungen von spartakistischen Frauen im Stadelheimer Gefängnishof vorkamen, dürften in der Revolutionsgeschichte aller Länder von revolutionärer Seite niemals verzeichnet sein. Dort haben die weißen Pelotons zu wiederholten Malen die ersten Schüsse auf die Geschlechtsteile von Frauen und Mädchen gezielt, in anderen Fällen die Exekution vollzogen, indem sie zuerst in die Beine, dann in den Unterleib schossen und sich an den Qualen der langsam verendenden Opfer weideten. Leider sind diese entsetzlichen Dinge, für deren Wahrheit Zeugen beizubringen sind, selbst von den frömmsten Staatsschützern stets unterdrückt worden, um den Abscheu der Mitwelt ungeteilt auf die politischen Feinde der kapitalistischen und klerikalen Staatsordnung konzentrieren zu können."[204]

Mühsams Kollege, Oskar Maria Graf, weiß warum: *„Ich sagte, was ich auf dem Ostfriedhof gesehen hatte. »Ja, das sind die sogenannten standrechtlichen Erschossenen«, meinte ein anderer Kamerad. »Gell, Weiber hast du unter den Toten gar nicht gesehen?« »Nein.« »Die hat man weggeräumt, dass es nicht so feig aussieht«, sagte er."*[205]

Trotz aller neuen Ansätze in der Moderne, trotz Frauenemanzipation, Psychoanalyse, Pazifismus, Kunst und Kultur, trotz der Entmystifizierung soldatischer Tugenden im Weltkrieg, zeigt sich gewaltbereite Männlichkeit in neuem, noch nicht dagewesenen Ausmaß. Nach getaner Arbeit paradieren die Weißen, von kleinen Jungen bewundert, in machohafter Selbstinszenierung. Es sieht aus, als ob sie den Weltkrieg doch noch gewonnen haben.[206]

---

203 Den revolutionären Mann, der hingerichtet werden muss, zeichnen zumindest „Idealismus", „politische Überzeugung" oder „proletarische Ehre" aus. Auf Frauen trifft das nicht zu. Sie können nur revolutionär werden, wenn ihr Neid oder Hass durch den Verlust ihres Mannes oder Tod ihres Kindes wächst oder wenn sie „moralisch schwachsinnig", „degeneriert", körperlich defekt wie Rosa Luxemburg, schizophren, hysterisch, affektsüchtig, exaltiert, „erotisch abartig" oder anderweitig gestört sind. Kurz: Männer sind Geschöpfe der ratio, Frauen sind irrational.

204 Erich Mühsam, Räterepublik und sexuelle Revolution. Zit. in: Hansjörg Viesel (Hg.), Literaten an der Wand. Die Münchner Räterepublik und die Schriftsteller, Frankfurt/Main 1980, 200.

205 Graf, Gefangene, a.a.O., 295.

206 Die Münchner Bürger honorieren den Einsatz der „tapferen Entsetzungstruppen". Der Ende November 1918 gegründete *Hilfsbund der Münchner Einwohnerschaft* sammelt seit Anfang Mai 1919 „Liebesgaben" im Wert von fast einer Million Mark. Die Soldaten bekommen zur Löhnung

Parade des *Freikorps Faupel-Görlitz* in der Ludwigstraße am 6. Mai 1919, Postkarte.

Nach der Eroberung Münchens rollt die Prozesswelle. Oskar Maria Graf: *„In den Gerichtssälen wurden Tag für Tag ehemalige Räterepublikaner abgeurteilt. Hier und andernorts saßen Hunderte und aber Hunderte in den Gefängnissen. Ihre Frauen liefen den ganzen Tag, um irgendetwas Essbares zu ergattern. Abgehetzt und verstört kamen sie auf die Polizei oder in die Amtszimmer, wurden zurückgewiesen und fingen mit einer verzweifelten Heftigkeit zu schimpfen an, zu weinen und zu schreien. In den Gängen der Wohlfahrtsämter warteten diese hungernden, verratenen, verlassenen Frauen stunden- und stundenlang. Zum Schluss wurden sie von einem überanstrengten, cholerischen Beamten abgefertigt oder einem anderen Amt überwiesen. Sie rotteten sich zusammen und demonstrierten tollkühn. Sie wichen nicht, wenn die Schutzleute auf sie einschlugen. Um und um blutend, mit aufgelösten Haaren, am ganzen Körper zitternd, wurden die wildesten abgeführt. Sie hörten nicht auf zu bellen, warfen die Fäuste, fluchten und verwünschten und wurden noch mehr geschlagen. Empörte spien aus den Fenstern auf die Polizisten. Kinder liefen schreiend hinter den verhafteten Müttern her. Ewig wogte dieses Heer der Verbitterten. In jedem Arbeitergesicht stand die Rache.*"[207]

Anita Augspurg resümiert in ihrer Rede beim Internationalen Frauenkongress in Zürich im Mai 1919: *„Es waren die Interessen der gegenseitigen Konkurrenz um Gewinn ... im Einheimsen der Beute aus den Schätzen dieser Erde, die dazu geführt haben, dass sich die einzelnen*

Zulagen, Bier und Zigaretten. In Einzelfällen gibt es Unterstützung bis zu 1.500 Mark. Siehe Bürgermeister und Rat 1086 und 1659/2, Sta.
207 Zit. in: Viesel (Hg.), Literaten, a.a.O., 118 f.

Völker, oder sagen wir doch lieber, die einzelnen Regierungen bekämpft haben … Es wäre deshalb eine natürliche Folge der Revolution, dass sie überall darauf ausging, dieses kapitalistische Interesse aus der Welt zu schaffen und einen Güteraustausch zwischen den Völkern anzuregen, damit alle Güter dieser Erde allen Völkern – und nicht nur Einzelnen – nach ihren Bedürfnissen zukämen … die Völker dieser Erde sind nicht länger Willens, sich für den Kapitalismus knechten und ausbeuten zu lassen."[208]

Und Lida Gustava Heymann, die für die formale, repräsentative Demokratie keine Zukunft sieht, ergänzt: „*Halten wir uns bei aller Arbeit im öffentlichen Leben immer vor Augen, dass nichts ewigen Bestand hat, auch nicht das parlamentarische System mit seinem ekelhaften Parteigetriebe. Andere Systeme werden sich mit der Zeit herausbilden, um das Staatsleben der Völker zu gestalten.*"[209]

208 Zit. in: Susanne Kinnebrock, Anita Augspurg (1857 – 1943). Feministin und Pazifistin zwischen Journalismus und Politik. Eine kommunikationshistorische Biographie, Herbolzheim 2005, 446.
209 Lida Gustava Heymann, Zu den neuen Wahlen. In: *Die Frau im Staat* 5/6, 1. Jahrgang, 2.

LIABA A RÄTEREPUBLIK DIS WIA GAR KOA GFRETT NET !

Lachen links und Grinsen rechts[210]

Der Kaiser, der hat einagschriabn,
er brauchat Soldaten,
ham d' Deandln eam außergschriabn,
sie kunntn koan g'ratn.[211]

Wer bairische Eingeborene fragt, ob sie einen Witz erzählen können, hört oft ein kurzangebundenes abfällige „Naah". Die Hiesigen haben es nicht so mit der Pointe, viel lieber schweigen sie beredt oder lassen ihre Gedanken um drei oder auch mehr Ecken wandern, wenn sie den herrschenden Zustand in aller Ruhe betrachten und durchdenken.

Die Einheimischen können mit abstrakten Begriffen genauso wenig anfangen wie mit Witzereißern. Sie denken sich: Wer Witze zum Vortrag bringt, braucht Aufmerksamkeit. Er hat nichts Gescheites zu berichten, er geht nicht in die Tiefe, es bleibt ihm halt nur der Witz an der Oberfläche. Er verurteilt sein Publikum zu passiven Rezipienten. Er schafft eine Hierarchie zwischen einem aktiven Manipulator und Zuhörern, die es sich gefallen lassen, in einem primitiven und knappen Reiz-Reaktions-Schema gefälligst dort zu lachen, wo die Pointe sie dazu auffordert. Wer Witze vorträgt, verhindert das Entstehen von spontaner Begegnung. Witzereißer verunmöglichen die aufmerksame Wahrnehmung des Gegenüber und blockieren das gemeinsame Erlebnis, kreativ zu geben und zu nehmen.

Witzeerzählen ist vordemokratisch, macht Sinn in feudalen Strukturen. Natürlich auch in heutigen Strukturen, die getrost als vor- oder postdemokratische bezeichnet werden können. Wenn der Einheimische die Wahl hat zwischen Witzen und einer gemeinsamen Abenteuerreise, die ausbricht aus Konventionen, die das Althergebrachte verlässt, die auch etwas riskiert, die spielt oder, wie die 68er sagten, die die Verhältnisse zum Tanzen bringt, dann wählt er die Abenteuerreise.

So schön könnte es sein. Tatsächlich trifft diese Charakteristik nur auf eine Minderheit der hier Geborenen zu. Die große Mehrheit erzählt zwar keine Witze, pflegt aber eine grobschlächtige, aggressive und ressentimentgeladene Laune, die sich im

---

210 Lieber eine Räterepublik als wie gar keinen andauernden Ärger!
211 Walter Schmidkunz, Auf der Alm … 365 waschechte Schnaderhüpfln, München 1949, 211. – Das Gstanzl entstand vor dem ersten Weltkrieg: *„Der Kaiser hat verlautbart, er benötige Soldaten, da haben die Frauen ihm geantwortet, sie könnten keine Männer entbehren."*

Gefühl der Überlegenheit ihren Spaß auf Kosten von Minderheiten oder Schwächeren macht:

„Wiara zammzupfde Bixlmadam aufm Viktualienmarkt bei der Gmiashandlerin die Ruam befingert und koa End ned hergeht, moant die: »Hat Eahna Mo aa so lang braucht, bis er Eahna gnumma hat!?«"[212]

Wenn schon der Humor der Baiern, vor allem der Bewohner südlich der Donau, ungewöhnlich ist, stellt sich zwangsläufig die Frage, ob bairische Linksradikale[213] überhaupt einen Spaß verstehen. In einer nicht repräsentativen Umfrage im Freundeskreis des Verfassers dieser Zeilen ergab sich schnell die beinahe einhellige Meinung: Nein!

Vermutlich reicht ihre Energie nicht mehr für Humorproduktion aus, da sie mit dem Leid der ganzen Welt belastet alles für die Umstürzung der herrschenden Verhältnisse geben. Aber auch wenn im Zeichen des Umbruchs oder gar des Umsturzes die schlechte Gegenwart abgelöst wird von Zuständen, die Besseres versprechen, wird trotzdem kein Lächeln über die Züge des Linksradikalen huschen.

Ein Interviewpartner relativierte diese These: Soweit es privat sei, könne sich der Linksradikale durchaus ein Lächeln abringen, im Felde der politischen Auseinandersetzung aber sei Humor konterrevolutionär. Ein auch jenseits der weiß-blauen Grenzen bekannter Künstler meinte auf die Frage, ob Linksradikale Humor besäßen: „Selbstverständlich habe ICH Humor." Und eine Kollegin meinte, selbstredend gebe es genug zu lachen. Sie könne sonst gar nicht aushalten, was da alles auf der Welt geschieht.

Das Ergebnis dieser nichtrepräsentativen Umfrage war, dass 95 Prozent der Befragten meinten, Linke seien eher spaßbefreit. Trifft das jetzt auch auf die Linke vor 100 Jahren zu?

---

212 So ähnlich in Weiß-Ferdl, O mei – – – ! München 1949, 113. – *„Als eine schäbig gekleidete Frau, die früher einmal bessere Zeiten gesehen hat, bei der Gemüsehändlerin auf dem Viktualienmarkt die Rüben prüfend anfasst und damit nicht aufhört, sagt diese: »Hat Ihr Mann auch so lange gebraucht, bis er Sie genommen hat!?«" – „Der Witz ermöglicht die Befriedigung eines Triebes (des lüsternen und feindseligen) gegen ein im Wege stehendes Hindernis, er umgeht dieses Hindernis und schöpft somit Lust aus einer durch das Hindernis unzugänglich gewordenen Lustquelle."* Siegmund Freud, Der Witz und seine Beziehung zum Unbewussten. Der Humor. Frankfurt/Main 1992, 159. – Es ist aber auch denkbar, dass seine Analyse jeden Witz ruiniert.

213 Das Wort „radikal" ist hier positiv konnotiert. Erich Mühsam notiert auf einen Zettel: *„Radikalismus. Es ist kein Zufall, dass die stärksten Persönlichkeiten, die in bewegten Zeiten aus der Masse des Volkes heraustreten, immer die Verfechter der radikalen Ansichten sind. Radikal sein bedeutet nämlich nicht, gewalttätig sein, bedeutet nicht, mit blutigem Schrecken widerstrebende Kräfte niederzuzwingen, besagt überhaupt nichts über die Mittel eines Kampfs, sondern bezeichnet nur die Denkweise, die den Kompromiss ablehnt und die Probleme von der Wurzel aus (radix = die Wurzel) zu lösen bestrebt ist. Der radikale Geist ist der Geist der rücksichtslosen Folgerichtigkeit, der Geist, der sich nichts abhandeln lässt, dessen Rede Ja ja! ist oder Nein nein! und was darüber ist, von Übel findet. Alle großen Neuerer waren zu allen Zeiten Radikale, solche, die das Ganze verlangten, die mit Teilzahlungen nicht zufrieden waren."* 206 „Novemberrevolution ...", a.a.O. – Das Wort „radikal" wurde im 19. Jahrhundert bejahend verwendet. Paulskirchenrevolutionäre von 1848 nannten sich selbstbewusst „Radikale". Erst in der Zeit der Restauration, dann verstärkt nach der Niederschlagung der Rätebewegung und spätestens mit der Machtübergabe an die Nazis wird der Begriff im öffentlichen Diskurs negativ aufgeladen.

Der Chronist stellt fest: Die Oberen amüsieren sich über die Unteren. Es ist ein alter Hut, wenn die Stärkeren auf den Schwächeren herumtrampeln und wenn die Mehrheiten sich auf Kosten von Minderheiten nicht zu lassen wissen.

Viel seltener aber wehren sich die Unteren gegen die Oberen mit Witz. Weil sie feststellen: Die Großkopfatn lachen sehr gerne mit, wenn über sie gelacht wird. Die Gwappltn und Gspicktn[214] wissen, solang die Frustrierten ein Ventil haben, mit dem sie sich entlasten, machen sie keine Revolution.[215]

Vielleicht ist das eine Erklärung, warum der Umsturz im November 1918 erfolgreich ist: Die Leute haben einfach nichts mehr zum Lachen. Wer genauer hinhört, erkennt, dass die Verhältnisse überhaupt nicht lustig sind. Einige wenige aber lachen trotzdem.

Um die erdrückenden Zustände besser ertragen zu können, überraschen die Münchner Eingeborenen den Gesprächspartner, indem sie das Gemeinte mit einer ihm entgegengesetzten Wendung so konfrontieren, dass die Widersprüche unerwartet offensichtlich werden. Wenn Sagen und Meinen Identität behaupten, aber nicht übereinstimmen, entsteht die Lüge. Wenn Sagen und Meinen für jeden erkennbar nicht übereinstimmen, ergibt sich ein Witz:

„»Oiso, aus Hoiz bist ned«, sagt da Vorarbeiter zum Ferdl, »Hoiz arbert nämli.« Fragt der Ferdl: »Bist Du aus Hoiz?«"[216]

In den Wochen zwischen dem 7. November 1918 und dem 1. Mai 1919 wird auch gelacht. In den Werken von Erich Mühsam und Oskar Maria Graf finden sich viele amüsante Begebenheiten, vergnügliche Anekdoten und Späße. Die folgenden Zeilen versuchen nun, jenseits der Werke der bekannten Wortkünstler Überreste von Witz und Dollerei in den Monaten der roten bairischen Republik aufzuspüren.

Ungerecht ist es im großen Völkermorden zugegangen. Die einen haben an der Front ihr Leben riskiert, Millionen sind grausam krepiert, die anderen hatten in der Etappe einen guten Lenz: *„»Warum hast jetzt du koan Ordn ned kriagt?« »I bin ned weit gnua vorn gwesen und a ned weit gnua hint.«"*[217]

Der Umsturz vom November 1918 hat an der Versorgungslage nichts verbessert. *„Da Toni moant: „»Mei, i dat so gern wieda amoi a Fleisch essn. Wo is des nua hi kemma?« Da Sepp: »Ko i dia scho song: D Pferdl hams zum Heer eizogn, d Esel warn an der Front, d Schweine warn in der Etappe, d Ochsn in der Regierung und die deppatn Rindviecher ham Kriegsanleihe gezeichnet.«"*[218]

---

214 Im Bairischen umgangssprachlich für „Angehörige der herrschenden Klasse"

215 Bestes Beispiel dafür ist das alljährliche Politiker-Derblecken auf dem Nockherberg. Manfred Ach kommentiert: *„Das so genannte befreiende Lachen hält die Gefängnisordnung aufrecht."* Feuerstuhl 1/2015.

216 Kapfhammer, a.a.O. – *„»Also aus Holz bist du nicht«, sagt der Vorarbeiter zum Ferdinand, »Holz arbeitet nämlich.« Antwortet der Ferdl: »Bist du aus Holz?«"* – Der erste Lacher entsteht, wenn zwei ursprünglich beziehungslose Elemente unerwartet zusammenfinden, der zweite Lacher folgt, wenn die verbundenen Elemente überraschend mit einem Dritten gekoppelt werden.

217 Kapfhammer, a.a.O. – *„»Warum hast du jetzt keinen Orden bekommen?« »Ich bin nicht weit genug vorne gewesen und auch nicht weit genug hinten.«"*

218 So ähnlich bei Weiß Ferdl, Die fröhliche Nase, München 1931, 102 f.

Der Aneinanderreihung in diesem Witz haftet etwas Bemühtes an.. Da wirkt eine treffende Pointe eleganter. Das öffentliche Bild wird von Kriegsinvaliden geprägt: „»*San Sie scho amoi bei mir gwesn«, fragt der Friseur den Kunden. »Na, den Arm hob i scho im Kriag verlorn.«*"[219]

Nachforschungen in den Feldern des Spaßes und der Freude gestalten sich deshalb als schwierig, weil der Augenblickscharakter eines Witzes diesen schnell wieder der Vergänglichkeit ausliefert und weil rare Überlieferungen zumeist mündlich erfolgen. Der erste Urheber bleibt unbekannt. Oft werden sie später aus der Erinnerung rekonstruiert und existieren in mehreren Versionen. Die historische Forschung bewegt sich hier in einem Graubereich, denn die Quellenlage ist dürftig und unübersichtlich.[220]

Eine Episode gibt es gleich in mehreren Variationen: „*Geht im November 1918 Feldwebel Feichtmeyer über den Marienplatz. Er hat nur noch einen Arm, aber er geht recht zackig. Da sitzt auf einer Decke auf dem kaltfeuchten Boden ein Angehöriger seiner ehemaligen Einheit und bettelt. Der Feldwebel geht auf ihn zu, beugt sich herab und sagt: »Na, mein Lieber, so gut gehts Ihnen nicht, was!« Sagt der Bettler nachdenklich: »Wissen S, besser arm dran als Arm ab!«*"[221]

„Wie kann man eigentlich darüber lachen!?" Diese rhetorische Frage weist auf Konventionen hin; Witze über Krieg und Krüppel sind tabu, sind verbotene Zone im Verhaltensmuster der Kulturgemeinschaft. Umso mehr reizen sie dazu auf, das Unaussprechliche zu umgehen und gerade damit deutlich werden zu lassen.

Mit der Urbanisierung strömen seit der zweiten Hälfte des 19. Jahrhunderts immer mehr Menschen in die Städte. In München entsteht mit dem Zuzug von Arbeiterinnen und Arbeitern eine Subkultur, in der Volkssänger und Schauspieler für Unterhaltung sorgen. Der Umsturz vom November 1918 findet seinen Niederschlag auch in Szenen und Liedern auf den Brettln in den Wirtschaften.

Der populäre Weiß Ferdl, ein eher konservativer und zuweilen reaktionärer Komödiant, singt, nachdem er aus dem Militär entlassen wurde, bei seinem ersten Auftreten am 16. November 1918, also eineinhalb Wochen nach dem Umsturz in der Nacht vom 7. auf den 8. November, im *Platzl*. Eine Kapelle mit Zither, Gitarre und Blasinstrumenten begleitet ihn; die Gaudi ist groß:

---

219 Kapfhammer, a.a.O. – „»*Waren Sie schon einmal bei mir«, fragt der Friseur. »Nein, den Arm habe ich schon im Krieg eingebüßt.«*"

220 Witze und Sagen haben etwas gemeinsam. „*Einmal bietet das Volk selbst, in welchem die Sage lebt, die größten Hindernisse der Erforschung, denn es verhält sich dem Gebildeten und Fremden gegenüber scheu und schweigsam in Mittheilung seiner Spinnstubengeheimnisse, aus begründeter Furcht, von den »studierten Herren« des Aberglaubens willen verspottet oder verlacht zu werden. So sagen- und märchenreich die Spinnstube ist: in dem Augenblicke, wo ein Studierter eintritt, verstummt sie.*" Alexander Schöppner, Sagenbuch der Bayerischen Lande. I. Band, München 1852, VI. – Diesen Hinweis verdanke ich Werner Schmidt-Koska.

221 Überliefert von Wolfgang Blaschka. So wie sich der Kunde von der persönlichen Katastrophe distanziert, erleichtert sich der Zuhörer vom ersten Schrecken in Gelächter.

Krrruzitürkenelementn
Gehts auf d'Seit herent und drentn
D Revoluzzer ruckan o',
A rote Fahna tragn's voro.
Herrschaft, mir san Freiheitsbringa!
Wenn ma pfeifn durch die Finga,
Reißt's an Kini von sein Thron,
Er packt ei' und fahrt davon.

Refrain:
Revoluzilazilizilazi hollaradium, ois drah ma um,
Ois kehrn ma um, oiss schmeiß ma um, bum bum! – –

»Revoluzzer!« schreit a Stenz,
»Jetzt geh ma nei in d'Residenz.
D'Hartschier tean grad Brotzeit macha,
Dö wern schaun, wenn's da tuat kracha!«
»Kruzinesn!« schreins voll Zorn,
»Dö haben ja zuag'sperrt hint und vorn.
Was tean ma jetzt, da kannst net nei'?
Nacha schmeiß ma d'Fenster ei'.«

Refrain: Revoluzilazilizilazi usw.

Kruzitürkn, Hermandixn,
Fürchtn tean ma scho gar nixn.
Aber oamoi sa ma g'loffa,
Hamm ma uns gar schnell verschloffa,
»D Preiß'n kemma, 's gibt koan Zweifi!«
So hamm's g'schriean, de dumma Teifi.
Doch als man keinen Preiß'n sah,
War'n mir aa glei wieda da.

Revoluzilazilizilazi usw.

»Runter mit de Königswappn,
Teats was anders auffipappn!«
Schrei'n vor einem Hofliferant
A paar Weiber wutentbrannt.
Oane schreit voll Leidenschaft
»I hab da drinn no nia was kafft,
Ja des derfts ma glaubn ganz gwiß,
Weil ma de Bande z'teier is.«

Revoluzilazilizilazi usw.

Freiheit, Gleichheit herrscht im Lande.
Nehmt's eah' ois, der g'schwollna Bande.
Was net angenagelt is,
Des g'hört uns, des sell is g'wiß!
Dreißg Paar Stiefi hat er g'stoin,
Doch als d'Soldaten wieder holn,
Schimpft er laut: »Jetzt pfeif i schon,
Auf die ganze Revolution!«

Refrain:
Revoluzilazilizilazi hollaradium, ois drah ma um,
Ois kehr ma um, ois schmeiß ma um, bum bum![222]

Im Platzl is zerm und die bsuffanan Wagscheitl ham a rechte Gaudi. Aber es klingen auch die Ängste des Bürgertums an: Die Revolutionäre nehmen weg, was uns gehört. Kommunisten sind Diebe! Das klingt auch in Weiß Ferdls „Bauern-Maskenball" an:

Doch da Hiasl, ja dös war halt doch der allerschlauer,
Hat überall fest g'soff'n, war allweil auf der Lauer,
Er hat an Wastl z'ammg'fress'n seine drei Paar Dicke,
Wias g'fragt hab'n: »Sag, was bist denn du?« Lacht er: »A Bolschewike!«[223]

Die Revolutionäre sind zudem Maulhelden, die reißaus nehmen, wenns wirklich ernst wird. Die Karikatur einer kommunistischen Agitation findet sich in Weiß Ferdls „Fest wie eine Eiche". Zum Protagonisten Eichinger, der im *Hofbräuhaus* sich lautstark über den Bierpreis erregt, setzt sich ein Kommunist, der dies gehört hat:

(Verkleidung: struppige Perücke und Bart, Mütze, Maßkrug.) Musik: So leben wir, so leben wir, so leb'n wir alle Tage. »Ganz meine Meinung, Herr Nachba, jawoi, der Blitz soll nei'schlagn. D' Leut san ja selba schuld. Da schimpfans allweil über d'Franzos'n, mhm, wer ziagt uns denn am allermeisten aus? (schreiend) Buarschoasie! Sonst neambt! – Sehgns, i bin a Kommunist, das sag i Eahna direkt ins G'sicht. I sag, dös, was da is, soll alle Leut mitnanda g'hör'n, net bloß a paar. Sehngs, Herr Nachba, Sie trinken a 's Bier gern wia i, muss iazt dös so teuer sei?? – Dös g'hörat a so g'macht: Wer a Bier will, geht ins Wirtshaus und trinkt, so viel eahm schmeckt, nacha geht er hoam. Geht an Wirt 's Bier aus, telephoniert er an d'Brauerei, schickts ma a Bier eina, geht der Brauerei 's Bier aus, telephoniert's an Bauern: Wir brauchan an Hopfa! – Da Bauer braucht da koa Geld net, da Hopfa wachst doch vo' eahm selba, der kost eahm do nix! Aber mir hätt'n a billig's Bier,

222 Weiß-Ferdl, O mei – – –! a.a.O., 16 ff.
223 Weiß Ferdl, Die fröhliche Nase, a.a.O., 87.

Dividenden gab's freili koa zum verteil'n, aba a billig's Bier hätt' ma – und so is mit allem andern a. Braucht's dös, dass oana fuachz'g Häusa hat und der ander muass im Straß'ngrab'n drinn schlaffa – (schreiend) muß dös sei'? Muass dös sei, dass oana jeden Tag sein Wein- und Sektrausch hat und mir kenna uns koa Halbe Bier leisten, muass dös sei?? Muass dös sei, dass a solchana, wia da Stinnes oana war, hundertaloa G'schäfta hat und i, der so gern arbat'n tat, i bin arbeitslos, muass dös sei?? – Hätt' da Stinnes net hergeh' kinna und zu mir sag'n kinna: Da Genosse, nimm Du dös Kohl'nbergwerk, i g'lang i mit dö andern neunaneunzig G'schäfta a no. – Sehngs, da Stinnes, der is a so g'stellt g'wen, der hätt sich jeden Tag zehn Räusch o'sauffa könna, wenn er mög'n hätt, könna'n mir zwoa dös? – Is das eine Gerechtigkeit? – Pfui Teufi!« (Nimmt Mütze, Perücke und Bart ab, stülpt die Mütze über seinen Maßkrug. Der Vortragende setzt sich auf den Platz von Eichinger, verkleidet sich als solcher und spricht gegen die Mütze gewandt.) Eichinger: »Herr Nachba, da hab'n Sie vollkommen recht. Sehng's, i hab allweil g'moant, Kommunist'n san Bazi, aber wia Sie mir dö G'schicht expleziert hab'n, sag i scho selba, dös war gar net dumm.«[224]

Im weiteren Verlauf der Geschichte stimmt Eichinger auch einem Antisemiten, einem Partikularisten und einem Berliner zu.[225]

Später meint Weiß Ferdl über sein Revolutionslied vom 16. November 1919: *»Das war ein Schlager – und welch seltenes Glück – es hat allen Parteirichtungen gefallen – es hat den Männern mit der roten Binde so gut wie denen mit der weißen Binde gefallen.«*[226]

---

224 A.a.O., 129 ff.

225 Ein Partikularist will, dass Baiern wieder ein unabhängiger, selbständiger Staat wird.

226 Weiß-Ferdl, O mei, A.a.O., 16. – Ferdinand Weißheitinger ist während des Ersten Weltkrieges mit seinen Auftritten in der Truppenbetreuung tätig. *„Weiß Ferdl was closely associated with the counter-revolution in Munich; … the Einwohnerwehr, which recruited heavily from among Worlds War I veterans, gave its members a sense of victory to compensate for their sense of defeat, they had lost the war, but beaten the domestic enemy."* Robert E. Sackett, The Message of Popular Entertainment and the Decline of the Middle-Class in Munich 1900 – 23. Diss. St. Louis, Missouri 1980, 223 f. – Weiß Ferdl dichtet in der Zeit der Regierung Gustav von Kahrs: *„Ja wir sind die Ordnungszelle, / wenn's auch schimpfen hi und da – / manche g'fallt's auf alle Fälle, / sonst wär'n bei uns nicht so viel Preiß'n da."* [Diesen Hinweis verdanke ich Michael Wittmann.] In der Nazizeit feiert Weiß Ferdl im Platzl in erster Linie die Münchner Gemütlichkeit, meint nach 1945, wie sehr er doch gegen die Nazis gewesen sei, und wird von der Spruchkammer als Nazi-Mitläufer eingestuft. Näheres in: Sabine Sünwoldt, Weiß Ferdl, Eine weiß-blaue Karriere, München 1983.

Geschäfts=Aufgabe.

Teile allen meinen werten Bekannten, Freunden und Verwandten höflichst mit, daß ich mein bisheriges Geschäft als

König von Bayern

aufgegeben habe.

Ich hätte mich dabei zu Tode geärgert und bitte ich, das mir bisher **geschenkte** spärliche **Vertrauen** auch auf meine **Nachfolger** übertragen zu wollen.

Hochachtungsvoll!

Ludwig von Leutstetten.

Bitte wenden!

Geſchäfts=Neueröffnung!

Teile allen meinen Bekannten, Freunden und Verwandten höflichſt mit, daß ich nunmehr meine

Gross=Molkerei, Gross=Viehzucht
und
Ackerbau=Wirtschaft

auf meinem ſauer erworbenen Gute Leutſtetten eröffnet habe und perſönlich leiten werde. Was für mich auch viel geſünder iſt.

Ich bitte um zahlreichen Zuſpruch und kann verſichern, daß ich dieſes Geſchäft beſſer verſtehe, als das Regieren!

Hochachtungsvoll!

NB.! Selbstverständlich habe ich sofort in **Berlin** eine große **Filiale** errichtet.	**Ludwig von Leutſtetten** Millibauer, ehemaliger preußiſcher Hoflieferant.

Herausgeber und Verleger: P. Schneider. München, Hirtenstraße 14.

Kurz nach dem Umsturz im November erscheint dieses Blatt. Auf der Vorderansicht bläst der Wind dem auf einer Straße gehenden König Ludwig III. entgegen und nimmt die Königskrone mit; hinter Ludwig geht ein königlicher Diener, der eine letzte Schachtel Zigarren über der Schulter trägt; am Straßenrand ein Wegweiser Richtung Leutstetten; im Hintergrund die Zwiebeltürme der Frauenkirche. Die Rückseite des Blatts zeigt den zufriedenen Ludwig inmitten einer ländlichen Idylle.[227]

Ludwig III.

Der zunächst volkstümliche Prinzregent betreibt als König Ludwig der Dritte in Leutstetten eine Landwirtschaft. Im Volke wird er deshalb auch der „Millibauer" genannt, Königin Marie Therese die „Milliresl" oder die „Topfenresl". Kritisiert wird an ihm während des Krieges, dass er angeblich viele landwirtschaftliche Produkte aus Bayern nach Norddeutschland exportieren lässt, während in den bayrischen Städten die Leute hungern. Und eine der zentralen Aufgaben des Königs ist es, verdiente Mitbürger feierlich mit einem Orden, nämlich dem Ludwigs-Kreuz, zu dekorieren. Ob seiner manchmal ungepflegten Kleidung wird er auch als Ludwig der Vielfältige verspottet.

227 *„20 Pfg. | Geschäfts-Aufgabe. | Teile allen meinen werten Bekannten, Freunden und Verwandten höflichst mit, dass ich mein bisheriges Geschäft als König von Bayern aufgegeben habe. Ich hätte mich dabei zu Tode geärgert und ich bitte, das mir bisher geschenkte spärliche Vertrauen auch auf meine Nachfolger übertragen zu wollen. Hochachtungsvoll! Ludwig von Leutstetten | Bitte wenden!"* Auf der Rückseite steht: *„Geschäfts-Neueröffnung! | Teile allen meinen Bekannten, Freunden und Verwandten höflichst mit, dass ich nunmehr meine Gross-Molkerei, Gross-Viehzucht und Ackerbau-Wirtschaft auf meinem sauer erworbenen Gute Leutstetten eröffnet habe und persönlich leiten werde. Was für mich auch viel gesünder ist. Ich bitte um zahlreichen Zuspruch und kann versichern, dass ich dieses Geschäft besser verstehe als das Regieren! Hochachtungsvoll! Ludwig von Leutstetten, Millibauer, ehemaliger preußischer Hoflieferant | NB. Selbstverständlich habe ich sofort in Berlin eine große Filiale errichtet. | Herausgeber und Verleger: P. Schneider, München, Hirtenstraße 14"*

In der Sammlung der *Monacensia* befindet sich ein großformatiges Blatt, das im Stil der *Münchner Bilderbogen* den Umsturz vom 7./8. November im Dezember 1918 schildert. Der Text stammt von Wilhelm Krämer, einem Schriftsteller, der vor dem Ersten Weltkrieg einen hohen Bekanntheitsgrad hatte. Die Zeichnungen stammen vom Wiener Benno von Trost-Regnard, der als expressionistischer Maler ebenfalls nicht unbekannt war.

Auch die Wache war verschwunden,
S'Schilderhaus allein stand unten;
Deshalb in der höchsten Not,
Die den König jetzt bedroht,
Depeschiert er nach Berlin
Zum "Kollegen Wilhelm" hin:
"Lieber Better, Herr und Kaiser!
Mit den Steinen in die Häuser
Wirst in ihrem grimmen Hasse
Diese blutig rote Masse.
Sei so gut und schicke mir
Ein'ge Tausend Grenadier!"

Seh'n die Münchner erst die Preißen,
Fangen sie gleich an, zu sich — — impfen,
Und Dein tapfres Regiment,
Macht der Revolution ein End!"
Als das Telegramm erlassen
Tat Herr Ludwig sich gleich fassen.
Und der Lakai Maier II
Der kam wiederum herbei,
Führt ihn in ein Kabinet,
Wohin selbst ein König geht. —

Drunten schreiens, — s' is ganz aus:
"Geh'r er jetzt da no nöt raus!" —
Endlich, gut nach einer Stunde,
Von Berlin kam an die Kunde:
"Lieber Ludwig! 's tut mir leid,
Bei mir is gerad so heut!" — —
Da das Letzte nun verjucht:
Wird beschlossen nun die Flucht:
Wohin aber sollt' man gleich?
Doch auch hier kam Maier II
Sofort auf die Grandidee:
"S'allerbest is an an See,
Wo a Insel mittendrin,
Denn da kinna's niemals hin!"

Schleunigst wurde eingepackt,
Alles Nötige eingejackt;
Unterhosen, Bügelfalte,
Der Zylinder auch, der alte,
Ferner noch, des war nicht übel,
Auch zi ei neue Millikübel.
Wetters auch, und des war klug,
Zum Hausgebrauch a Zentrifug!

Dann zum Schwur noch — oh mir graust —
Hebt er seine Männerfaust:
"Daß i muaß von München furt,
Schuld is nur — der Eisner Kurt!"
Und so geht's in aller Stille
Fort in dem Automobile.
Alle Aug'nblick is was los:
"Maier, schnell a andre Hos'!" —

Endlich kam bei Salzburg man
Auf der Insel Anif an
Dortselbst hat er abgedankt,
Hat dann zum Zylinder g'langt,
Fuhr zurück auch nach Leutstetten,
Zu den Diecherln, zu den fetten,
Widmet sich mit aller Kraft,
Ganz nun seiner Landwirtschaft!
Sitzt er dann beim Millikübel,
Seufzt er:
"Das is a nöt übel"
— Und sein Auge, es wird weich,
Denkt er an sein Königreich:
"Mit'r a Kuah hast nöt dös G'frett,
Die wenn'st melk'st, die stößt halt nöt!"

Die Revolutionsnacht vor der Residenz

Ludwig saß beim Abendmahle
G'rad in seinem Ahnensaale
Und verzehrte seinen Käs!
»Herrgott! Is da dös a G'fräß,
– seufzte Ludwig – und dös Brot
Is der reinste Wanzentod!«

Plötzlich hörte er verworren
– Lauter kam es an die Ohren –
Dass da draußen auf der Straß'
Ganz gewaltig rührt sich was.
Dann auch hört man Leute schreien,
Pfeifen, Blasen auf Schalmeien,
Hörte immer »Ludwig« rufen
Und auch »Lucki« tönts in Stufen,
Ärger wird das Sturmgebraus:
»Aussi muass er, – er muass raus!« –

Ludwig hat sich drauf gedacht:
»Das ist schön, dass auch bei Nacht
Meine vielgetreuen Bayern
Mich mit einem Ständchen feiern!«
Griff darauf in einen Pack,
Nahm daraus an großen Sack

Voller neuer Ludwigs-Kreuze,
Die drin lagen in der Beize,
Wollte naus auf den Balkon,
(Eine Hand voll hat er schon)
Und sodann zur Türe naus;
Drunten schreiens: »Er muss raus!«
Mitten in dem Mordsgeschrei
Kam der Lakai Maier II.
Ruft, in dem Gesicht das Grauen:
»Tean's ma ja net abischauen,
Denn das Volk, dös brüllt ja schon:
Hoch die Revolution!« – –

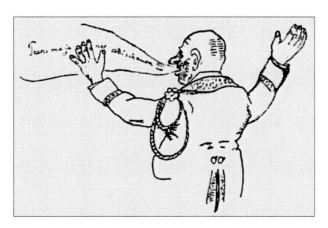

Ludwig aber lächelnd grinst:
»Maier«, sagt er, »geh, Du spinnst!
I gib her die Ludwigskreuz', – –
Werst da's seg'n, – an Jed'n freut's!«

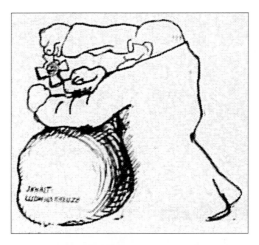

Drunten aber schrein's, oh' Graus,
Allwei' noch: »Jetzt muass er raus!«
Wieder sprach der Maier II:
»Majestät! Jetzt gengas glei!
Aus is, gar is, hörn's ös pfeifen,
Dös muass do a jed's begreifen.
Jetztda schreia's alle schon:
Hoch die Revolution!«

Da wird Ludwig ernstlich böse
(– Wer wär's nicht bei dem Getöse? –)
Und er ruft die Polizei!
– – Aber die war auch dabei!!!

Auch die Wache war verschwunden,
S' Schilderhaus allein stand unten;
Deshalb in der höchsten Not,
Die den König jetzt bedroht,
Depeschiert er nach Berlin
Zum »Kollegen Wilhelm« hin:
»Lieber Vetter, Herr und Kaiser!
Mit den Steinen in die Häuser
Wirft in ihrem grimmen Hasse
Diese blutig rote Masse.
Sei so gut und schicke mir
Ein'ge Tausend Grenadier!

Seh'n die Münchner erst die Preißen,
Fangen sie gleich an, zu sch — — impfen.
Und Dein tapfres Regiment,
Macht der Revolution ein End!«
Als das Telegramm erlassen
Tat Herr Ludwig sich gleich fassen.
Und der Lakai Maier II
Der kam wiederum herbei,
Führt ihn in ein Kabinett,
Wohin selbst ein König geht. —

Drunten schreiens, – s' is ganz aus.
»Geht er jetztda no nöt raus!« –
Endlich, gut nach einer Stunde
Von Berlin kam an die Kunde:
»Lieber Ludwig! 's tut mir leid, –
Bei mir is gerad so heut!« – –
Da das Letzte nun versucht,
Wird beschlossen nun die Flucht:
Wohin aber sollt' man glei?
Doch auch hier kam Maier II
Sofort auf die Grandidee:
»S' allerbest is an an See,
Wo a Insel mittendrin,
Denn da kinna's niemals hin!«

Schleunigst wurde eingepackt,
Alles Nötige eingesackt:
Unterhosen, Bügelfalte,
Der Zylinder auch, der alte,

Ferner noch, des wer nicht übel,
Auch zwei neue Millikübel.
Weiters auch, und das war klug,
Zum Hausgebrauch a Zentrifug!

Dann zum Schwur noch – oh mir graust –
Hebt er seine Männerfaust:
»Dass i muass von München furt,
Schuld ist nur – der Eisner Kurt!« –
Und so geht's in aller Stille
Fort in dem Automobile.
Alle Aug'nblick is was los:
»Maier, schnell a andre Hos!«

Endlich kam bei Salzburg man
Auf der Insel Anif an!
Dortselbst hat er abgedankt,
Hat dann zum Zylinder g'langt,
Fuhr zurück auch nach Leutstetten,
Zu den Viecherln, zu den fetten,
Widmet sich mit aller Kraft,
Ganz nun seiner Landwirtschaft!
Sitzt er dann beim Millikübel,
seufzt er:
»Das is a nöt übel.«

– Und sein Auge, es wird weich,
Denkt er an sein Königreich:
»Mit r'a Kuah' hast nöt dös G'frett,
Die wenn'st melk'st, die stößt halt net!«[228]

Kinder, auf bairisch „Schratzn", werden in den revolutionären Wochen mit immer neuen aufregenden Ereignissen konfrontiert. Wenn sie spielen, vergessen sie ihren Hunger: *„S kloa Liserl springt zua Wohnung eina und ruft begeistert; »O mei, Muatta, heit is was Schöns in da Zeidung gwesn – a Wurschtsemmi!«*[229]

Manche Kinder aber verlieren ihre Begeisterung für die Revolution: *„Kinderspiele – Der kleine Xaverl heult die Stiege herauf: »Rote Garde ham mir g'spuit – huh – und nachher is der Maxe kemma – huhu – und hat g'sagt, er is da zum Beschlagnehma – huhuhu – und i hab' an Burschoa macha' müass'n – huhuhu – und nachher hat er mir mei Marmeladbrot g'fressn ...«*[230]

Kinder beachten aus Unkenntnis oder Unvermögen nicht, was den Erwachsenen angeblich klar ist. Sie umgehen die Hemmungsschranken der Großen und sprechen die Widersprüche direkt an. Als Handelnde sind sie Mittel zum Zweck: „Kindermund tut Wahrheit kund."

Sie sind aber auch leicht zu beeinflussen. Am 19. Januar finden die Wahlen zur Verfassunggebenden Nationalversammlung statt. Ein Flugblatt im Stil der Münchner Bilderbogen zeigt seine Sympathien für die MSPD, in dem es alle politischen Mitbewerber karikiert. Kinder sind nur bei der *Bayerischen Volkspartei* und beim *Spartakusbund*, beide nicht ernst zunehmende, „kindische" Konkurrenten, zu sehen. Letztere ist auch mit Handgranaten, Bomben und einer Kanone ausgerüstet.

---

228 ... »Mit einer Kuh hast du nicht solche Probleme, wenn du sie melkst, schlägt sie nicht aus.« –
 Die drei „Ls" verweisen auf Ludwig III.
229 Kapfhammer, a.a.O. – Erst wird konzentrierte Aufmerksamkeit geweckt, dann führt die Diskrepanz zwischen gespannter Erwartung und Ergebnis auf kurzem Weg zur Pointe, die in eine unvermutete Richtung umschlägt und damit einen neuen gedanklichen Zusammenhang herstellt.
230 Julius Kreis, Der umgestürzte Huber, München 1935, 90.

Preis 20 Pfg.

Bilder von Scata

Text von Fritz de Crignis

Die Nationalwahl.

Wen wähle ich?

Wer die Wahl hat
Hat die Qual.
Dieser Satz gilt überall.
Schwer an einem solchen Tage
Überlegt man sich die Frage:
Wen? Weshalb? Wieso? Wohin?
Dieses ist nicht einerlei.

Jeder aus dem Volke kennt,
Jene, die man „Altdeutsch" nennt.
In dem Munde das Vaterland
Und den Beutel in der Hand,

Kämpfen sie für deutsche Sitt',
In dem Herzen den Profit,
Nennen Patrioten sich,
Doch das ist nur äußerlich!

Hier marschiert das Centrum auf
Kennend grün den Schicksalslauf,
Pfaffen, welche freit und runlich,
Hütet, als ob dem Volk gefunklich.
„Die Religion ist im Gefahr!"
Denn bis übern nächste Jahr, —

Hier naht auch der der hohe Rat,
Welcher ohne Furcht und Tadel
Nach wie vor bereit zum Streite,
Daß ihm Große nicht die Pleite.
Ehrenmannfrau'n neben jetzt.

Ganz im Sinne Gottes handelt,
So die Republik verwandelt
Wird zurück in Monarchie,
Daß den Pfaffen neu erblüh'
Der Profit und auch die Macht.

Hier sieht man den Ludwig kommen,
Den Eroberer, den Frommen!
Den man auf Gefahür erblickt,
Darin man die Milch verschütt',

Hier die deutsche Volkspartei!
Diese war ein hartes Ei.
Nämlich, weil der rechte Flügel,
hängt dem Centrum noch am Bügel,
Während man nach links hinüber
Schwärmt für die Freiheit lieber,

Hier die Bürger-Sozialisten,
Nach oben etwas Sozi-Mützen,
Unten Anhang von Gründer,
Doch der Zahl nach noch recht mieder.

Wuchtig und breit zur Tat
Naht das Proletariat.
Machtbewußt und klassenstolz,
Männer aus dem rechten Holz,

Welche wissen, was sie wollen
Können, dürfen oder sollen.
Diese Leute muß man loben,
Doch — die Spaltung kommt von oben!

Schließlich wird man die erkennen,
Die sich „Unabhängig" nennen,
Im Grunde ist das ja betrüblich,
Was da bei den Sozi üblich.
Denn ich meine ganz entschieden,
Daß die Sozi noch bieneden

Sollten friedlich sein und einig;
Denn das gibt die Macht alleinig;
Eine Front nur: Eiser—Auer
Schiene mir gewiß viel schlauer,
Statt zu dienen so zum Lohn,
Dem Geschmeiß der Reaktion!

Bolschewisten — Anarchisten
Kommunisten — andert „—isten"
Ihr Beamten nicht belauden
Doch dafür mit Handgranaten.

Denn, willst Du nicht Genosse sein
„Hau' ich Dir den Schädel ein!"
„Dem Parlament den Kampf auf's Messer!
„Enteignen" läßt sich so viel besser!"

Unser Spießer steht zum Schluß
Grantig da und voll Verdruß,
überleget sich die Frage,
Wen er wähle an dem Tage.
„Wann gibt's wieder weiße Wurst?
Wann Salvator für den Durst?
Wann die Herr'n von dem Schwabing,
Reserviert für mich allein?
Oktoberfest und Karneval?
Wer kann das versprechen All'?
Wer das Alles macht zur Tat,
Ist und bleibt mein Kandidat!"

Bestellungen an den Verlag.

Verantwortlicher Redakteur:
A. Manzel, München.

Verlag: „Die Ecke", J. Krippner, München, Baderstraße 11.

Die werktäglichen Sorgen und Mühen haben die Erwachsenen nur selten daran gehindert, ihren Lustbarkeiten nachzugehen. Der Umsturz vom November 1918 bringt nun den 8-Stunden-Tag, das Koalitions- und Versammlungsrecht und weitere einschneidende Veränderungen in der Arbeitswelt. Die Gesindeordnung ist abgeschafft. Arbeiterinnen und Arbeiter gewinnen freie Zeit und damit Selbstbewusstsein, ihr Lachen bekommt einen gefährlichen Unterton, Arbeit„geber" sind verunsichert. Ob die Revolution die Arbeitsfron im Kapitalismus beendet? *„Wia da Alisi beim Maffä um Arbat nachfragt, sagt der Pförtner, dass der Maffä überhaupts koa Arbat ned hät. Da moant da Alisi, des störert ean ned."*[231]

Empörung wird laut: Solange wir, das Bürgertum, die Finger drauf hatten, hatte dieses ungewaschene und ungebildete Pack zu arbeiten. Jetzt kann dieses Gesindel sich alles erlauben, faulenzt, stellt unverschämte Forderungen und leistet trotzdem nichts.

Des Bürgers Alpdrücken.

Thomas Theodor Heine im *Simplicissimus* 13 vom 15. April 1919, 34.

Seit Jahrhunderten kompensieren Untertanen ihre Bedrängnisse, indem sie über die Oberen und ihre Obrigkeit ihren Spott ausschütten. Die Ausrufung der Räterepublik hat den Umgang mit der Staatsgewalt a bißerl einfacher gemacht. Fabrikanten sind neuerdings gegenüber ihren Belegschaften außerordentlich zuvorkommend, Polizeibeamte drücken mehrere Augen zu, wenn es auf den Straßen zu Aufläufen kommt, die den Verkehr beeinträchtigen. Von wem die folgende kleine Szene stammt, ist nicht mehr zu eruieren.

„Da Michi und da Beppi kemman ausm Franziskaner. Es is März 1919. Sie ham no olle Noagal gschleckt und jetzt is Sperrstund. Da Beppi dat jetzt hoamgeh. Da meint da Michi: »Kumm, oida Bazi, bleib no a wengerl, weil wennst jetzt nüchtern hoamkummst, beißt di da Hund, weil er

---

231 Kapfhammer, a.a.O. – *„Als der Alois bei der Firma Maffei um Arbeit nachfragt, sagt der Pförtner, dass der Maffei überhaupt keine Arbeit habe. Darauf antwortet der Alois, dass ihn das nicht weiter stören würde."*

di ned kennt. Jetzt schau ma no, ob wer wo offen hat.« Da Beppi is d'accord. Beide bisln an die Fassade vom Franziskaner, da kommt a Schandi um die Eckn. »Ja, wos is denn des, Ihr greislign Saubärn, habts wos drunga?« Da Michi wird trotzig: »I, i, i frog Eana ja a ned, obs, obs, obs was gessn ham!« Der Polizist wird amtlich: »Des is hier koa Klohäusl ned!« Da Beppi widerspricht: »Aba da ghörert oans her!« Der Schandarm wird ärgerlich: »Schaugts, dassd hoamgehts!« Da stottert da Michi: »Sie, Hea, Hea Kommissär, Sie … mia, mia, mia lem jetzt in a Rätere … republik, da mias ma jetzt ned hoam.« Da Schandi stemmt die Arme in die Seite: »Schluss is jetzt, d Leid woin a Ruah, schleichts Eich!« Da Michi protestiert: »Da, da Mühsam hat gsagt, Un …, Un …, Unruhe ist die erste Bürgerpflicht.« Da Schandi faucht den Michi an: »Wannst jetzt ned hoamgehst, nimm i Di mit!« Da Michi überlegt: »Wann i bbbbbleib, nimmst mi mit. Da geh i ja mit dddddir! – Da bleib i doch liaba.« Und da Beppi plärrt: »In da Räterepublik hoamgeh, ja wo gibts denn des!«»[232]*

Diese Geschichte holt weit aus, wartet gleich mit mehreren mehr oder weniger gelungenen Gedankenvolten, irrt auch in Details ab und endet schließlich eher enttäuschend in einem leicht zu erwartenden Schnörkel. Michi und Beppi, diese Einfaltspinsel voll durchtriebener Schlauheit, sind frech und werden zum End hin richtig störrisch.

Diese Räterepublik ist eine ganz eine unsichere Zeit. Da stimmt vieles nicht mehr, wie es vorher gestimmt hat. Das mit der Autorität, das ist so eine Sache!

„Anfang April 1919 geht der etwas gwamperte Schutzmann Hirndobler nach Mitternacht über den Sendlingertorplatz. Da sieht er eine verdächtige Gestalt, geht näher, das verdächtige Mannsbuid wendet sich ab und läuft in die Sonnenstraße, der Schutzmann hinterher. Er verfolgt den Verdächtigen bis zum Lenbachplatz und setzt sich dann außer Atem auf den Beckenrand des Brunnens. Auch der Verdächtige ist stehen geblieben, um zu verschaufen. Nach etwa 5 Minuten ruft er höflich zum Schandarm rüber: »Wos is, Herr Wachtmeister, pack mas wieder?«"[233]

Gab es vor dem Umsturz Witze über die Herrschenden, wird jetzt auch das Führungspersonal der MSPD zum Objekt einer kritischen Betrachtung. An allen Straßenecken plakatiert die MSPD, dass der Sozialismus „marschiere". In der Arbeiterklasse überwiegt die Skepsis: *„D Obamoarin dischkriert mit da Huabarin. D Obamoarin moant, jetzt*

---

232 Kapfhammer, a.a.O. – *„Michael und Josef verlassen im April 1919 die Gaststätte Franziskaner. Sie haben alle Überreste aus den Biergläsern getrunken; jetzt ist Sperrstunde. Josef würde heimgehen, da sagt Michael: »Komm, lieber Freund, bleib noch ein bisschen, wenn du nämlich jetzt nüchtern nach Hause kommst, beißt dich der Hund, weil er dich nicht erkennt. Jetzt schauen wir noch, ob irgendwo eine Gaststätte offen hat.« Josef ist einverstanden. Beide urinieren an die Fassade des Franziskaner, da kommt ein Polizist um die Ecke. »Ja, das ist ja allerhand, Ihr widerlichen Schweinigel, habt ihr etwas getrunken?« Michael widerspricht: »Ich, ich frage Sie ja auch nicht, ob, ob, ob Sie etwas gegessen haben!« Der Polizist wird amtlich: »Das ist hier keine Toilette!« Josef widerspricht: »Aber da sollte eine sein!« Der Polizist wird ärgerlich: »Jetzt macht, dass ihr nach Hause kommt!« Michael stottert: »Sie, Herr, Herr Kommissär, Sie … wir leben jetzt in einer Rätere … republik, da müssen wir nicht nach Hause gehen.« Der Polizist stemmt die Arme in die Seite: »Jetzt ist es genug, die Leute wollen ihre Nachtruhe haben, verschwindet!« Michael protestiert: »Der, der Mühsam hat gesagt, Un …, Un …, Unruhe ist die erste Bürgerpflicht.« Der Polizist faucht Michael an: »Wenn du jetzt nicht nach Hause gehst, nehme ich Dich mit!« Michael überlegt: »Wenn ich hier bbbbbleibe, dann nimmst du mich mit. Dann gehe ich ja mit dddddir. – Da bleibe ich doch lieber hier.« Da plärrt der Josef: »Es ist unmöglich, in der Räterepublik heimzugehen!«"*
233 So ähnlich in: Joseph Maria Lutz, Bayrisch. Was nicht im Wörterbuch steht, München 1950/2, 66.

hätts an Sozialismus. Da sagt d Huabarin: »Schaug, s is ned ois wahr, was die Sozi liang.«[234]
Eine doppelte Verneinung gilt den Hiesigen nicht als Bejahung, sondern als forcierte
Verneinung.

Der bairische MSPD-Vorsitzende Erhard ist in der Stadt bekannt wie ein bunter Hund,
ein Politiker, der viele Fäden zieht, der seine Auftritte barock inszeniert und glänzend
redet:

*„Auer spricht im Mathäser über die neue Zeit, die jetzt angebrochen sei. Da stößt da Lucki
den Kare an und fragt »Kennst an Unterschied zwischen am Radio, am Kino und am Sozialismus?« »Na«, meint da Kare. Darauf da Lucki: »Am Radio hörst was und sigst nix, im Kino
sigst was und hörst nix und vom Sozialismus hörst und sigst nix.«*[235]

Oft schildert der Erzähler schmunzelnd einen scheinbar ungebildeten, naiven oder
schwerhörigen Arbeiter, der, ohne es zu wollen, eine Wahrheit ausspricht. Dem Vorur-
teil, das den Kommunisten begegnet, antwortet sein Urteil über die kleine Herrscher-
schicht in seiner Gemeinde.

*„Da Dore kimmt von Unterhaching. Er schaugt um Arbeit beim Metzeler im Westend. Da
Personalchef fragt: »Bist a Kommunist?« Da Dore schaugt ean mit große Augn o. – – »Woaßt
ned, was a Kommunist is? Des is oana, der recht gscheid daher redt und nix arbat. Hams bei dir
dahoam Kommunistn?« – – Da Dore überlegt: »Ja scho, – drei hamma.« »Ja und wer is des?«
»Da Burgermoasta, da Pfarrer und da Schandarm.«*[236]

Ursprünglich war der Münchner *Simplicissimus* antiklerikal, aufgeklärt, legte sich mit
der Obrigkeit an. Das Blatt verlor seine obrigkeitskritische Grundhaltung beim Beginn
des Weltkrieges im August 1914. Während des Ersten Weltkriegs trieb es kriegsbegeis-
terte Propaganda und änderte seine Haltung mit dem Umsturz vom November 1918
nur unwesentlich.

Nach dem Umsturz sind die alten einflussreichen und tonangebenden Kräfte wie
vom Erdboden verschluckt. Das Vakuum füllen die Repräsentanten der jungen Republik, die in ihrer neuen Rolle versuchen, anders aufzutreten als ihre selbstgerechten, ar-
rogant aufgeblasenen Vorgänger. Indem ihnen jetzt Herrscherattitüden unterstellt werden, wird ihnen zugleich die Fähigkeit zum Herrschen abgesprochen.

---

234 Kapfhammer, a.a.O. – *„Frau Obermeier diskutiert mit der Frau Huber. Frau Obermeier meint,
dass jetzt der Sozialismus da sei. Da antwortet Frau Huber: »Nicht alles ist wahr, was die
Sozialdemokraten lügen.«"*
235 Ähnlich bei Weiß Ferdl, Die fröhliche Nase, a.a.O., 98 f. – Noch gibt es nur den Stummfilm.
236 So ähnlich bei a.a.O., 77 f. – *„Der Isidor stammt aus Huglfing. Er sucht Arbeit beim Metzeler im
Westend. Der Personalchef fragt ihn: »Bist du ein Kommunist?« Der Isidor sieht ihn fragend an.
»Weißt du nicht, was ein Kommunist ist? Das ist einer, der die Arbeit verweigert. Gibts bei dir zu
Hause Kommunisten?« Isidor denkt nach: »Natürlich, drei haben wir.« »Und wer sind diese?«
»Der Bürgermeister, der Pfarrer und der Polizist.«"* – Solch ein Witz entsteht im Kreise Gleich-
gesinnter, die sofort die Pointe der vergnüglichen Episode kapieren. Der Held der Geschichte hält
in der Tradition des mittelalterlichen Narren den Herrschenden den Spiegel vor.

*Kurt Eisner I. »Mein Vorgänger Ludwig I. hat München zur schönsten Stadt Deutschlands gemacht.
Ich mache es zur freiesten!« – Simplicissimus 36 vom 3. Dezember 1918, 449.*

Die Karikaturen und Witze des *Simplicissimus* gehen in den meisten Fällen auf Kosten
der USPD und der Räterepublikaner. In der Karikatur von Olaf Gulbransson reitet Kurt
Eisner, dieses Zwetschgenmanderl, auf dem bairischen Löwen und maßt sich an, König
Ludwig I. ebenbürtig zu sein.. Mit den heutigen Augen gesehen ist diese Karikatur
harmlos. Damals, im Dezember 1918, wirkte sie vernichtend.

Am 8. Dezember erscheint die *Rote Hand*. Der Münchner Polizeipräsident verbietet das Weitererscheinen des antirevolutionären, antisemitischen Witzblatts. Eisner spricht sich gegen Verbote aus, die Empörung führender Räterevolutionäre überstimmt ihn. Er steht vor einem Dilemma.

Daraufhin heißt es im *Berliner Tageblatt*: *„Kurt Eisner. Sie verbieten in München Witzblätter? Sieh, sieh mal an! Wissen Sie noch, wie wir damals, als wir jung und schön waren, gegen die lächerlichen Verbote und Konfiskationen wetterten? Aber es ist ein Unterschied, ob man selbst regiert oder sich regieren lässt, und ob man selbst verspottet oder sich verspotten lassen muss. Das Münchener Witzblatt ,Die rote Hand' habe die Revolution lächerlich gemacht! Das besorgt mancher Revolutionär leider Gottes oft genug selber."*

Auf der gleichen Seite, auf der die *Rote Hand* das *Berliner Tageblatt* zitiert, schreibt sie: *„Umgetauft. Die Deutsche Volkspartei hat, wie wir hören, auf Verlangen eines großen Teils ihrer Wähler den bisherigen Namen geändert. Sie wird von nun ab firmieren: ,Deutsch-Jüdische Volkspartei auf Gegenseitigkeit' Es ist nur ganz selbstverständlich, dass unsere jüdischen Mitbürger das Eigentumsrecht an den Erfolgen der erwähnten Partei sich vorbehalten wollen."*[237]

Wer die wahre Obrigkeit repräsentiert, macht ein räterepublikanischer Spaß deutlich: *„Erhard Auer meint vor dem Beginn einer Ministerratssitzung zu Eisner: »Über Sie sind ja viele Witze in Umlauf!« Da antwortet Eisner, »einige sind sehr gut und ich sammle sie alle. Über Sie, Genosse Auer, werden aber auch Witze gemacht.« Auer: »Na klar, und ich sammle alle die, die Witze über mich erzählen.«"*[238]

Rätesympathisanten bezeichnen begeisterte Anhänger des bairischen SPD-Vorsitzenden gerne als *„Auerochsen".*[239] Der Volksbeauftragte für Finanzen der ersten Räterepublik, Silvio Gesell, nennt die unter dem Oberbefehl Gustav Noskes heranmarschierenden Weißen Truppen *„Noskitos".* Er erinnert damit an die Schwärme von Blutsaugern im Regenwald Lateinamerikas, die Denguefieber, Gelbfieber, Chicungunyafieber und Malaria übertragen.[240]

Linke Minderheiten charakterisieren mit Ironie Eigenschaften von Mehrheiten, rechte, vermeintliche oder reale Mehrheiten kommen ohne Ironie aus. Sie gehen auf Individuen der Minderheit los und beschimpfen sie, indem sie ihnen pathologische Attribute anhängen.

Witze über Räterepublikaner, die nicht diffamieren, stammen in erster Linie von ihnen selbst: *„Auflauf in der Sendlinger Straße. »Tschuidigns, Herr Nachbar, wer spricht da vorn?« »I moan, es is a Anarchist.« »Warum glams des?« »Weil er ganz vernünfti redt.«"*[241]

---

237 *Berliner Tageblatt* 51/1918, zitiert in *Rote Hand* 2 vom Januar 1919, 2. – Im Dezember 1918 entsteht die *Deutsche Volkspartei* als Umgründung der bisherigen *Nationalliberalen Partei*.
238 Kapfhammer, a.a.O.
239 Mühsam, Von Eisner bis Leviné, a.a.O., 36.
240 Pol.Dir. 10057, Silvio Gesell, StAM. – Gesell hielt sich vor dem Ersten Weltkrieg jahrelang in Lateinamerika auf.
241 Kapfhammer, a.a.O. – *„Auflauf in der Sendlinger Straße. »Entschuldigung, Herr Nachbar, wer spricht da vorne?« »Ich vermute, es ist ein Anarchist.« »Warum glauben Sie das?« »Weil er ganz vernünftig redet.«"* – Hier treffen verschiedenartige, scheinbar nicht zusammenpassende Eigenschaften aufeinander, die von der üblichen Vorstellungswelt abweichen.

Gegen den Willen Kurt Eisners werben schon wenige Wochen nach dem Umsturz mehrheitssozialdemokratische Minister seines Kabinett für den Aufbau einer gegenrevolutionären „Bürgerwehr". „»Da muas a rechts Sauwetter drausd sei«, sagt da Sigi, wie die Bürgerwehrler in die Wirtsstubn eini kemman, »weils an Dreck a so einaschwoabt«."[242]

Zwischen den Fraktionen der Linken herrscht Uneinigkeit. Auch innerhalb der Fraktionen. Ein erheblicher Anteil der Mitglieder der MSPD befürwortet eine Räterepublik, führende Kommunisten sprechen sich dagegen aus.

Die Konflikte werden nicht nur verbal ausgetragen: „»Politisiert hams, da Xare und da Tone: Obs des gibt, a so a Völkerverbrüderung?« »Auweh, da san die richtinga zwoa zammkemma. Wia is nachad ausganga?« »Übermorgn is d Leich.«"[243]

An Grundsatzfragen scheiden sich die Geister: „»Sog amoi, Gustl, warum hast jetzt an Willy a so hergfotzt, dass a gar nix mehr sicht aus seim Verband?« »„Weil a gsagt hat, der unghoblte Lackl, dass ma die Kapitalistn enteignen muass. Und da hob i eam oane duscht und gmoant, des gangat nur mit friedlichen Mitteln.«"[244]

Der Witz umgeht in spielerischer Weise ein Tabuthema und eröffnet einen Diskurs, zumindest einen inneren Monolog, indem er ein linkes Handlungsverbot mithilfe eines imaginierten Verstoßes gegen die räterepublikanischen Konventionen in Frage stellt.

Die eigentlichen Gegner der Linken sind aber die Gegenrevolutionäre:

„Aus einer Versammlung der Unabhängigen Sozialdemokraten wankt ein Mann mit einem blutigen Kopfverband. Fragt ihn ein Passant: »Kemmas jetzt grad aus der Kundgebung von de Unabhängigen?« »Ja«, antwortet der. »Drum!«, meint der Passant zufrieden: »Drum!«"

Die Logik funktioniert nicht so recht und der eine braucht halt etwas länger als der andere, bis ers kapiert.

„Ein Kommunist und ein Völkischer prügeln sich auf der Straße. Da hält der Kommunist kurz inne und fragt: »Kennst jetzt Du an Blechinger Simmerl?« »Naa«, schüttelt der Befragte den Kopf. »Na, dann lernst jetzt kenna«, brüllt der Kommunist und haut zu."[245]

---

242 Kapfhammer, a.a.O. – „Wie die Leute von der Bürgerwehr in die Gaststätte eintreten, sagt der Siegfried: »Da muss draußen ein rechtes Sauwetter sein, weil es den Schmutz so hereindrückt.«"
243 Ähnlich bei Weiß Ferdl, Es wird besser! München 1941, 82. – „»Anton und Xaver haben über die politische Frage gestritten, ob eine Völkerverbrüderung möglich ist. Dann haben sie sich geprügelt.« »Ohweh, da haben sich ja zwei gefunden. Wie ist es denn ausgegangen?" »Übermorgen ist die Beerdigung.«" – Wenn sich Emotionen abrupt widersprechen, bleibt eine ambivalenter Eindruck.
244 Ähnlich bei Kreis, a.a.O., 89. – „»Sag mal, Gustav, warum hast du jetzt den Wilhelm so verprügelt, dass er aus seinem Verband gar nicht mehr herausschauen kann?« »Weil der grobe Klotz gesagt hat, man müsse jetzt die Kapitalisten enteignen. Da habe ich ihm eine geschmiert und gesagt, das ginge nur mit friedlichen Mitteln.«"
245 Beide Witze hat Richy Meyer überliefert.

1. Die Räterepublik

München hat a närrisch Glück
Hoch! die Räterepublik.
Seit dem siebenten April
Stehen alle Räder still.
Alles legt die Händ' in Schoß.
Alles streikt, der Sturm bricht los.
Nichts wird g'arbet Tag und Nacht.
Aber zahl'n, daß all's kracht.

Wenn's a wo so stark rebell'n,
Müssen alle Raubersg'sell'n,
Die das Volk nur angelogen,
Und erbarmungslos ausgsogen,
Die vom Handwerk und die dicken
Feisten Protzen von Fabriken,
Kommerzienräte feist und rund
Solcher Aderlaß ist g'sund.

Ja dös ist a schöne Zeit,
Wenn der Kuckuck Kuckuck schreit
Und für's Nichtstun die Maulossen
Besser zahlt werd'n ois für's Schaffen.
Jeder schreit: Hamm mir a Glück
Hoch die Räterepublik!
Freilich wenn da einer meint,
Es sei eine Kleinigkeit.

Von spät abends bis früh morgen
Für ein hungrig Volk zu sorgen,
Täuscht sich so ein Rindvieh sehr,
Klug regier'n ist sakrisch schwer.
Und weil München noch nicht blühn,
Ruft man schleunigst die Leoten,
Toller, Egelhofer, Russen,
Die mit Kunst und großem Wissen

In kaum 23 Tagen
München sie umdreh'n den Kragen.
Dazu als Finanzenkenner
Den Gesell und drauf den Männer,
Der in Dachau Scheine macht,
Daß uns s'Herz im Leibe lacht.
Fleißig sind die Herrn Beamten,
Subalternen, gottverdammten.

Dampfen Pfeif' und auch Zigarren,
Trinken, saufen wie die Narren
Wein und Sekt und wie ich höre
Bis zum Brechen auch Liköre,
Mit den Weibern, die beim Schreiben
Der Gardisten d'Zeit vertreiben
Sitzend, ja das wirkt famos!
Rittlings auf des Mannsbilds Schoß.

Täglich wird mit Autokarren
Zur Erholung ausgefahren,
Weil sich dies am meisten lohnt
Zur Belustigung der Front,
Wenn das Leben ist dort aller
Unter Feldmarschall Ernst Toller,
Dessen Sinnen, Dichten, Trachten
Nur gerichtet ist auf 's Schlachten.

Doch Verstand, Geist und Genie
Versagen selten oder nie.
Fehlt's den Räten auch am Draht,
Männer's Scharfsinn schafft doch Rat.
Gar ist's mit dem Geldverputzen
Täglich gibt's nur hundert Stutzen
An der Bank, mehr kriegst du nicht
Mach' kein solches Schafsgesicht.

Hat der Staat kein Pulver mehr
Gibt der Bürger seines her,
Das in Tresen und sichern Kassen
Wohlverwahrt er hat gelassen.
Geld muß her, zum Teufel holen,
Nehmen ist noch nicht gestohlen
Und es darf dich nicht vergrämen
Wenn sie dein Erspartes nehmen.

Doch die Reichen sind gemein!
Stichst zu in den Geldschrank ein.
Ist er, wer hätt' so was g'glaubt,
Ausgeleert und ausgeraubt.
Aber einen starken Willen
Glückt es Leeres aufzufüllen.
Wo nichts ist, schafft man es hin,
Ist des Lebens klarer Sinn.

Und bald sieht man viele Kranken
Abends zu den Kassen wanken,
Abzuliefern gegen Schein,
Was sie nahmen täglich ein.
Ja, um noch mehr einzusparen
Darf die Trambahn wieder fahren.
Und dem braven Trambahnlackl
Raubt den Geldsack der Spartakl.

Aber Geld allein tut's nicht,
Wenn es dir an Fleisch gebricht.
Eier, Butter, Milch und Brot,
Stirbst du bald den Hungerstod.
Und die Stadt ist zu bedauern,
Die's verdickt mit Land und Bauern.
Die es nie zo ganz kapieren,
Wenn die Städter requirieren.

Und mit Auto Kub und Schwein
Fahren in die Stadt hinein.
Münchner, zitt're 's ist im Graus,
Gestern blieb die Zufuhr aus.
Drauß' im Schlachthof staun' und schau
Sticht die letzte, mag're Sau.
Gleichwohl, laß' dir dieses sagen,
Tu beileid nicht offen klagen.

Auf den Straßen, halt den Mund!
Watschen sind die nicht gesund
Lob die Räte, heiß die gut.
Schimpf auf Christen, preiß' den Jud,
Sei, wenn du's auch gar nicht bist,
Spartakist und kommunist.
Denn sonst haut dir, o gemein,
Der Gardist die Haxl'n ein.

Und du stehst ob dem Skandal
Vor dem hohen Tribunal.
Wo überzeugend an Gestalt,
Dich verzanrt Frau Staatsanwalt.
Ja, ich sag's die Zeit war prächtig,
Hundsgemein und niederträchtig.
Nur für solche, die arbeiten
Wollten wie in früheren Zeiten.

Solche Trödel müssen sterben,
Weil sie das Programm verderben,
Das Programm von "Mein und Dein".
Raus damit! nichts g'hört Dein.
All's g'hört allen, nichts g'hört Dir.
Und was Dein war, g'hört jetzt mir,
Was Du aljuing schon hast.
Macht mir Freude, Dir ist's Last.

Nur an kommunistischem Wesen
Kann die Welt aufs Neu' genesen.
Sei nicht traurig, Bolschewismus
Ist für den nur voll Beschissmus,
Der arbeitt; höchstes Glück
Ist die Räterepublik
Für die Faulen und die Trägen.
Faulheit ist der Menschheit Segen.

Es ist ein Unterschied, ob die Linke sich selbst auf den Arm nimmt oder ob über sie Spott und Hohn ausgegossen wird. Ein großformatiger Bilderbogen zeigt exemplarisch die Klischees, die das Bild von der Räterepublik die folgenden 100 Jahre prägt. Das Blatt dürfte Ende April/Anfang Mai 1919 erschienen sein.

Wüste Gestalten nehmen den Bürgern ihr sauer verdientes Geld weg.

In der Dachauer Papierfabrik klauen sie Papier und frisch gedruckte Geldscheine.

Die Bauern leiden unter der brutalen Requirierung.

Der Revolutionär nach getaner Arbeit.

Die jüdischen und intellektuellen Drahtzieher im Hintergrund. Links eine Karikatur Eugen
Levinés, in der Mitte eine von Towia Akselrod, rechts eine von Max Levien. Leviné und Akselrod zeigen die typischen Zerrbilder einer jüdischen Physiognomie mit gebogener Nase
und wulstigen Lippen, Levien bietet die Karikatur des arroganten Intellektuellen.

Schon bald konzentriert sich alle höhnende Kritik auf die Kommunisten:

„Ein kleiner, beleibter, beweglicher Herr, Wange, Kinn und Lippe glatt rasiert, in die Stirn fällt ihm eine vom Friseur allmorgendlich aus knappen Beständen genial arrangierte Locke. Der Anzug ist vom ersten Schneider, in der Binde sitzt diskret eine nette Perle. Er speist nur in kleinen verschwiegenen Feinschmeckerlokalen. Das junge Hühnchen ist ihm nicht weich genug, der geröstete Schinken eine Idee zu knusprig, der Schloßabzug nicht genügend temperiert. Nicht wahr, wenn man die ganze Nacht im Schlafwagen liegt – man ist ja ganz geräääädert.

Der Herr reist in Kommunismus. Er verkündet die Diktatur des Proletariats. Pro Tag für 200 Mark Spesen, berechnet nach dem jeweiligen Rubelkurs. Er spricht natürlich nicht vor dem Pöbel. Er reist nur bei Intellektuellen. Er hat Sozialisierungsprogramme, Kulturprogramme, Wirtschaftsprogramme, Programme für revolutionäre Innen – und Außenpolitik, Programme für revolutionäre Armeeorganisation, kurz einen reich assortierten Musterkoffer – Sentimentalitäten kennt er nicht – und er betont immer wieder: Auch wenn wir durch Ströme von Blut müssen und durch die vollständige Vernichtung – es muss geschafft werden. Seine Adepten und Jünger bringen dann die Heilswahrheiten an die Masse im Hofbräukeller, im Velodrom, im Kolosseum, in der Volkshalle. Und wenn dann in der Stadt der Bruderkrieg rast, wenn Geschütze und Minen dröhnen, hier ein Arbeiter im Rock der Regierungssoldaten von einer Kugel aus dem Hinterhalt fällt, dort ein Arbeiter an die Wand gestellt wird, wenn Hass an Hass, Blut an Blut sich entzündet – der Verkünder sitzt in den Polstern des D-Zugs, zündet sich mit behaglichem Seufzer eine Zigarette an und gibt dem Mann aus dem Speisewagen seine Platzkarte.“[246]

Die Geschichte von Volksschullehrer Julius Kreis, Mitarbeiter der *Münchner Illustrierten Blätter* und der *Jugend*, spielt mit Klischees und behauptet, dass die Arbeiter von gewissenlosen Demagogen verführt werden. Diese lebten in Saus und Braus. Am Ende ist die Idee des Kommunismus natürlich korrumpiert, verrückt und mörderisch.

Zeichnung von Thomas Theodor Heine im *Simplicissimus* 45 vom 4. Februar 1919, 553.

Nach der Niederschlagung der Rätebewegung dominiert das Bild von den vertierten, schießwütigen und blutrünstigen Revolutionären. An diesem Bild malt vor allem auch die mehrheitssozialdemokratische Presse:

---

246 Kreis, a.a.O., 92 f.

Das Münchener Kindl während der Räteregierung. O mei! Früher unter dem Maßkrug und dem Radi war's fei gemüatlicher! – Der Wahre Jacob 856 vom 9. Mai 1919, 9693.[247]

247 Kein Hiesiger sagt „gemüatlich", er sagt eher „zerm" oder „griabig".

Bei Katholiken sind judenfeindliche Haltungen verbreitet. Antisemitische Witze können sehr harmlos auftreten. Sie zeichnen sich dadurch aus, dass sie einer Ethnie ganz bestimmte negative Eigenschaften zuschreiben, die in anderen Völkern weniger oder nicht vorhanden sind. Sie geben vor, auf Fakten zu beruhen, und „beweisen" dies gerade durch ihre „Zurückhaltung".

„Standesbewusst – Der Geheime Kommerzienrat Isidor Schwarz ist kurz vor Ausbruch der Revolution wegen seiner Verdienste um und in der Kriegsindustrie geadelt worden. Jüngst gab er eine Einladung, zu der auch frühere Offiziere, darunter bayrische Max-Joseph-Ordensritter, die bekanntlich wegen ihrer Frontbravour persönlich geadelt werden, geladen waren. Mit erkennbarem Hinweis auf diesen Neuadel äußerte sich Herr Schwarz: »Es ist höchste Zeit, dass das Militär abgeschafft wurde, sonst hätten wir zu viel Adelige bekommen.«"[248]

Antisemitismus operiert neben seiner zurückhaltenden Art, die offenbar von einer großen Mehrheit in der Bevölkerung goutiert oder zumindest toleriert wird, in fließenden Übergängen auch mit Tabubruch und Schock. Früher weichgespülte, latente Antisemiten werden so an drastischere Äußerungen gewöhnt: Man kann auf Takt und Anstand pfeifen, darf jetzt endlich „das Kind beim Namen nennen" und muss nicht mit Anzeigen und Strafen rechnen.

— Herr Todleben, gehn Se nur erein.
Insere Lait haben in Daitschland vorbereitet alles.

Herr Todleben, gehen Se nur erein. Insere Lait haben in Daitschland vorbereitet alles.
Vorderseite eines Flugblatts, erschienen nach dem 11. Februar 1919.[249]

---

248 *Simplicissimus* 50 vom 11. März 1919, 648.
249 Das Flugblatt, das die *Thule-Gesellschaft* herausgibt, weist wie andere antisemitische Blätter auch kein Impressum auf. Pol.Dir. 2119, Ferdinand Mairgünther, 72 verso, StAM.

Es sind bis zum 1. Mai 1919, dem Datum der blutigen Niederschlagung der Räterbewegung, etwa 100 solche antisemitischen, reaktionären, konterrevolutionären, antisozialistischen Zeichnungen und Witze, die auf einen Jux kommen, der eher neutral ist oder sich für die Räte ausspricht. Eine Fülle dieser Zeichnungen in hoher Auflage schüren Stimmungen. Alles das, was später die Nazis exekutieren, wird so seit Jahrzehnten vorbereitet.

Die Frage liegt auf der Hand: Wer hat es nötig, Witze auf Kosten von Minderheiten zu erzählen? Und warum hat er es nötig. Sind immer Angehörige der Mehrheitsgesellschaft dafür prädestiniert? Ist es zwingend, dass Angehörige einer Minderheit immer viel eher bereit sind, sich mit den herrschenden Gewalten anzulegen?[250]

Während der antisemitische Witz behauptet, die Wirklichkeit zu beschreiben, und dabei Zusammenhänge „konstruiert", die ideologisch begründet sind, beschreibt der jüdische Witz die tatsächlichen Zustände, indem er ihre Absurdität mit bitterer Ironie zu Worte kommen lässt:

„Ein Jude sieht im Februar 1919 einen anderen Juden in der Straßenbahn, dieser liest ein antisemitisches Flugblatt. »Was ist denn mit Dir los«, fragt er ihn, »was liest Du denn da für einen Dreck?« »Ja weißt Du«, antwortet der Leser, »ich habe die ,Münchener Post' und die ,Neuesten Nachrichten' gelesen und da stand, Eisner ist galizischer Jude und die Räterepublikaner sind alle Juden und die Antisemiten wollen alle Juden töten und es gibt neue Pogrome in Polen, alles ganz schrecklich. Da kann ich Dir die Flugblätter der Thule-Gesellschaft empfehlen, da sind die Nachrichten um einiges besser. Da steht: Die Juden beherrschen die öffentliche Meinung, das Judentum bemüht sich geschlossen seine Ziele zu verfolgen, wir sitzen in allen Regierungen und Banken, wir schwimmen alle in Geld und wir stecken alle unter einer Decke.«"[251]

Jüdische Witze, die von Nicht-Juden erzählt werden, verwandeln sich in antisemitische Judenwitze. Über sich selbst lachen, das kann und darf der Jude. Die anderen grinsen auf seine Kosten.

250 Auch nach der Niederlage der Rätebewegung scheinen jüdische Kreise die Linke zu unterstützen. Der neue Polizeipräsident Ernst Pöhner, der vielleicht auch übertreibt und Einfluss auf die Politik der vorgesetzten Stellen nehmen will, schreibt in seinem Wochenbericht am 23.8.1919 an die Regierung Hoffmann: *„Die finanzielle Unterstützung der KPD durch Kreise der Judenschaft scheint beträchtlich zuzunehmen. Dieses Interesse jüdischen Kapitals für die kommunistische Sache könnte als Maßstab gelten für den Grad der Wahrscheinlichkeit, mit der man in den betreffenden Kreisen an den Eintritt des Umsturzes glaubt."* MA 102135, BayHStA.
251 Kapfhammer, a.a.O.

IM NAMEN DES VATERS, DES SOHNES UND DES HEILIGEN GEISTES

Kirche im Widerstand

*Wort des Abwesenden Gottes: »...solange du gefressen wurdest, hast du die Welt des
Fressens und Gefressenwerdens unerträglich gefunden. nun frisst du selbst, frisst
und frisst, und schreist darüber, dass du nun doch vielleicht gefressen wirst.«*[1]

Possenreißer schlagen Purzelbäume und schneiden Grimassen. Ein kleines Mädchen
drückt sich durch die Menge und sammelt kleine Münzen. Die vielen Menschen auf
dem Münchner Schrannenplatz reden durcheinander. Ausrufer preisen ihre Waren an.
Die Schergen mit den Hellebarden haben Aufstellung genommen. Das Volk drängt sich,
reckt die Köpfe. Die hübschesten Bürgertöchter lehnen sich aus den Fenstern der umlie-
genden Häuser. Sie sehen fasziniert auf die freigeräumte Mitte des Platzes. Auf einem
nackten Holzpodium steht der Scharfrichter, der „Zichtiger", gestützt auf sein Schwert.
Vor ihm der Richtblock. Dann gibt der Richtmeister das Signal. Die Gaukler lassen
Drehleier und Dudelsack abrupt verstummen. Alles schweigt. Jetzt ist nur noch das Klir-
ren der Ketten und das Schnauben der Pferde zu hören, die den Karren ziehen, auf dem
reglos ein Bündel liegt, das einmal ein Mensch war. Vor dem Karren geht ein Mönch,
der Gebete murmelt. Knechte schleppen den armen Sünder die Stufen hinauf, legen seinen Kopf auf den Block. Der Richtmeister nickt, das Schwert funkelt in der Sonne, die
Knochen knacken, dumpf schlägt der Kopf auf die Bretter. Ein Aufstöhnen, Bewegung
in der Menge, ein Keuchen wie im Fieber.

Am Gründonnerstag Anno Domini 1527 ruft der Messerschmied Ambrosi Lossen-
hammer während der Predigt im Liebfrauendom: „Gott ist nicht im Brot – darum soll
man es auch nicht anbeten." Sie foltern ihn 47 Tage, bevor sie ihm den Kopf abschlagen.
Im folgenden Jahr enthaupten sie sechs Wiedertäufer, drei Frauen nähten sie in in Tü-
cher und ertränkten sie in der reißenden Isar ...

Der bairische Herzog Wilhelm IV. hat beschlossen, dass sein Land katholisch zu sein
habe. Wer gegen die göttliche Ordnung ist, erhebt sich in seinen Augen auch gegen die
politische Ordnung. Ketzer und Hexen werden im ganzen Land malträtiert.

1590 werden vier alte Frauen, die in der Hinteren Schwabinger Gasse wohnen, der
Hexerei verdächtigt, tagelang mit kirchlichem Beistand im „Gewölb der strengen Frag",
im Keller unter dem Alten Rathaus, gefoltert und zum Tod durch Verbrennen verurteilt.
Die Richter sind gnädig: Die Frauen werden vor dem Verbrennen stranguliert. Wo ihre

---

1   Carl Amery, Das Ende der Vorsehung. Die gnadenlosen Folgen des Christentums, Reinbek bei
    Hamburg 1974, 252 f.

Häuschen standen, erhebt sich heute die Theatinerkirche, die einzige Kirche im Stil des italienischen Barock nördlich der Alpen.[253]

In den folgenden Jahrhunderten etabliert sich der politische Katholizismus in Baiern. Mit Unterdrückung, Raub, Folter und systematischem Mord. Die Macht bekommt und hat, wer sich in den undurchsichtigen Beziehungsnetzen der Eliten geschickt bewegt, gegenseitige Abhängigkeiten aufbaut und die Kunst des geschmeidigen Antichambrierens beherrscht, um im entscheidenden Moment die erstrebte Stellung einzunehmen.

Erst 1806 wird in Baiern die Tortur, die Unbotmäßige zu Geständnissen zwingt, aufgehoben, 1813 tritt ein fortschrittlicheres Strafrecht in Kraft.

Erster Weltkrieg: Priester weihen auf beiden Seiten der Fronten Waffen und Soldaten. Der Feldprobst und spätere Kardinal von München und Freising, Michael von Faulhaber, predigt zur Legitimität des Waffengangs:

„Die Deutschen haben die friedliche Arbeit im Stiche gelassen, um Heim und Herd gegen den heimtückischen Überfall unserer Feinde zu schützen … Nach meiner Überzeugung wird dieser Feldzug in der Kriegsethik für uns das Schulbeispiel eines gerechten Kriegs werden.“[254]

Überzeugt von der Notwendigkeit des Krieges, meint er über katholische Feldgeistliche, die in seinen Augen versagen: *„Eisenpillen bringen Bluterneuerung, aber nur, wenn die Blutarmut oder Blutvergiftung nicht zu weit vorgeschritten ist.“*[255]

In der Nacht des Umsturzes vom 7. auf den 8. November notiert er in sein Tagebuch: *„Nachmittag 15.00 Uhr, auf der Theresienwiese Versammlung. Von den Sozialdemokraten gedacht als Exploron, um das Volk zufrieden zu stellen, wollten den Unabhängigen den Wind aus den Segeln nehmen. Im Zug wohl einige Tafeln: Nieder die Dynastie, (eine andere: Das Weib keine Gebärmaschine) sonst aber ruhig und viele Harmlose dabei … Da schwenkte unter der Roten Fahne eine Soldatengruppe ab, »zu den Kasernen« und diese Soldaten haben die Revolution gemacht … Nachts, 23.00 Uhr, beginnt der Lärm auf der Straße. Militär, bewaffnet, erst zu Fuß, allmählig mit Lastautos, die fortwährend mit furchtbarem Lärm herumrasen, mit Maschinengewehr ausgerüstet und die Bevölkerung bestürzen sollen. Die schrecklichste Nacht meines Lebens.“*[256]

Werden wieder die vordem sicheren Zeiten zurückkehren? Die Aussichten sind ja nicht so schlecht. Sehr früh schon gibt es Anzeichen dafür, dass die Uhr zurückgedreht werden kann. Erzbischof Faulhaber notiert am 10. November in seinem Tagebuch:

---

253 Näheres dazu in: Eva Strauß, Hexenverfolgung in München. „… dass solch ungewöhnliche Gewitter von den vermaledeiten bösen Weibern gemacht werden“, München 1999, 14 ff. – 1721 wird die letzte „Hexe“ in München erdrosselt und verbrannt.

254 Michael von Faulhaber, Der Krieg im Lichte des Evangeliums. Glaube und Leben. Sonderheft 2, München 1915, 4.

255 Zit in: Der Weltkampf um Ehre und Recht. Die Erforschung des Krieges in seiner wahren Begebenheit, auf amtlichen Urkunden und Akten beruhend. Unter Beteiligung von 70 hervorragenden Mitarbeitern herausgegeben von Exzellenz Generalleutnant Max Schwarte, Leipzig/Berlin 1919 – 1933, https://www.wintersonnenwende.com/scriptorium/deutsch/archiv/weltkampf/wer0000.html#bd8

256 Kritische Online-Edition der Tagebücher Michael Kardinal von Faulhabers (1911 – 1952). EAM, NL Faulhaber 10003, 5, http://www.faulhaber-edition.de/index.html – explorare = ausfindig machen, erforschen

„Schon am dritten Tag ist die Stimmung mehr Katzenjammer als Rausch. In den Trambahnen schimpfen sie bereits, wie mir von Ohrenzeugen versichert wird, ebenso über die neue Regierung wie vor acht Tagen über die alte … Man hört, in der ersten Nacht in Geheimsitzung habe Eisner gefordert, sofort mit aller Schärfe gegen die Pfaffen, Auer aber habe sehr energisch gesprochen, jetzt alles beim Alten zu lassen (und besonders von den Feldgeistlichen gesprochen) … Ich sage es heute wiederholt …: Es sei ja gar nicht damit zu rechnen, dass eine Gegenrevolution komme, die nicht mehr das Königshaus zurück brächte, sondern nur noch größere Verwirrung stifte, und namentlich noch viel Blut koste. Jetzt muss alles zusammen helfen, um Ruhe und Ordnung zu halten."[257]

Am 15. November berichtet der Botschafter des Heiligen Stuhls, der Apostolische Nuntius Eugenio Pacelli, der spätere Papst Pius XII., dem Kardinalstaatssekretär Pietro Gasparri im Vatikan, Eisner *„sei Atheist, Radikalsozialist, unversöhnlicher Propagandist, Busenfreund russischer Nihilisten und noch dazu galizischer Jude … Unmittelbar nach den Ereignissen hat sich das bayerische Diplomatische Corps in der Nuntiatur zusammengefunden und beschlossen, jegliche Anerkennung der neuen Regierung zu vermeiden."*[258]

Am 20. November lädt Eisner den Nuntius zu einem Gespräch ein. Eisner will wissen, inwieweit der Vatikan die neue Regierung anerkennt. Pacelli nimmt die Einladung nicht an. Seinem Sekretär nennt er die Gründe: Eisners Regierung wolle den Kulturkampf und keine Kompromisse, sie werde nach den nächsten Wahlen die Kirche bekämpfen und ein diplomatischer Kontakt werde nur die bairischen Katholiken verwirren und demobilisieren, anstatt sie auf den Gegner einzuschwören. Die Regierung Eisner bestünde aus Atheisten, Juden und Protestanten …[259]

Am 22. November flüchtet Pacelli in die Schweiz. Er habe gesundheitliche Probleme und müsse sie auskurieren. Bei wem hat er wohl diese Notlüge gebeichtet?! Tatsächlich will er der Kontaktaufnahme mit bairischen Regierungsvertretern entgehen, denn diese könnten den Anschein erwecken, dass der Heilige Stuhl die Revolutionsregierung anerkannt habe.[260]

Während Faulhaber weiterhin Seelsorge betreibt, informiert die rechte Hand des Nuntius, Uditore Lorenzo Schioppa, am 6. Dezember Gasparri durchaus hoffnungsfroh

---

257 Edition der Tagebücher Michael Kardinal von Faulhabers, a.a.O., EAM, NL Faulhaber 10003, 8.

258 Pacelli. Nuntiaturberichte, a.a.O., Dokument 302 – Nuntius = Bote, Kurier, hier Botschafter des Papstes. Eisners Geburtsstadt ist Berlin.

259 Siehe a.a.O. – Die Minister in Eisners Kabinett Auer (Innenministerium) und Roßhaupter (Ministerium für militärische Angelegenheiten) sind Katholiken.

260 In einer Erklärung zu den Akten der Apostolischen Nuntiatur in München schreibt Kardinal Faulhaber am 7. Juli 1921: *„Am 18. Januar 1919 fragte mich* [der Sekretär des Nuntius] *Mons. Schioppa, ob ich der Auffassung sei, dass der Herr Nuntius jetzt aus der Schweiz wieder nach München zurückkehren könne. Ich musste antworten: Nach Lage der Dinge werde Ministerpräsident Eisner sofort wieder versuchen eine amtliche Verbindung mit Mons. Pacelli zu gewinnen, und die bayerischen Bischöfe würden in dieser Verbindung eine Legitimierung der Revolutionsregierung und ein Ärgernis für das ganze Land erblicken. Die bayerischen Bischöfe hatten sich nämlich damals geweigert, die früheren königlichen Konkordatsrechte (z.B. bei Besetzung der Pfarreien) ohne weiters auf die neue Regierung zu übertragen, und hatten deshalb die Verhandlungen mit der Regierung abgebrochen. Für die kirchenpolitische Lage in Bayern wäre es verhängnisvoll gewesen, wenn damals auch nur der Schein amtlicher Beziehungen zwischen dem Auswärtigen Ministerium und der Nuntiatur entstanden wären."* Pacelli. Nuntiaturberichte, a.a.O., Dokument 7528.

über die nicht aussichtslosen Bestrebungen, mit Ex-Kronprinz Rupprecht die Monarchie in Bayern wieder zu installieren.[261]

Für weite Teile des Bürgertums sind die neuen Herren nur Gesindel und Lumpenpack. Schioppa bringt es in einem Brief an Gasparri am 7. Dezember auf den Punkt: *„Der Münchener Arbeiter- und Soldatenrat setzt sich aus dem Abschaum der Bevölkerung zusammen, aus vielen Nichtbayern aus der Marine, Juden, Einheimischen, die schon lange gegen Adel und Klerus aufbegehren, und kaum aus Bürgern und Soldaten, die wirklich an der Front waren."*[262]

Politische Eliten fühlen sich bedroht, wenn sie spüren, dass ihnen die Kontrolle entgleitet. Schon am 18. November versuchte Auer eine „Bürgerwehr" um die rechtsnationalistischen Exponenten Rudolf Buttmann, Christian Roth und Julius Friedrich Lehmann aufzubauen. Am 26. November empfing der Minister für militärische Angelegenheiten im Kabinett Eisner, Albert Roßhaupter (MSPD), Vertreter dieser „Bürgerwehr" sehr wohlwollend. Am 24. Dezember erkundigt sich Auer bei Buttmann, wie weit die Bürgerwehr gediehen und ob sie zur Niederschlagung eines spartakistischen Putsches bereits in der Lage sei.

Anton Graf von Arco auf Valley, der Führer der 5. Kompanie im Infanterie-Leibregiment, hat Erhard Auer zur Weihnachtsfeier am 24. Dezember in die Türkenkaserne gebeten. Auer, ehemaliges Mitglied der „Leiber", hält eine patriotische Lobrede und feiert das *„glorreiche, brave Regiment"*.[263]

Drei Tage später unterzeichnet er gemeinsam mit Justizminister Timm und weiteren Personen einen Aufruf zur Bildung einer Bürgerwehr. Faulhaber hat auch hier seine Finger im Spiel. Ernst Toller erwähnt, der Erzbischof halte sich diplomatisch vornehm zurück. Er solle zukünftig befehlen, dass für einen Alarm der Bürgerwehr die Glocken der Münchner Kirchen Sturm zu läuten hätten. Faulhaber zum Anführer der geplanten Bürgerwehr subtil: *„Befehlen können wir das nicht, aber zwingen Sie uns doch dazu!"*[264]

Die Maßnahmen zur Trennung von Kirche und Staat erbosen den Erzbischof. Am 16. Dezember unterzeichnete der Ministerrat ein Gesetz, das der geistlichen Schulaufsicht in Baiern ab 1. Januar 1919 ein Ende macht, indem den Ortspfarrern der Vorsitz in den Ortsschulstellen genommen und den Bürgermeistern übertragen wird, wogegen die bairischen Bischöfe und der Erzbischof „feierlichst Verwahrung einlegen".

Erzbischof Faulhaber bezeichnet in seiner Silvesterpredigt die Regierung Eisner als eine *„Regierung von Jehovas Zorn"*.[265]

Unter den jüdischen Münchnerinnen und Münchnern wächst die Angst vor Ausschreitungen. Viele von ihnen distanzieren sich von Eisner, manche raten zum Rücktritt. Die Jungen in der jüdischen Gemeinde werben für offensiven Widerstand. Man müsse sich bewaffnen, um sich wehren zu können. Die Alten meinen, die Öffentlichkeit könne

---

261 Ein Uditore ist ein Diplomat des geistlichen Standes und hier die rechte Hand des Nuntius.
262 Pacelli. Nuntiaturberichte, a.a.O., Dokument 905.
263 Gerhard Schmolze, Revolution und Räterepublik in München 1918/19 in Augenzeugenberichten, Düsseldorf 1969, 193 f.
264 Zitiert in den Verhandlungen des Provisorischen Nationalrats, a.a.O., 188.
265 Michael Kardinal Faulhaber, Deutsches Ehrgefühl und Katholisches Gewissen. Zur religiösen Lage der Gegenwart Heft 1, München 1925, 22.

schon unterscheiden zwischen den seit Generationen in München lebenden gutsituierten Juden und den neu zugewanderten, verarmten und verlumpten Verwandten aus dem Osten. Diese seien gefährlich und linksradikal, man müsse von ihnen abrücken. Solange man sich an Recht und Ordnung gehalten habe, sei man im Übrigen immer gut gefahren.

In sein Tagebuch schreibt Faulhaber am 3. Januar 1919: *„Auf dem Weg am Obelisk, eine alte Frau zur anderen: Die haben nicht mehr verdient, als dass man sie auf einen Haufen stellt und zusammenschießt."*[266]

Am 10. Januar öffnet die Regierung den freireligiösen Sittenunterricht – heute Ethikunterricht – auch für Konfessionslose. Seit dem 25. Januar wird *„der Grundsatz angewendet, dass ein Kind gegen den Willen der Erziehungsberechtigten nicht zur Teilnahme am Religionsunterricht oder Gottesdienst angehalten werden dürfe."*[267] Nachdem so der obligatorische Besuchszwang des Religionsunterrichts aufgehoben. ist, verschickt der Erzbischof am 29. Januar an seine „Erzdiözesanen" einen Hirtenbrief, der am 2. Februar von allen bairischen Kanzeln verkündet wird:

Michael, durch Gottes Barmherzigkeit und des Apostolischen Thrones Gnade Erzbischof von München und Freising, entbietet allen Gläubigen des Erzbistums Gruß und Segen im Herrn. Herodes der Kindermörder ließ die unschuldigen Kinder von Bethlehem hinschlachten. Unbekümmert um das Weinen und Wehklagen der Mütter, unbekümmert um das Todeswimmern der sterbenden Kinder, ließ er an wehrlosen Kindern seine Wut aus, um mit ihnen den neugeborenen König der Juden, den vermeintlichen Anwärter seines Thrones aus dem Wege zu schaffen. Nach dem Zeugnis des Evangeliums hatte aber auch die Macht dieses Emporkömmlings von Judäa eine Grenze: 'Die dem Kinde nach dem Leben strebten, sind gestorben" (Matth. 2, 20), und vor dem Richterstuhl der Geschichte ist Herodes mit dem Fluche eines Kindermörders belegt. – Geliebte Erzdiözesanen! Am letzten Montag ist im Volksstaate Bayern eine Verordnung ergangen, die vor dem Richterstuhl Gottes schwerer wiegt als der Blutbefehl des Herodes. Durch eine Verordnung des Unterrichtsministers wurde der Religionsunterricht in allen bayerischen Schulen als Pflichtfach abgesetzt und als Wahlfach der Willkür der Eltern und Vormünder ausgeliefert ... Diese Gewissenspflicht ist so strenge, dass jene Eltern und Vormünder, die eine Willenserklärung im Sinne der neuen Verordnung abgeben, von den heiligen Sakramenten, auch vom öffentlichen Empfang der heiligen Kommunion, und im Falle des Ablebens von der kirchlichen Einsegnung ausgeschlossen werden müssen ... Jene Kinder, die nicht den vollen Religionsunterricht besucht haben, werden natürlich auch nicht zur Erstkommunion und nicht zur Firmung zugelassen. Wenn es trotzdem Rabeneltern über das Herz bringen, ihre Kinder von diesen schönsten Feiertagen der Jugend fernzuhalten, dürfen sie sich nicht beklagen, wenn

---

266 Edition der Tagebücher Michael Kardinal von Faulhabers, a.a.O., EAM, NL Faulhaber 10003, 34.
267 Rede des Herrn Ministerpräsidenten Eisner, mit der er am 21. Februar 1919 den Landtag eröffnen wollte, P 3670, 2, BayHStA.

sie selber als öffentliche Sünder von den heiligen Sakramenten ausgeschlossen werden ...[268]

Hermann Keimel: Plakat zur Landtagswahl am 12. Januar, Farblithographie.

268 Zit. in Rudolf Reiser, Kardinal Michael von Faulhaber. Des Kaisers und des Führers Schutzpatron, München 2000, 24, 27.

Die BVP mobilisiert für den 3. Februar zu Protestversammlungen in allen Münchner Stadtteilen. Räteanhänger versuchen für die Trennung von Kirche und Staat zu sprechen. Einige von ihnen werden aus den Versammlungen hinausgeprügelt, einigen von ihnen aber gelingt auch die Sprengung von Versammlungen. Hier verläuft eine der wesentlichen Konfliktlinien in der Stadt.

Es ist für Katholiken genauso wie für Räterepublikaner nicht leicht, Versammlungen zu organisieren. Es gelingt ihnen nur, ihre eigene Anhängerschaft zu mobilisieren.

Von allen Kanzeln drohen die Pfarrer. Soldatenrat Fritz Schröder: *„Noch heute wurde mir mitgeteilt, dass überall jetzt hier in München die Frauen bearbeitet werden, indem ihnen gesagt wird: »Die Kirche ist in Gefahr, Ihr müsst die Bayerische Volkspartei wählen, wenn ihr nicht die Seelen eurer Kinder verlieren wollt, wenn ihr euch nicht der Gefahr aussetzen wollt, dass ihr nicht in das Himmelreich kommt.«"*[269]

Die BVP tritt eine Pressekampagne gegen Kultusminister Johannes Hoffmann los, in dessen Ressort die Trennung von Kirche und Staat vorbereitet wird. *„Man nannte ihn den größten Verbrecher an der Jugend, Atheisten, Antichristen, Moralverderber, Volksverführer usw. Nicht einmal Eisner wurde in jenen Wochen mit solcher bissigen Wut von den Klerikalen verfolgt als Hoffmann."*[270]

Für die Linke sind die Wahlergebnisse niederschmetternd. Gerade von den Kanzeln wurde eifrig für eine gezielte Wahl geworben.

Man erzählt sich, ein altes Mutterl sei in ein Münchner Wahllokal gekommen, habe sich in dessen Mitte gestellt und sich mehrmals bekreuzigt. Gefragt, was dies denn solle, meinte die Frau, der Pfarrer habe bei der letzten Predigt gesagt, es sei notwendig, dass alle Mitglieder der Gemeinde ins Wahllokal zu gehen haben und dort ein Kreuz zu machen hätten.

Dann erzählt man sich aber auch, mit welchen fiesen Methoden die Kirchenfeinde zu Werk gehen:

> Vor der Wahlzelle steht ein einfaches Fräulein und blickt sich suchend um. Auf die Frage eines Herrn, was sie denn wählen wolle, antwortet sie: „Natürlich Zentrum", worauf ihr der Herr einen Wahlzettel überreicht mit den Worten: „So wählen Sie doch den Herrn Pfarrer Roßhaupter!" Freudig nimmt sie den Zettel, steckt ihn in den Umschlag, und mit der Bemerkung: „Ja, wenn's nur ein Pfarrer ist", verschwindet sie in der Zelle.
> Roßhaupter ist bekanntlich Sozialdemokrat und bayerischer Kriegsminister.

Simplicissimus 146 vom 11. Februar 1919, 586.

---

269 Fritz Schröder am 30. Dezember 1918 im Provisorischen Nationalrat, a.a.O., 219.

270 *„Und zu diesem selben Hoffmann kamen einige Wochen später seine ehemals schärfsten Gegner mit zarten Worten, sicherten ihm ihre Anhänglichkeit zu und versprachen, sie setzten sich mit Leib und Gut für die »einzig rechtmäßige Regierung«, für die »sozialistische Regierung Hoffmann« ein, die »dem Volkswillen entspreche«. In wenigen Wochen, ja Tagen war Bayern ein unerhörtes, einziges Militärlager geworden. Wie wenn sich die bisher aufgespeicherte Energie der Reaktionäre vervielfacht hätte, wütete in kurzem der Geist des Militarismus. Demjenigen blutete das Herz, der glaubte, Bayern würde das einzige deutsche Land sein können, das seine politische Revolution ohne inneren Rückfall und ohne Bürgerkrieg würde weiterführen können zur sozialen Revolution durch die gesamte Arbeiterklasse."* NN, Die Münchener Tragödie. Entstehung, Verlauf und Zusammenbruch der Räte-Republik München, Berlin 1919, 20.

Nach dem Mord an Eisner sammeln sich empörte Rotarmisten vor dem Erzbischöflichen Palais in der Promenadestraße 7, der heutigen Kardinal-Faulhaber-Straße. Sie drohen mit geballten Fäusten zu den Fenstern hinauf und rufen: „Da stecken die Schwarzen dahinter!"

Gegen 11 Uhr stürmen am Tag der Beisetzung Eisners, am 26. Februar, sechs Männer, unter ihnen vier Soldaten, in das Palais und rufen: „Warum ist hier nicht beflaggt?" Faulhaber und sein Sekretär sind nicht anwesend. Die Männer hängen zwei schwarze Fahnen aus den Fenstern. Der jüngste von ihnen wundert sich: „So viele schöne Räume sind hier und alle sind unbewohnt. So viele Menschen suchen eine Wohnung und finden keine!" Schnell ziehen die Männer weiter. Auch an anderen Häusern fehlen schwarze Fahnen.

Eisner wird wieder populär. In vielen Proletarierwohnungen hängt nun ein Bild des „Märtyrers der Revolution" an der Wand, Hymnen auf Eisners „Heldentod" sind auf verschiedenen Gedenkblättern zu lesen.[271]

Gustav Landauer sagt in seiner Rede am Grab Eisners: *Er war einer wie Jesus und Hus ... die von der Dummheit und dem Eigennutz hingerichtet wurden*.[272] Daraufhin schreibt Erzbischof Faulhaber in sein Tagebuch, Eisner *war ein Teil von jener Kraft, die Jesus gekreuzigt hat, nicht aber von Jesus selber.*[273]

Postkarte

---

271 „... *Meuchlings wurde er erschossen, / Jedes Herz erfüllt's mit Wut, / Von einem jungen Adelssprossen: / Rache, Rache für Eisners Blut!!*" – Flugblattsammlung 71, BayHStA.
272 Zit. in: Franz August Schmitt, Die Zeit der zweiten Revolution in Bayern, München 1919, 26.
273 Edition der Tagebücher Michael Kardinal von Faulhabers, a.a.O., EAM, NL Faulhaber 10003, 55 – 56.

Die Führer der Mehrheitssozialdemokratie sind inzwischen nach Nordbaiern geflohen. Von dort mobilisieren sie den Propagandakrieg gegen die Räte und lassen mit Aeroplanen Flugblätter über München abwerfen; Stimmung wird gemacht. *„… Und mit Mitteln, die einer kaiserlichen Regierung zu allen Ehren gereicht wären; die einer sozialistischen Regierung zur tiefsten und traurigsten Schande werden. Dem Bauern ward weisgemacht, sein Vieh, sein Boden, sein Haus sollen ihm geraubt werden, dem Gläubigen ward gesagt, sein Glaube solle ihm aus dem Herzen gerissen, die Priester ermordet, die Klöster geplündert werden, der Bürger erfuhr, seine letzten ersparten Pfennige sollten ihm weggenommen werden, seine Wohnung würde geplündert, sein Familienleben würde zerstört. In den Aufrufen wandte man sich an die Studenten, an die Schüler der höheren Lehranstalten, um sie davon zu überzeugen, dass »das Vaterland in der höchsten Gefahr« ist …*

Der amtliche und nichtamtliche Lügenapparat wirbelte nur so Schauernachrichten in die Welt. Die Schamlosigkeit, mit der das amtliche Organ der Bamberger Regierung, der »Freistaat« log, übersteigt alle Kritik. Dazu gesellte sich hässlichster Zynismus, als sei der Kampf zwischen Göttern und Teufeln entbrannt. Niemand wird es vergessen, noch nach seinem Tode dort Landauer als einen »gutmütigen Edelanarchisten« halb verspottet, halb lächerlich gemacht, gefunden zu haben …

Ehrliche Berichterstatter aber hätten damals ein ewiges: Es ist nicht wahr! in die Welt hinausschreien müssen. Aber wie hätte es durchdringen sollen, wo doch die Bamberger Regierung einen hermetischen geistigen und wirtschaftlichen Abschluss Münchens durchführte?! Wie sollte die Provinz, das Land, die Welt die Wahrheit über München erfahren, da Telegraph und Post gesperrt waren und oppositionellen Zeitungen draußen täglich der Zwang der Verbote drohte, wenn sie ein Wort gegen die Gewalthaber der Bischofsstadt zu sagen wagten …"[274]

In den Vorstädten ist die „Internationale" oder „Das sind die Arbeitsmänner. Das Proletariats" nur selten zu vernehmen. Der US-amerikanische Journalist Ben Hecht hört dagegen überall auf den Straßen gepfiffen oder gesummt einen Gassenhauer, für ihn die *„Kennmelodie der Revolution"*:

> *Ich weiß auf der Wieden ein kleines Hotel*
> *in einem verschwiegenen Gässchen,*
> *die Nacht ist so kurz und der Tag kommt so schnell,*
> *komm mit mir, du kleines Comteßchen.*
> *Was machst du dir Sorgen, was morgen ist,*
> *die Welt hat nur Sonne und Lieder*
> *und hast du einmal eine Nacht verküsst,*
> *so tust du es immer wieder!*[275]

Die großen Sorgen des Alltags und die kleinen Freuden im stillen Kämmerlein sind trotz der umwälzenden Geschehnisse geblieben. Liebesleid und Liebesfreud machen auch vor Revolutionären nicht Halt.

---

274 Die Münchener Tragödie, a.a.O., 21 ff.
275 Ben Hecht, Revolution in der Teekanne. Geschichten aus Deutschland 1919, Hofheim 1989, 58.

Gleichermaßen geblieben ist der Einfluss der katholische Kirche auf ihre Gläubigen. Der Klerus und die christlich-konservative *Bayerische Volkspartei* wenden sich vor allem an Frauen. Die Frauenrechtlerin Lida Gustava Heymann, die durch Baiern reist, um aufzuklären, erinnert sich:

> *„Katholische Geistliche ... gebrauchten wieder und wieder die gleichen Argumente. Faselten von der drohenden Gefahr freier Liebe, freier Ehe, dem illegitimen Kinde. In Unterammergau rief nach einer solchen Rede eines Geistlichen eine Stallmagd laut und vernehmlich in die Versammlung: ‚Er hat ja selbst drei Uneheliche!'"*[276]

Rote Matrosen singen nächtens vor dem Erzbischöflichen Palais spöttisch Marienlieder. Tagsüber drohen Rätesympathisanten mit geballter Faust zu den Fenstern hoch., wenn der Erzbischof ängstlich eine der dunklen Portieren ein wenig zur Seite schiebt und auf die Straße hinunterlugt.

Vor dem Ersten Weltkrieg glänzte die liberale bürgerliche Publizistik mit ihrem beißenden Spott über den einheimischen Klerikalismus. Nach dem Umsturz von 1918 lacht vor allem die Arbeiterklasse:

Das Palais des Erzbischofs steht nur unweit vom Landtagsgebäude in der Prannerstraße. *„Seit dem Umsturz hat der Erzbischof nur selten sein Domizil verlassen. Eines Abends aber im April 1919 will er noch spazieren gehen. Kaum ist er um die Ecke zur Prannerstraße gebogen, hält ihn ein Rotarmist von der Parlamentswache auf: »Da kennas ned weidageh!" Der fromme Mann pumpt sich auf: »Was erlauben Sie sich, wissen Sie nicht, wer da vor Ihnen steht!? Ich bin der Erzbischof von München und Freising!« Da ergießt sich eine derbe Suada über den verblüfften Mann: »Und i bin da Daxenberger Alisi aus Pasing und i sog Dir, Du scheinheiliger Erzhallodri, schleich Di zruck in Dei Kammerl, Du Kuttenbrunzer, Du windiger, und jetzt schaugst, dass D' weida kimmst!« Der Erzbischof steht sprachlos da. Da meint der Daxenberger Loisl: »Gei da schaugst. – Und gfirmt bin i a ned!«"*[277]

Vieles, was da in diesen Zeiten des radikalen Umbruchs gesagt wird, erscheint den frommen Leuten wie eine Blasphemie. Wer so unchristlich daherredet, der ist noch zu ganz anderem fähig. Ein Flugblatt ohne Impressum wird von Hand zu Hand weiter gereicht:

Deutsche, christliche Frauen!

Durch lange Jahre habt Ihr gebangt und gesorgt für den Mann, den Sohn, den Bruder, den Bräutigam an den feindlichen Fronten, jenseits der deutschen Grenze. Das Blutvergießen draußen hat aufgehört, und Ihr seid glücklich, Eure Lieben daheim zu haben.

Das stille Glück war nur von kurzer Dauer! Der Feind ist eingebrochen ins eigene Land, auf heimatlichen Boden. Von Russland ist der Bolschewismus gekommen und zerstört, was der Krieg übrig gelassen.

---

276 Lida Gustava Heymann unter Mitarbeit von Anita Augspurg, Erlebtes – Erschautes. Deutsche Frauen kämpfen für Freiheit, Recht und Frieden 1850 – 1940. Hg. von Margit Twellmann, Meisenheim an der Glan 1972, 165.
277 Kapfhammer, a.a.O.

Die Diktatur des Proletariats mit der Enteignung alles dessen, was dem Einzelnen gehört, will der Bolschewismus durchführen. In Russland hat er es schon erzwungen, in anderen Staaten versucht und nun geht er bei uns ans Werk.

Euch Frauen, die Ihr mit besonderer Treue an dem hängt, was Euch lieb geworden ist, muss die Bolschewistenherrschaft mehr noch als den Männern nahegehen. Euer Heim soll Euch zerstört werden. Alle die hundert kleinen und wertvollen Dinge in der Wohnung, in der Nähstube, im Wäscheschrank, in Küche und Vorratskammer, in Keller und Speicher, auf dem Hof und im Stall, an denen Euer Herz hängt, sollen verstreut, von Euch losgerissen werden, dem sie bei der staatlichen Güterverteilung oder genossenschaftlichen Verwaltung gerade zufallen.

Es gibt keinen Besitz mehr, nichts mehr, was Du treu hüten kannst für die Deinen. Du kannst nichts mehr zusammenhalten für Deine Familie, die in Dir die liebe Hausmutter sieht. Du kannst nicht mehr sorgen für Deine Buben, die vielleicht äußerlich rauh, aber doch täglich froh sind, dass Du Dich um alle ihre kleinen Bedürfnisse kümmerst.

Du kannst nicht mehr füllen Deine Laden mit Leinen und Wäsche, nach der Deine Tochter frohen Herzens blickt, weil sie weiß, dass die Mutter gesorgt hat für den Tag, an dem der Freier kommt und an dem sie die bräutliche Ausstattung haben möchte.

All diese liebevolle Fürsorge der deutschen Frau geht in der Bolschewistenherrschaft unter.

Und noch mehr! Hast Du schon gehört, wie der Bolschewismus die Familie von Grund aus zerstören will? Das geheiligte Band zwischen Mann und Frau, die christliche Ehe soll zerrissen, das geordnete Zusammenleben der Ehegatten aufgelöst werden. Jede Frau gehört jedem Manne nach Belieben und jede Frau hat Anspruch auf irgend einen Mann und keines darf sich dagegen wehren, sondern muss dem andern nach Bolschewistenrecht zu willen sein. Das ist das neue Gesetz, für das sie schaffen wollen.

Da bäumt sich auf christliche Frauenwürde und germanischer Frauenstolz. Solche Schmach muss von deutschen Landen fern gehalten werden.

Und noch ein Letztes! Der Bolschewismus hasst die Religion und will den Glauben an Gott und Jenseits ausrotten, die Kirchen zerstören und ihre Diener vertreiben. Wenn Dir ein Kindlein geschenkt ward, sollst Du es nicht mehr taufen lassen können. Wenn es zur Schule geht, soll es nichts mehr hören vom lieben Heiland und seinem Erlösungswerk und seinen Gnadenschätzen. Der Kirchgang und die kirchlichen Feiertage sollen verschwinden. Kalt und gottlos soll das Leben werden!

Verstehst Du nun den ganzen Ernst der Gefahr, die hinter dem tückischen Bolschewiki lauert? Wenn Du es erfasst hast, brauch ich nichts mehr zu sagen.

Du wirst den Männern nicht im Wege sein, wenn sie das Land vom Bolschewismus befreien wollen![278]

Propaganda wirkt dann, wenn der Adressatin zunächst Komplimente gemacht werde, wenn sie umschmeichelt und umgarnt wird, um dann abrupt konfrontiert zu werden

---

278 4 H.un.app. 44 n-8, Flugblattsammlung der Bayerischen Staatsbibliothek.

mit Aussichten, die Angst und Schrecken verbreiten. Propaganda setzt auf Gefühle, bei Frauen auf mütterliche, häusliche, auf „Würde" und „germanischen Stolz".

Die Argumentationsfiguren folgen einer geschickten Dramaturgie der Steigerung: Die Bolschewiken zerstören dein Hab und Gut, sie zerstören dich und sie vernichten schließlich Gott. Da gibt es keine Nachsicht mehr, wenn es heißt, „das Land vom Bolschewismus zu befreien". Die Frauen sollen sich dem Morden nicht in den Weg stellen.

In der Nacht zum Palmsonntag stürmen ein Dutzend Rotgardisten ins Erzbischöfliche Palais. Sie suchen nach „Herrn" Faulhaber und wollen „ihn aus seinem Nest holen". Sie finden, dass die Räume doch sehr prächtig sind und dass man da gleich bleiben könne. Der Erzbischof ist nicht anwesend.

Der gescheiterte „weiße" Putsch des folgenden Tags, der mit verzweifelter Erbitterung niedergekämpft wird, schafft neues Selbstvertrauen. Die Lebensmittelsperre, die die Regierung Hoffmann über München verhängt hat, ist der Grund, dass kaum noch Milch und andere Nahrungsmittel verfügbar sind.[279]

In Giesing laufen viele magere Menschen herum. Wer nichts auf den Rippen hat, friert leicht. Die meisten Giesinger Kommunisten tragen alte Soldatenmäntel. Da kommen am 14. April zwei Emissäre der Lebensmittelkommission des *Zentralrats* in das Sektionslokal der KPD-Untergiesing, in das Restaurant *Falkenwand* in der Falkenstraße, und bitten die Genossen, nachdem Haussuchungen und Beschlagnahmungen beim gehobenen Bürgertum nur noch selten Erfolg versprächen, mit ihnen zusammen dem Kapuzinerkloster im Dreimühlenviertel auf der anderen Isarseite drüben einen Besuch abzustatten.

Schnell ist ein Lastwagen vollgetankt, mehrere KPD-Mitglieder nehmen ihre Gewehre, sitzen auf und der Wagen rattert über die nahe gelegene Wittelsbacherbrücke. Nach langem Klopfen und Rufen öffnet sich vorsichtig die Türe. Die Mönche sind entsetzt, betonen, sie hätten selber nichts, weisen aber dann den drohend dreinblickenden und waffenstarrenden Herrn den Weg in die Vorratskammern.

Lorenz Schott, der Vorsitzende der Sektion, erinnert sich, dass *„sieben Säcke Kartoffeln, ca. 1.000 Eier, vier Kübel Schmalz, ein Zentner Rauchfleisch und 50 – 60 Pfund Zucker"* beschlagnahmt wurden. Der Lastwagen muss sogar ein zweites Mal fahren. Im Keller der Mönche lagerten auch *„ein oder zwei Doppelzentner schwarzes Mehl und 19 Zentner ungemahlener Weizen. Diese Sachen wurden auf meine Anordnung im oberen Saale des Sektionslokals unter Verschluss genommen. Wir wurden von den Leuten, die etwas davon wollten, so bestürmt, dass schließlich eine fünfgliedrige Kommission anordnete, dass von den freiwillig Wache stehenden Leuten jeder 6 Eier, ca. 120 Gramm Rauchfleisch und ein Stück Brot erhielt. Später wurden die ganzen Sachen auf Anordnung der Betriebsräte der Lebensmittelbeschlagnahmekommission überlassen."*[280]

---

279 Als die Alliierten während des Weltkrieges mit einer Blockade daran gingen, die Mittelmächte auszuhungern, galt dies in der öffentlichen Meinung als „fluchwürdiges Verbrechen". Um eine „rote Kommune" niederzuzwingen, ist eine Lebensmittelblockade legitim.

280 StAnw. Mü 1 2919, Lorenz Schott, 28, StAM.

Der Karfreitag ist der Tag der Feier der Todes Christi; Faulhaber zelebriert in der Lieb-frauenkirche: *„Die Nacht war ruhig, die Liturgie im Dom erschütternd ernst. In der Passion wirkt die Gefangennahme und das Verhör vor Kaiphas und Pilatus, als ob wir es heute zum ers-ten Mal hörten. Und während die Judenrevolution weiter sinnt, die Kirche zu vernichten, beten wir: Oremus et pro perfidis Judaeis. Während unsere Gefangenen auf Heimkehr warten - carce-res aperiat, vincula dissolvat! während der Hunger droht - famem depellat!"*[281]

Am Ostersonntag zelebriert der Erzbischof das Hochamt und die Vesper im Dom. Im ganzen Land finden feierliche Gottesdienste statt. Im Hauptbahnhof *„traf nachts 12.15 Uhr ein Kreistelegramm von Bamberg ein, wonach das erzbischöfliche Generalvikariat … die Or-dinariate und die katholischen Pfarrämter Bayerns unter Hinweis auf die bestehenden Verhält-nisse aufforderte, den von der Regierung Hoffmann an die Bevölkerung ergangenen Aufruf zur Bildung von Freikorps kräftigst zu unterstützen."*[282]

In der Nacht zum Montag hält ein Auto vor dem Palais des Erzbischofs. Es dauert, bis der Verhaftungskommission geöffnet wird. Im Haus ist es dunkel; der Sekretär des Erzbischofs hat die Sicherungen herausgedreht. Die Rotgardisten sind unschlüssig. Alle Räume von oben bis unten durchsuchen ohne elektrisches Licht, das ist nicht möglich. Sie verzichten auf Faulhaber und nehmen nur den Sekretär mit.

Im Wittelsbacher Palais verhören sie ihn. Was er dazu sage, dass die Bamberger Re-gierung von den katholischen Kanzeln für den Eintritt in die Weiße Garde werben lasse. Was er davon halte, dass die Kirche sich so massiv in die Politik einmische. Man habe gerade deshalb den Erzbischof verhaften wollen. Nach kurzer Zeit lassen sie den Sekre-tär laufen.

Freikorps[283] und Regierungstruppen besetzen in den ersten Maitagen München. Wahllos finden Verhaftungen, Misshandlungen und Erschießungen statt.

Der evangelische Pfarrer von Perlach telefoniert mit dem Chef des *Freikorps Lützow*, das sich in Haidhausen einquartiert hat, und bittet ihn um Hilfe. Er habe Angst und füh-le sich bedroht. Zwei Lastwägen voller Soldaten rücken aus, ein Offizier befragt den Pfarrer und seine Frau und diese benennen die „Roten" im Ort. Zwölf, die meisten von ihnen Mehrheitssozialdemokraten, die an den Kämpfen nicht teilgenommen haben, werden in der Nacht vom 4. auf den 5. Mai verhaftet, in den Haidhauser Hofbräukeller verschleppt und dort erschossen.[284]

---

281 Edition der Tagebücher Michael Kardinal von Faulhabers, a.a.O., EAM, NL Faulhaber 10003, 77.
– *„Lasst uns auch für die wortbrüchigen Juden beten, die Kerker mögen sich öffnen, die Fesseln mögen sich lösen, die Begierde möge verjagt werden!"*

282 Siegert, Aus Münchens schwerster Zeit, a.a.O., 89.

283 Die Finanzierung der Freikorps findet aus den Mitteln des „Antibolschewistenfonds der deutschen Wirtschaft" statt, der am 10. Januar 1919 in Berlin mit 500 Millionen Reichsmark gegründet und einem „50-Millionen-Mark-Sofort-Bankkredit" ausgestattet wurde.

284 Die zwölf Witwen mit insgesamt 35 Kindern erhalten keine Entschädigung. Einer der Mörder, Vizewachtmeister Erich Prüfert, wird 1926 freigesprochen und wendet sich Anfang Dezember 1959 *„an die Staatsanwaltschaft München I und bittet um Bestätigung der Militärdienstzeit in Bayern für die Abrechnung von Ersatzzeiten im Rentenverfahren; er fügt dem Gesuch hinzu: »Meinen Zunamen von Prüfert in Robrahn habe ich auf Anordnung des Amtsgerichts Berlin-Mitte im Jahre 1938 geändert.«* Zur Militärdienstzeit, die Robrahn-Prüfert laut Gesetz der Bundes-republik Deutschland auf die Anrechnung der Altersrente zustand, gehört auch der Einsatz

Im evangelischen Gemeindeblatt schreibt der Pfarrer Tage später, der Mord an den zwölf Männern sei ein *„Beweis für die Richtigkeit des Wortes »Wenn die Not am größten, ist Gottes Hilfe am nächsten«.“*[285]

Fritz Kautz: Gefangene in Stadelheim Anfang Mai 1919, *Das Bayerland* 19/1933, 600.

Durch die Straßen der Stadt werden Gefangene getrieben. Immer wieder fallen Schüsse. Wer nicht sofort füsiliert wird, kommt in eigens eingerichtete Räume in der Residenz, ins Polizeipräsidium oder wird ins Untersuchungsgefängnis Neudeck oder ins Gefängnis in Stadelheim transportiert. Die Zellen sind überfüllt. Sogar die Stadelheimer Gefängniskirche ist gesteckt voll.

Auf dem Altar steht ein schussbereites Maschinengewehr. Wenn die Türe aufgeschlossen wird, werden neue Festgenommene hereingeführt oder Gefangene zur Exekution abgeführt. Es stinkt nach Pisse und Exkrementen. Von draußen sind Gewehrsalven zu hören. Manche der Inhaftierten jammern, einige beten, ein Junge ruft nach seiner Mutter. Die Bedienungsmannschaft des MG sitzt hinter dem Altar und raucht Zigaretten.

Der Apostolische Nuntius ist empört. Er schreibt, was mehr über ihn und das Denken der geistigen Eliten seiner Zeit aussagt als über das Sujet seines Briefs, am 6. Mai nach Rom, er bedauere *„die Behauptungen der Regierung Hoffmann, sie habe die Stadt lediglich von den Spartakisten befreien wollen und beabsichtige, nach der Ermordung des Anführers der Roten Armee in München, Rudolf Egelhofer, streng zu ermitteln und die festgenommenen Spartakisten menschlich zu behandeln. Der Nuntius fürchtet nämlich weitere Unruhen angesichts dessen, dass viele Spartakisten, die nicht alle hingerichtet werden können, das Gefängnis mit ihrer Rachsucht verlassen werden.“*[286]

– beim Mord im Hofbräuhaus.“ Friedrich Hitzer, Der Mord im Hofbräuhaus. Unbekanntes und Vergessenes aus der Baierischen Räterepublik, Frankfurt/Main 1981, 245.

285 *Münchener Post* vom 21. Juni 1927.

286 Pacelli. Nuntiaturberichte, a.a.O., Dokument 325.

Am Abend des 6. Mai tagt der katholische Gesellenverein St. Joseph in der Augusten-
straße 41. Die jungen Männer sind alle Mitglieder der BVP und gerade im Aufbruch begriffen, als Weißgardisten sie verhaften und unter Misshandlungen erst in den Hof des
Prinz-Georg-Palais am Karolinenplatz 5 verfrachten, dort sechs der Gefangenen nieder-
schießen und die übrigen in den Keller des Hauses schaffen. Dort knallen die Weißen
die hilflosen Gesellen nieder.

*„… Nach der Schießerei begannen einzelne Soldaten … auf den armen Opfern herumzustei-
gen und nach etwa noch Lebenden zu suchen, um auch sie vollends zu töten … Das Gesicht eines der Opfer wurde hierbei nach ärztlichem Ausspruch »wie eine Briefmarke« breitgetreten. Auf
jeden, der noch zuckte, wurde mit den Füßen gestoßen sowie mit Seitengewehren eingeschlagen
und eingestochen. Einer der Soldaten versuchte, einen Schwerverwundeten mit den Füßen totzu-
treten … Einem der Gefangenen wurde durch einen Schlag das ganze hintere Schädeldach abge-
trennt. Einem anderen versetzte M. drei klaffende Stirnhiebe, so dass das Gehirn herausquoll.
Auch mit Dolchen wurde auf die Opfer eingestochen; in einem Falle wurde der Stich so wuchtig
ausgeführt, dass der Dolch in der Brust des Opfers steckenblieb …“*[287]

Wie immer sind am Sonntagvormittag die Kirchen gut besucht. Durch die leeren Straßen der Stadt ziehen sich ferner Orgelklang und Fetzen frommer Gesänge. Die Klingel-
beutel wiegen schwer. Dann geht es in ein gutes Restaurant oder nach Hause. Dort liest
im Wohnzimmer der Hausherr behaglich seine Zeitung, während die Dame des Hauses
überprüft, ob der Tisch im Speisezimmer ordentlich gedeckt ist. Das Dienstmädchen
bittet zu Tisch, dann trägt die Köchin den Sonntagsbraten herein. Nachmittags fahren an
diesem 11. Mai 1919 unzählige Automobile, Kaleschen und vollbesetzte Brückenwägen
hinaus nach Riem, dazwischen blitzen die Ausgehuniformen der Offiziere hoch zu Ross.
Beim Pferderennen vergnügt sich die feine Gesellschaft, am Totalisator wechseln Geldscheine ihren Besitzer. Auf Gesichtern glänzt Zufriedenheit, angeregtes fröhliches Stim-
mengewirr liegt über dem Platz. Als ob nie etwas geschehen ist.

287 StA Mü I, 2.766/II, StAM.

AUFLEHNUNG IST WAHNSINN

Wie aus Revolutionären Spinner, Sittenstrolche und Verbrecher wurden

Fressen oder gefressen werden, lautet das Gesetz des Dschungels.
Definieren oder definiert werden, so lautet das Gesetz der Menschen.[288]

Leichenberge an den festgefahrenen Fronten des großen Völkerschlachtens, Desorganisation in der Heimat, überall Krüppel an Leib und Seele – gekrönte Häupter stehlen sich davon, Offiziere schlüpfen in Zivilkleidung. Der alte Sinn hat sich desavouiert, jetzt wird der gesellschaftliche Konsens aufgekündigt. Die Macht fällt Ende 1918 den Revolutionären wie ein reifer Apfel in den Schoß.

Den alten Eliten scheint es wirklich an den Kragen zu gehen. Nun müssen sie versuchen, die verlorene kulturelle Hegemonie zurückzugewinnen, um diese in reale Machtverhältnisse münden zu lassen, die ihnen taugen. Dies gelingt vor allem mit der Stiftung einer neuen Identität: Diese basiert auf Ab- und Ausgrenzung. Um eine scheinbar eigene Tradition und deren Ethik hervorzuheben, werden den außerhalb der neuen Identität Stehenden besondere Eigenschaften zugewiesen.

Der Fremde ist freilich absichtslos fremd, er kann nichts dafür und bleibt ein harmloser Einzelner. Die „Landfremden" dagegen organisieren sich überindividuell. Sie erfüllen einen kriminellen Zweck. Ihnen muss man entgegentreten.

Die Fotografien, die die Münchner Polizeidirektion von inhaftierten Räterepublikanern anfertigen lässt, werden so arrangiert, dass der erwünschte „Verbrechertypus" deutlich wird. Abgerissene Kleidung, ein Dreitagebart, ein kahlrasierter Schädel und die Ausleuchtung von Wulstlippen und Krummnasen lassen das Zerrbild zur Karikatur werden. Und wenn das alles nicht ausreicht, werden die Protagonisten psychiatrisiert.[289]

Prof. Emil Kraepelin, der Chef der Psychiatrischen Klinik München, hat schon im Frühjahr 1918 die Protagonisten des Januarstreiks, Schriftsetzer Theobald Michler und Lorenz Winkler, Werkzeugschlosser bei BMW, auf ihre geistige Zurechnungsfähigkeit untersucht. Auch der Dichter Ernst Toller sollte in der Anstalt „behandelt" werden; nach einige Tagen gelang ihm die Flucht.

---

288 Thomas Szasz. Zit. in: Roland Jaccard, Der Wahnsinn, Frankfurt am Main/Berlin/Wien 1983, 34.
289 H.D. Heilmann, ehemaliges Mitglied des *Sozialistischen Deutschen Studentenbundes*, war der erste, der darauf hingewiesen hat. Hans-Dieter Heilmann: Revolutionäre und Irre – die wahnsinnige Revolution und das normale Auschwitz. In: *Schwarze Protokolle* 14 vom November 1976, 2 ff. – Der zweite, der sich des Themas annahm, war Grubitzsch. Siegfried Grubitsch: Revolutions- und Rätezeit 1918/19 aus der Sicht deutscher Psychiater. In: *Psychologie und Gesellschaftskritik* 9/ 1985, 23 ff.

In Zweifelsfällen geht eine psychiatrische Anamnese einem geplanten Strafprozess voraus. Der Paragraph 51 des Reichsstrafgesetzbuches ermöglicht, im Urteil von einer Strafe abzusehen oder sie zu mildern, *„wenn der Täter zur Zeit der Begehung der Handlung sich in einem Zustande von Bewusstlosigkeit oder krankhafter Störung der Geistestätigkeit befand, durch welchen seine freie Willensbestimmung ausgeschlossen war.“*[290] Richter erhalten dann für ihre Urteilsfindung Hinweise einer Psychiatrie, die selbst mit fragwürdigen Etikettierungen arbeitet.

Ein Assistent bei Kraepelin, Dr. Karl Weiler, meint: *„Nur unter ganz bestimmten Bedingungen, die wirklich eine Geistesstörung oder eine Bewusstlosigkeit bedingen, kann für einen Psychopathen die Anwendung des § 51 RStGB in Betracht gezogen werden. Die Psychopathie ist keine krankhafte Störung der Geistestätigkeit nach der Begriffsfassung, die der Gesetzgeber der Auslegung des genannten Paragraphen zugrunde gelegt wissen will und muss.“*[291] Später präzisiert Weiler, *„dass der Gesetzgeber durch die Aufstellung des § 51 nur solche Menschen vor Strafe schützen wollte, deren gesetzwidrige Handlung als Folgeerscheinungen geistiger Erkrankungen aufzufassen sind, nicht aber auch geistig nur anormale Persönlichkeiten, die infolge ihrer seelischen Minderwertigkeiten Straftaten begehen.“*[292]

Damit wird deutlich, dass der Paragraph auf die meisten Räterepublikaner, die nicht „geistig erkrankt“, sondern „seelisch minderwertig“ und von „ehrloser Gesinnung“ sind, nicht angewendet werden soll. Die Richter sehen das ein. Der Angeklagte wandert entweder in den Knast oder in die Irrenanstalt.

Kraepelin selbst, der führende Mann der deutschen Psychiatrie und Mitbegründer der *Vaterlandspartei*, befürwortet „psychopathisch Entartete“ zu sterilisieren, um die Reproduktion ihrer „erblichen Minderwertigkeit“ zu unterbrechen, und schreibt 1919 kurz nach dem Einmarsch der „weißen“ Soldateska:

> *Es ist wohl endlich kein Zufall, dass an der Spitze von Massenbewegungen nicht selten Persönlichkeiten mit ausgeprägten hysterischen Zügen stehen. Die mangelhafte Entwicklung des zielbewussten Willens, die der hysterischen Veranlagung zugrunde liegt, kann sich mit ausgezeichneter Verstandesbegabung und namentlich mit Lebhaftigkeit der gemütlichen Regungen verbinden, die unter Umständen eine besondere Fähigkeit in sich schließt, sich der Umgebung anzupassen, sie zu verstehen, auf sie zu wirken und sie zu beherrschen. Man wird dabei immer mit vorwiegend gefühlsmäßig geleitetem Handeln zu rechnen haben. Aber auch sonst sind unter den Führern der jetzigen wie früherer Umwälzungen in überraschender Zahl Menschen vertreten, die nach irgend einer Richtung hin aus dem Rahmen der Durchschnittsbreite herausfallen. Unter ihnen sind vielleicht die harmlosesten jene Schwärmer und Dichter, die sich ein Weltbild eigener Erfindung entworfen haben und es zu verwirklichen suchen, ohne zu bedenken, dass die Welt eng und das Gehirn weit ist. Eine zweite Gruppe bilden die Vielgeschäftigen, deren Seelenzustand*

---

290 Strafgesetzbuch für das Deutsche Reich. Textausgabe in der jetzt geltenden Fassung mit Anmerkungen von Dr. jur. Wilh. Heinr. Winand, Amtsgerichtsrat in Bonn, Berlin 1913, 43.
291 *Münchener Medizinische Wochenschrift* 34 vom 22.8.1919, 969. Zit. in: Heilmann, a.a.O., 23.
292 *Monatsschrift für Kriminal-Psychologie*, 12. Jg. 1921, 314. Zit. in: Heilmann, a.a.O., 23.

zumeist dem manisch-depressiven Irresein angehört; sie pflegen in ihrem hem-
mungslosen Betätigungdrange immer neue Pläne in Angriff zu nehmen, ohne die
Möglichkeit ihrer Verwirklichung zu prüfen und die unerlässlichen Vorbereitungen
zu treffen. Darf man diesen Gruppen zugestehen, dass sie sich von bestimmten
Überzeugungen leiten lassen und allgemeine Ziele, wenn auch oft verschwommener
und unerreichbarer Art, verfolgen, so bildet ihre Gefolgschaft regelmäßig ein
Schwarm minderwertiger Persönlichkeiten, die, bis dahin durch die Gesellschafts-
ordnung niedergehalten, plötzlich die Bahn für ihre selbstsüchtigen Bestrebungen
frei sehen. Ihre üppiges Gedeihen wird vor allem durch die Entleerung der Gefäng-
nisse und die rasch aufeinander folgenden Gnadenerlasse bewirkt. »Stadelheim ist
aufgehoben«, erklärte mir schon am 8. November vorigen Jahres ein Vertreter der
bewaffneten Macht, mit dem ich zu verhandeln hatte. Vor allem rührten sich die ge-
werbsmäßigen Schwindler und Hochstapler, deren bedenkenfreie Gewandtheit es ih-
nen leicht macht, in der allgemeinen Verwirrung einige Zeit eine Rolle zu spielen
und sich auf der Oberfläche zu behaupten. Mehr im Dunkel bleibt die Schar der
Haltlosen und Verkommenen, der Betrüger, Gewohnheitsdiebe und Zuhälter, die so-
fort die Möglichkeit zu gewinnbringender Tätigkeit wittern, sich überall eindrängen
und die sich reichlich bietende Gelegenheit zur Ernte rücksichtslos ausnutzen.

Diese Erfahrungen werden bei jeder grundstürzenden Umwälzung gemacht,
und niemand wird leugnen wollen, dass auch wir ihnen nicht entgangen sind. Ich
selbst habe mich davon überzeugen können, dass eine Anzahl der führenden wie der
untergeordneten Persönlichkeiten aus der jüngsten Volksbewegung, die ich untersu-
chen konnte oder über die ich genauere Nachrichten erlangte, einer der hier geschil-
derten Gruppen angehörten. In einem gewissen Zusammenhange damit steht auch
die starke Beteiligung der jüdischen Rasse an jenen Umwälzungen. Die Häufigkeit
psychopathischer Veranlagung bei ihr könnte mit dazu beigetragen haben, wenn
auch wohl hauptsächlich ihre Befähigung zu zersetzender Kritik, ihre sprachliche
und schauspielerische Begabung sowie ihre Zähigkeit und Strebsamkeit dabei in Be-
tracht kommen.

Welche Früchte die Herrschaft der aufgeführten Gruppen zeitigte, haben wir
schaudernd selbst erlebt ...[293]

Für Kraepelin ist die primitive Masse ein haltloses, emotional schwankendes, verführba-
res Konglomerat ohne Selbstzucht, nur geleitet von unbewussten Triebregungen, das
darauf angewiesen ist, dass „echte", hervorragende Führer ihm mit Zwang den rechten
Weg in die Ordnung weisen. Diese, eine Elite, zeichnen sich in Pflicht und Verantwor-
tungsgefühl, Selbstbeherrschung, Zielstrebigkeit und Vernunft aus, Eigenschaften, an
denen es Psychopathen mangelt.

Anfang August 1919 spricht auf der Jahresversammlung des Vereins bayerischer Psychiater Eugen Kahn, ein weiterer Assistent Kraepelins, zum Thema „Psychopathen als re-

---

293 Emil Kraepelin: Die Wahrheit über die Revolution. In: *Süddeutsche Monatshefte* 9 vom Juni
    1919, 177 f.

volutionäre Führer".[294] Er fragt sich, warum Psychopathen, die in ihrem Wesen der oben beschriebenen Masse nahe stehen, revolutionsaffin handeln und warum sie führende Rollen bei der Revolution einnehmen können. Er hat aus 66 Beteiligten 15 der bekanntesten „Rädelsführer" der Revolutionszeit ausgewählt und untersucht – manche erst nach ihrer Ermordung – und ordnet diese nun mit wissenschaftlichem Impetus in Typen ein: ethisch defekte Psychopathen, hysterische Persönlichkeiten, fanatische Psychopathen und Manisch-Depressive.

So ist der Kommandant der Roten Südarmee, Gustav Riedinger, „intellektuell durchschnittlich, verlogen ... großsprecherisch", in summa ein „haltloser, ethisch defekter Psychopath".[295] Rudolf Egelhofer wird nach eingehender Ferndiagnose post mortem zu einem „antisozialen Psychopathen".[296]

Erich Mühsam gerät wie Josef Sontheimer und Kurt Eisner ebenfalls nach Ferndiagnose zum „fanatischen Psychopathen"; letzterer sei „intelligent, erregbar, phantastisch ... eitel bis zur Selbstüberschätzung, großsprecherisch, Phraseur, Poseur und empfindsam" gewesen. Der Gymnasiallehrer und Reformpädagoge Dr. Ludwig Gurlitt, der in der Ministerialkommission für Unterrichtsreform tätig war, sei von „Rededrang, Ideenflucht" geprägt, sei „erotisch, gewalttätig ... von hypomanischer Konstitution" und leide an „manisch-depressivem Irresein".[297]

Die Botschaft ist klar: Nicht jeder harmlose Irre wird zum Revolutionär, aber jeder Revolutionär ist verrückt, ist minderwertig; für ihn gelten keine mildernden Umstände bei der Strafbemessung nach § 51 Strafprozessordnung.

---

294 Eugen Kahn: Psychopathen als revolutionäre Führer. In: *Zeitschrift für die gesamte Neurologie und Psychiatrie* 52/1919, 90 ff. sowie Sonderdruck, Berlin 1919.

295 A.a.O.

296 Dr. med. Helenefriderike Stelzner meint schon früh, Egelhofer habe „*den Sitz der Regierung zu einem Tempel des Bacchus und der Venus*" gemacht. Stelzner: Psychopathologisches in der Revolution, a.a.O., 396. – Die Räterepublikaner feierten Orgien, das Wittelbacher-Palais war ein Bordell. Stelzner: „*Auf der einen Seite droht der Gorilla des Bolschewismus, zertritt ein grober Riesenstiefel Haus und Heimat, und auf der anderen Seite wiegen sich unter dem Schutz der Zensurfreiheit besonders pikant ausgefallene raffinierte Pärchen im Modetanz.*" A.a.O., 402. – Paul Busching, Professor an der Technischen Hochschule München, bezeichnet Egelhofer als „*blutgierig, total ungebildet, eitel, tyrannisch, moralisch völlig haltlos und dabei gänzlich unfähig in den Angelegenheiten seines Amtes*". Busching: Die Revolution in Bayern. In: Süddeutsche Monatshefte 9/Juni 1919, 228.

297 Kahn: Psychopathen, a.a.O. – „*Fachvokabular richtet Blicke aus, und interpretierte Blicke erzeugen Verständnismuster, die als ideelle Verdopplung der gesellschaftlichen Wirklichkeit zur Begründung ihrer eigenen Voraussetzungen herhalten müssen. Deshalb wird diesen Experten die Gesellschaft, die soziale Gemeinschaft zum Organismus mit kollektiven Gefühlen, mit einem Willen beseelt etc. Und krank werden kann dieser Organismus auch - und zwar an Leib und Seele. Dieser 'gesellschaftliche Organismus' nun sei darauf angewiesen, dass alle seine Teile störungsfrei funktionieren. Jeder sei verantwortlich an der dauerhaften Reproduktion des ewig Gleichen der bestehenden sozialen und politischen Herrschaftsverhältnisse. Einem Krebsgeschwür vergleichbar wird folglich das Proletariat, werden die Arbeiter- und Bauernräte bzw. deren Führer, wenn sie diese Ordnung in Frage stellen. Eine Ordnung, die als scheinbar naturgegebene nur dann aufrechterhalten werden kann, wenn Krankheitskeime, wenn Verderbtheit von ihr ferngehalten werden kann - das weiß ja, das sollte jeder Mensch wissen.*" Grubitsch: Revolutions- und Rätezeit, a.a.O., 42.

Die, die alles daran setzten, die Revolutionäre zu stigmatisieren und ihnen eine Berechtigung als legitime bayerische Regierung abzusprechen, sind erfolgreich. Die Etikettierung als krimineller Abschaum, berechnend-geschäftstüchtige Wüstensöhne, als notorische Arbeitsscheue, als triebhafte Syphilitiker oder als feige verweiblichte Hysteriker wie Toller, der, wie man hämisch flüstert, mit gefärbten Haaren hinter einer Tapetentür verborgen sich seinen Häschern zu entziehen trachtete, werden die Revolutionäre bis heute nicht los.[298]

Noch ist die Geschichte der Psychiatrisierung der Münchner Räterepublikaner nicht geschrieben. Es könnten sich noch Unterlagen im Archiv des *Max-Planck-Instituts für Psychiatrie* befinden. Der Verfasser dieser Zeilen hat sich in der Vergangenheit vergeblich darum bemüht, Auskünfte oder einen Zugang zum Archiv zu erhalten.

„Deutschland über alles"
Zweite Anklage gegen die Monarchie.
(Aus einer Volksversammlung).

[Der Redner:

Fußtritte und Geringschätzung gebt Ihr dem gemeinen Volke, eine polizeiliche Ueberwachung und einen

Katechismus mit dem Hauptsatze:
Respektiere was nicht Dein ist, was **Anderen** gehört. Respektiert die Anderen und besonders die **Oberen.**

Wir aber erwidern:

Das ist nicht **unser** Recht, sondern **Euer** Recht. Eure Ordnung ist darauf gegründet, daß die Untergeordneten von den Uebergeordneten u. Bevorzugten wucherisch übertheuert, übervorteilt und vergewaltigt werden. Wodurch ist **Euer** Eigentum — voran Königtum, Erbadel, höheres Staatsamt, Fideikommiß, Millionenbesitz usw. — sicher?! Doch nur dadurch, daß wir uns des Eingriffs enthalten. Mithin durch unsern Schutz! Und was gebt Ihr uns dafür?! . . . Fußtritte und Geringschätzung und universale Knechtung! . . .

Ferner fragen wir:

Womit wiegt Ihr's auf, daß wir Kartoffeln kauen und Eurem Austernschlürfen ruhig zusehen? Meint Ihr, die Austern gehörten uns nicht so gut als Euch?!

Nach Max Stirner: Der einzige und sein Eigentum, bes. S. 316 ff.

Ausschnitt aus: Höllengesindel! Revolutionsflugblatt Nr. 2, 7 – 15.12.1918, 2,
hg. von Wilhelm Bethke.

Das Archiv des Bezirks Oberbayern ist für die Heil- und Pflegeanstalt Eglfing – Haar zuständig. Hier finden sich die Fälle des Studenten Ludwig Kröber, des Schieferdeckers Max Merl, des Handlungsgehilfen Ferdinand Wimmer, des Schriftstellers Dr. jur.

---

298 Toller war „*ein Abgott kultivierter Frauen. Ein jüdischer Revolutionär und jung. Seiner Rede Zauberfluß, sein Händedruck und ach, sein Kuß! Toller war lungenleidend; an seinen Händen sollte Blut kleben: Glückes genug. Er hat sich dann, als die Rote Garde geschlagen wurde, feige verkrochen und sich die Haare rot gefärbt.*" Busching; Die Revolution, a.a.O.

Wilhelm Bethke und des Leutnants Eugen Karpf. Dieser war ursprünglich Mitglied der *Republikanischen Schutztruppe* und hat sich am 16. April 1919 dem militärischen Oberkommando der Räteregierung zur Verfügung gestellt. Er befindet sich vom 27. August bis zum 7. Oktober in Eglfing.

Schon vor dem Weltkrieg übt Bethke schneidende Kritik an Justiz und Bürokratie, prangert autoritäre Strukturen und Klassenjustiz an. Für seine Kollegen ist er zum Querulanten geworden.[299] Während der Räterepublik ist er Mitglied in der „Justizreformkommission"und verfasst mit Datum vom 10. April 1919 ein *„Manifest zur radikalen sofortigen großen Rechts- und Sozialreform".*[300] In seiner Zeitung schreibt er: *„Mitbürger in Stadt und Land: Nicht Weimar und noch weniger Bamberg bringen Euch Freiheit, sondern einzig und allein München. Wenn die weiße Garde siegt, so fallen wir leicht wieder zurück in die verhasste Sklaverei des Kapitalismus und Bürokratismus. Wir wollen aber frei sein und bleiben. Darum hoch die Rote Armee!"*[301]

> *Aus der Haft in Neudeck schreibt* [Bethke] *am 28. Mai an den Staatsanwalt einen in der älteren deutschen Revolutions- und Rechtsgeschichte vielleicht beispiellos mutigen Brief (Gerade ist er vom Landgerichtsarzt auf seinen Geisteszustand untersucht worden.):* »Verschiedenen Herren der alten maroden, perversen Justiz wäre es über alle Maßen erwünscht oder recht, wenn der medizinische Gutachter mich für geisteskrank erklären würde. Auf einen solchen Dienst dürfen aber meine Feinde hier nicht zählen.« *Er habe dem Gutachter genau dies alles gesagt, was er in seiner Zeitschrift geschrieben habe,* »dass der alte deutsche Staatsbetrieb, voran die Justiz, die Hochschule der Heuchelei, Vergewaltigung und des Schwindels sei« *und dass die meisten Juristen* »selber gut daran täten, sich auf ihren Geisteszustand untersuchen zu lassen« *eingedenk dessen, was er über ihre Tätigkeit und Tauglichkeit veröffentlicht habe. Man solle ihn deswegen ruhig nach dem Hochverratsparagraphen verfolgen, und wenn die in den Akten befindlichen Denunziationen dazu auch nicht ausreichen wollten:* »Wenn auch Deutschland heutzutage allergrößten Mangel an Gummi hat, so ist es dennoch nicht verloren. Nur Ersatz her! Justitia weiß Rat und Hilfe. Sie hat Tausende von Paragraphen, welche dauerhafter und dehnbarer als Gummi sind ... Heute, besonders in der Justiz, kommt es nicht mehr darauf an, ob irgendein Freiheits- und Kulturkämpfer auf krumme Art verschwindet.«[302]

Im Prozess klagt der Staatsanwalt erregt, Bethke habe seine Kollegen von der juristischen Zunft den räterepublikanischen Machthabern auf Gnade oder Ungnade ausliefern wollen. Er habe die *„lebenslängliche Anstellung, die Unverletzbarkeit und Unabsetzbarkeit und die Pensionsberechtigung"*[303] abschaffen wollen und vorgeschlagen, dass Volksbeauftragte die Richter einzusetzen hätten.

299 1914 gab Bethke *Die Bürgerwehr. Wochenschrift für geistigen, politischen und sozialen Fortschritt* mit den Beilagen *Das Wespennest* und *Querulanten- und Richterwahn* heraus.
300 StAnw 1953, Dr. Wilhelm Bethke, StAM.
301 *Der freie Mensch. Unabhängiges und parteiloses Spezialorgan zur Verteidigung der Menschenrechte, für wahre Freiheit und freie Wahrheit sowie für volkstümliches Recht und Gericht* 8 vom 27.4.1919.
302 Heilmann, Revolutionäre und Irre, a.a.O., 9 ff.
303 StAnw 1953, Dr. Wilhelm Bethke, StAM.

Das Gericht verurteilt den „streitsüchtigen Psychopathen und Haftquerulanten" zu drei Jahren Zuchthaus. Bethke wird vom 21. Juni bis 12. September 1922 in der Irrenanstalt Eglfing „behandelt", wird seitdem immer wieder psychiatrisiert und entkommt dem Irrenhaus erst Ende der 20er Jahre.

Ob sich in der ehemaligen Irrenanstalt, heute *Isar-Amper-Klinikum München-Ost*, noch Unterlagen psychiatrisierter Räterepublikaner befinden? Wenn noch ungehobene Quellen existieren, sollten sie studiert werden. Sie belegen, wie die Psychiatrie von ihren Anfängen bis in die jüngste Zeit unter dem übergreifenden Interesse eines staatlichen Ordnungswütens praktiziert.

Von der psychiatrischen Klassifizierung, die den Revolutionären jedes ethische Motiv abspricht, um sie als „gemeinschädliche Untermenschen" kurz und bündig auszusondern oder gleich auszumerzen ist der Weg zur Idee der Vernichtung „lebensunwerten Lebens" nicht weit.[304] Knapp zwei Dutzend Jahre später gelingt es, aus der Idee die Tat folgen zu lassen: Zur Anpassung, sei es aus rassischen oder ideologischen Gründen Unfähige werden großzügig unschädlich gemacht.

Opposition ist Irrsinn und erfährt nur eine Antwort. Das Plakat des Grafikers und Architekten Siegmund von Suchodolski mit der knalligen Aufschrift „Raus mit Euch, bei uns gibt's koa Anarchie!" ist jetzt 100 Jahre alt. Neben einem bairischen Grenzpfahl haut ein „typischer" Einheimischer einen „typischen" Anarchisten weg.

Vor 50 Jahren war auf Münchens Straßen zu hören: „Du langhaarader Aff, hams vergessen dich zu vergasen? Euch krankes Gschwerl soit ma in a Arbeitslager sperrn! Ihr Verrückten habts hier nix valorn, schleichts eich, gehts doch rüber in die Zone!" Suchodolskis Plakat behauptet zeitlose Wirkmächtigkeit. Seine Ästhetik harmoniert mit der inhaltlichen Aussage bis heute aufs glücklichste.

304 Karl Binding/Alfred Hoche, Die Freigabe der Vernichtung lebensunwerten Lebens. Ihr Maß und ihre Form, Leipzig 1920.

EINE LETZTE FRAGE

Wer die Pfade bereitet, stirbt auf der Schwelle,
doch es neigt sich vor ihm in Ehrfurcht der Tod.[305]

Manchen Akteuren stellte sich die Frage, warum es zu dieser katastrophalen Niederlage der Räterepublikaner kam. Hatten sie ein unzureichendes oder gar falsches Bild von den Voraussetzungen? Waren die materiellen Verhältnisse in Baiern reif für eine proletarische Revolution? Besaß das Münchner Proletariat genügend Klassenbewusstsein? Konnte sich das städtische Proletariat auf die Unterstützung der Bauern verlassen?

Die bäuerliche Rebellion beruht auf der Verteidigung der eigenen Subsistenz. Auch wenn die Hütte, die der Bauer besitzt, noch so klein ist, kämpft er um sie. Dieses Grundmotiv herrschte im Bauernkrieg Anfang des 16. Jahrhunderts genauso wie bei den Bauern in der französischen Revolution.

Die Arbeiterinnen und Arbeiter hatten eine ganz andere Perspektive. Sie wollten die Ausweglosigkeit einer Existenz, die nichts anderes zu verkaufen hatte als ihre Ware Arbeitskraft, abschütteln.

Auch bei Bauern finden sich zuweilen utopische Gesellschaftsentwürfe und bei Arbeitern Gerangel um den Status in der Arbeitshierarchie. Aber von den Grundlinien her sind die Motive unterschiedlich. Es wundert deshalb nicht, wenn zum Beispiel der Bauernbündler Konrad Kübler, der Mitglied im *Zentralrat* war, 1945 die CSU mitbegründete.

Manche Fragen wurden oft zu spät beantwortet. Erich Mühsam machte in der Festungshaft in Niederschönenfeld im August 1921 eine Rechnung auf:

„In München waren – von beiläufig 400.000 erwachsenen Proletariern, Männern und Frauen – allerhöchstens 20.000 während der Zeit des Umsturzes revolutionär aktiv, also 5 Prozent der sogenannten »Masse«. Von diesen 20.000 waren mindestens 17.000 erst durch die akut gewordene Bewegung selbst in Bewegung gesetzt worden. Es waren also – höchstens ! und das ist meiner Beobachtung nach noch viel zu hoch gegriffen – 3.000 Personen, die vor Ausbruch der Revolution wirklich revolutionären Willen gehabt haben: noch nicht ein Prozent der »Masse« … Das Gros aber sympathisiert mit absolut allem, was Erfolg hat.“[306]

Am 28. August 1922 schrieb er in sein Tagebuch: *„Was wir bei der ständig zunehmenden und von uns lebhaft erstrebten Radikalisierung der Massen übersahen, war die Strohfeuerqualität*

---

305 Ernst Tollers Epigramm auf dem Gedenkstein für die Toten der Revolution im Münchner Ostfriedhof

306 Chris Hirte, Erich Mühsam. „Ihr seht mich nicht feige“. *Biografie*, Berlin (DDR) 1985, 304 f.

der um uns jubelnden Begeisterung. Wir nahmen den Lärm besoffen geredeter Volksmengen für Macht, und wir taten, wozu uns diese Menge tatsächlich drängte, was wir tun mussten: Wir erhoben die Hand zum entscheidenden Griff an die Machtkurbel. Dann setzten die Widerstände von außen ein, denen wir deshalb nicht positiv entgegenwirken konnten, weil das Strohfeuer der Anhänger vor der Gefahr erlosch. Die lautesten Jünger verrieten uns, und wir sahen zu spät, wie viel im Innern widerstrebende Anhänger aus Opportunismus so lange zu uns gestanden hatten, bis sie fanden, dass unser Gaul am Ende das Rennen doch nicht so sicher machen würde, wie es anfangs schien."[307]

Der Blick auf das eigene, subjektive Versagen ist naheliegend. Freilich waren auch die Kräfteverhältnisse ungleich. Die Rätebewegung hatte keine Chance, da die umfassenden Möglichkeiten der Öffentlichkeitsarbeit, die die Gegenrevolutionäre besaßen, in München nur mangelhaft, außerhalb Münchens überhaupt nicht unterbunden werden konnten. Und es war von Anfang an zu spät. Die Januarkämpfe im Reich waren schon verloren, an der Ruhr metzelte die Reichswehr den Generalstreik nieder, die Reaktion war im Vormarsch.

Daneben wogen die eigenen Versäumnisse schwer. Mit Sicherheit kann man sagen, dass eine politische Revolution dann scheitert, wenn sie nicht mit einer sozialen Revolution verbunden ist. Soziale Revolution heißt ultimative Enteignung der wirtschaftlichen Eliten, Vergesellschaftung aller Produktionsmittel und sofortiges Verbessern der alltäglichen Lebensumstände von Arbeitern und Bauern.

So konnte es passieren, dass nur die politisch bewussten Arbeiterinnen und Arbeiter die Räteherrschaft unterstützten, viele aber nicht verstanden, warum sie für die Räte eintreten sollten. Diese Erkenntnis wurde später im Spanischen Bürgerkrieg aktuell. Solange die erfolgreiche Abwehr der putschenden Generäle mit der sozialen Revolution verbunden war, hatte diese Aussicht auf Erfolg.

Eine weitere Frage stellt sich: Kann es sein, dass das Experiment „Räterepublik" nicht die geringste Chance hatte?

Arbeiterinnen und Arbeiter finden nicht durch theoretische Erkenntnisse zur Arbeiterbewegung, sondern durch das unmittelbare Erleben ihrer materiellen Existenz. Nicht alle verfügen über die Perspektive, sich das nötige Wissen anzueignen, um mehr zu empfinden als ein gefühltes Klassenbedürfnis.

So erweckte die Bismarcksche Sozialpolitik Erwartungen an die Fähigkeit des Staates, soziale Verwerfungen einzuebnen. Unter den Sozialistengesetzen entstand in der deutschen Sozialdemokratie straffe Hierarchie und eine disziplinierte, autoritätshörige Mitgliedschaft. Der mächtigste Block der weltweiten Arbeiterbewegung beharrte sehr lange auf einem revolutionären Programm, während er gleichzeitig auf unzähligen politischen Feldern die Erfahrung machte, dass er mit zäher Beharrlichkeit den herrschenden Gewalten Zug um Zug Terrain abringen konnte.

Das Hineinwachsen in den Sozialismus erschien als zwangsläufiger Prozess. Weil die meisten Arbeiter sich als bessere Staatsbürger fühlten, denen die Zukunft gehörte,

---

307 Erich Mühsam, Tagebücher 1910 – 1924, München 1994, 303 f.

verteidigten sie die Ordnung, in der sie arbeiteten und lebten. Die SPD verfocht gleichzeitig Systemerhaltung und Gesellschaftsveränderung.

Dieses Konzept mündete zwangsläufig in die Bewilligung der Kriegskredite und in die darauf folgende unbedingte Parteinahme für den kriegführenden Staat. Nicht dieser war sozialdemokratisch geworden, die SPD hatte sich dem Staat anverwandelt und war zu seinem Agenten geworden. Das, was die Sozialdemokraten offen vertraten, haben sie NICHT verraten. Sie sind vielmehr konsequent einer miserablen Theorie gefolgt und haben diese unbeirrt in eine unheilvolle Praxis umgesetzt.

Die „halbe" Revolution musste misslingen. Heißt das auch, alle Opfer waren umsonst, weil das Experiment „Räterepublik" daneben gehen musste?

Die Revolution scheiterte im ökonomisch rückständigen Russland zunächst nicht, obwohl hier mit den Menschewiki eine der SPD vergleichbare Partei tätig war. Antonio Gramsci dachte darüber nach und fand in der größeren Bedeutung der „Zivilgesellschaft" und der „Hegemonie" im Westen eine Antwort:

„Im Osten war der Staat alles, die Zivilgesellschaft war in ihren Anfängen und gallertenhaft; im Westen bestand zwischen Staat und Zivilgesellschaft ein richtiges Verhältnis, und beim Wanken des Staates gewahrte man sogleich eine robuste Struktur der Zivilgesellschaft. Der Staat war nur ein vorgeschobener Schützengraben, hinter welchem sich eine robuste Kette von Festungen und Kasematten befand."[308]

Es war „Bewegungskrieg", der es ermöglichte, in einem Land die Staatsgewalt zu erobern, dessen kapitalistische Produktion und damit die bürgerliche Gesellschaft erst in den Anfängen steckte. Die westlichen Gesellschaften zeichnet dagegen ein komplexes, stark vernetztes und hochentwickeltes Leben der Menschen in Vereinen, Kirchen und Gewerkschaften aus. Hier herrscht der „Stellungskrieg", in dem es darum geht, die Hegemonie in Meinungsführerschaft und politischer Führung in Medien, in Versammlungen, Aktionen und in Parteien zu erhalten oder zu erobern. Die hegemoniale Führung ermöglicht stabile Herrschaft, die nur in Ausnahmefällen auf Gewalt und Terror zurückgreift. Die hegemoniale Führung investiert viel, um den Konsens der Beherrschten zu garantieren.

Solange heute der „gezähmte" Kapitalismus den abhängig Beschäftigten Zugeständnisse macht und ihnen ermöglicht, ihre privaten Bedürfnisse zu befriedigen, sind sie mit den gegebenen Verhältnissen, auch wenn sie auf diese schimpfen, im Reinen. Da die mit der SPD konkurrierenden Parteien sich ebenfalls die Klassenversöhnung auf ihre Fahnen geschrieben haben und dies sogar erfolgreicher umsetzen, macht sich die SPD überflüssig. Da es ihr nicht gelingt, ihren inneren Entwicklungsprozess zu stoppen oder gar umzukehren, wird sie von der gesellschaftlichen Entwicklung „gestoppt". Die klassische Arbeiterbewegung findet ihr Ende. Damit öffnet sich ein Feld, in dem rätedemokratische Konzepte als neue Formen der politischen Teilhabe an der Gesellschaft entstehen können.

---

308 Klaus Bochmann/Wolfgang Fritz Haug unter Mitarbeit von Peter Jehle (Hg.), Antonio Gramsci: Gefängnishefte. Gesamtausgabe in 10 Bänden, Hamburg 1991 – 2002, Heft 7, § 16.

Eine letzte Frage: War das Engagement der Räterepublikanerinnen und Räterepublikaner 1918/19 umsonst?

Aufruf?

Ueber alles bedeutend und groß waren die Ereignisse der letzten Wochen. Alles das, was dabei auf Straßen und in Sälen geschah, dürfen wir nicht vergessen lassen. Wir und unsere Nachkommen wollen diese gewaltigen Stunden in späteren Zeiten als ausführliche Geschichte wieder erleben. Darum ist es notwendig, daß alles dies, was in diesen großen Tagen gesprochen und geschrieben wurde, jetzt gesammelt wird. Was jetzt noch durch ein leichtes zu erreichen ist, kann später vielleicht nur sehr umständlich und als Bruchstück gefunden werden. Das Kleinste kann von der größten Bedeutung sein.

Handgeschriebene Zettel, Flugblätter, Ausweise und Bestätigungen, Plakate, Zeitungen, persönliche Erlebnisse, bisher noch ungedruckte Reden und gesprochene Aufrufe — kurz alles, was seit der Revolutionsnacht in Wort und Schrift Ereignis wurde, bitten wir, an das provisorische Revolutions-Archiv, Landtagsgebäude, Zimmer 113, zu senden. Der Dank der lebenden und kommenden Genrationen wird Euch sicher sein.

Provisorisches Revolutions-Archiv:
Hoferichter. Liebmann

Kain. Zeitschrift für Menschlichkeit 3 vom 7. Januar 1919, 4.

ANHANG

ABBILDUNGSVERZEICHNIS

Archiv der Münchner Arbeiterbewegung:
    Seite 31, 32, 34, 110, 176
Archiv der sozialen Demokratie in der Friedrich-Ebert-Stiftung, Bonn:
    6/FLBL005786 Seite 85
Bayerische Staatsbibliothek:
    hof-5157 Seite 17; hof-5147 Seite 29 oben; hof-5149 Seite 41; Postillioniana 62 Nr. 1 Seite 116; hof-5141 Seite 121
Bayerisches Hauptstaatsarchiv:
    PlkSlg 2074 Seite 16; PlkSlg 2075 Seite 44; FlSlg 181 Seite 114
Bundesarchiv Berlin:
    IfGA 236/7/24ü Seite 52
Haidhausen-Museum, München:
    Seite 113
Landesarchiv Speyer:
    Seite 142, 143
Library of Congress, Washington D.C.:
    Seite 71, 75, 81, 174
Münchner Stadtbibliothek / Monacensia:
    F.Mon unsigniert Seite 21, 22; F.Mon 2939 Seite 37; F.Mon 229 Seite 40; F.Mon 2530 Seite 65; F.Mon 3234 Seite 72; F.Mon 205 Seite 101; F.Mon unsigniert Seite 126, 127, 128, 162, 163, 164; F.Mon 1883 Seite 145, 146, 147, 148, 149, 150, 151, 152, 153; F.Mon 2692 Seite 154, 155; F.Mon 2650 Seite 167; F.Mon 2689 Seite 189
Münchner Stadtmuseum:
    PlkSlg C14-85 Seite 191
Privatsammlung:
    Seite 28, 29 unten, 42, 98, 133, 144
Sammlung Gabriele Duschl-Eckertsperger, München:
    Seite 47, 103
Staatsarchiv München:
    StAnw Mü II 2001, Fischhaber Ludwig Seite 43

Nicht alle Inhaber von Bildrechten konnten ermittelt werden. Bei berechtigten Ansprüchen wenden Sie sich bitte an den Verlag.

ABKÜRZUNGEN

A.a.O.	Am angegebenen Ort
A-K.	Armeekorps
b.A.K.	bayerisches Armeekorps
BayHStA	Bayerisches Hauptstaatsarchiv
BVP	Bayerische Volkspartei
DMV	Deutscher Metallarbeiterverband
IKD	Internationale Kommunisten Deutschlands
KI	Kommunistische Internationale
KPO	KPD-Opposition
LK	Landkreis
MA	Ministerium des Äußeren
MAR	Münchner Arbeiterrat
MArb	Arbeitsministerium
MG	Maschinengewehr
MdL	Mitglied des Landtags
MdR	Mitglied des Reichstags
Mons.	Monsignore
MSPD	Mehrheitssozialdemokratie
NKWD	Narodnyj kommissariat wnutrennich del = Volkskommissariat für innere Angelegenheiten der Sowjetunion
NL	Nachlass
NN	Unbekannter Autor
RAR	Revolutionärer Arbeiterrat
SAPD	Sozialistische Arbeiterpartei Deutschlands
Sta	Stadtarchiv München
StAnw Mü I	Staatsanwaltschaft München I
StAM	Staatsarchiv München
USPD	Unabhängige Sozialdemokratie

INTERNET

Eugenio Pacelli. Kritische Online-Edition der Nuntiaturberichte von 1917 – 1929:
http://194.242.233.158/denqPacelli/index.htm

Heinrich Heine, Erinnerung aus Krähwinkels Schreckenstagen: https://www.staff.uni-mainz.de/pommeren/Gedichte/HeineNachlese/kraehw.htm

Judenzählung: https://de.wikipedia.org/wiki/Judenz%C3%A4hlung

Kongress-Bücherei, Washington D.C.: https://catalog.loc.gov/vwebv/

Kritische Online-Edition der Tagebücher Michael Kardinal von Faulhabers (1911 – 1952).
EAM, NL Faulhaber 10003: http://www.faulhaber-edition.de/index.html

Museum der Stadt Grafing: http://www.museum-grafing.de/sonderausstellungen/
Revolution.html

Revolution und Räterepubliken in Bayern 1918/19: https://bavarikon.de/object/bav:BSB-
CMS-0000000000003602

Stenographischer Bericht über die Verhandlungen der bayerischen Arbeiterräte:
http://daten.digitale-sammlungen.de/bsb00009666/images/index.html?
fip=193.174.98.30&seite=141&pdfseitex=

Stenographischer Bericht über die Verhandlungen des Kongresses der Arbeiter-,
Bauern- und Soldatenräte vom 25. Februar bis 8. März 1919: http://daten.digitale-
sammlungen.de/bsb00009689/ images/in dex.html?
fip=193.174.98.30&seite=1&pdfseitex=

Verhandlungen des Provisorischen Nationalrats, Protokolle: http://daten.digitale-
sammlungen.de/~db/bsb00009665/images/

Verhandlungen des provisorischen Nationalrates des Volksstaates Bayern im Jahre
1918/19, Beilagenband: http://daten.digitale-sammlungen.de/bsb00009666/images/
index.html?fip=193.174.98.30&seite =1&pdfseitex=

Der Weltkampf um Ehre und Recht. Die Erforschung des Krieges in seiner wahren
Begebenheit, auf amtlichen Urkunden und Akten beruhend. Unter Beteiligung von
70 hervorragenden Mitarbeitern herausgegeben von Exzellenz Generalleutnant Max
Schwarte, Leipzig/Berlin 1919 – 1933: https:// www.wintersonnenwende.com/
scriptorium/deutsch/archiv/weltkampf/wer0000.html#bd8

LITERATUR

Carl Amery, Das Ende der Vorsehung. Die gnadenlosen Folgen des Christentums, Reinbek bei Hamburg 1974.

Carl Amery, Leb wohl geliebtes Volk der Bayern, München/Leipzig 1996.

Karl Binding/Alfred Hoche, Die Freigabe der Vernichtung lebensunwerten Lebens. Ihr
Maß und ihre Form, Leipzig 1920.

Klaus Bochmann/Wolfgang Fritz Haug unter Mitarbeit von Peter Jehle (Hg.), Antonio
Gramsci: Gefängnishefte. Gesamtausgabe in 10 Bänden, Hamburg 1991 – 2002.

Georg Büchner, Dantons Tod. In: Ders., Werke und Briefe, hg. von Karl Pörnbacher,
Gerhard Schaub, Hans-Joachim Simm und Edda Ziegler, München 2001.

Tilla Durieux, Meine ersten neunzig Jahre. Erinnerungen, Frankfurt am Main/Berlin
1991.

Freya Eisner, Kurt Eisner: Die Politik des libertären Sozialismus, Frankfurt/Main 1979.

Kurt Eisner, Sozialismus als Aktion. Ausgewählte Aufsätze und Reden, hg. von Freya
Eisner, Frankfurt/Main 1975.

Michael Farin (Hg.), Polizeireport München. 1799 – 1999, Katalog zur gleichnamigen
Ausstellung im Münchner Stadtmuseum, 23. April – 22. August 1999.

Michael Kardinal Faulhaber, Deutsches Ehrgefühl und Katholisches Gewissen. Zur religiösen Lage der Gegenwart. Heft 1, München 1925.

Lion Feuchtwanger, Erfolg. Roman, Frankfurt/Main 1975.

Richard Förster, Erich Mühsam. Ein „Edelanarchist", Berlin 1919.

Siegmund Freud, Der Witz und seine Beziehung zum Unbewussten. Der Humor, Frankfurt/Main 1992.

Günther Gerstenberg, Der kurze Traum vom Frieden. Ein Beitrag zur Vorgeschichte des Umsturzes in München 1918 mit einem Exkurs über die Gießener Jahre von Sarah Sonja Rabinowitz von Cornelia Naumann, Lich/Hessen 2018.

Max Gerstl, Die Münchener Räte-Republik, München 1919.

Klaus Gietinger, November 1918. Der verpasste Frühling des 20. Jahrhunderts, Hamburg 2018.

Hermann Gilbhard, Die Thule-Gesellschaft. Vom okkulten Mummenschanz zum Hakenkreuz, München 1994.

Oskar Maria Graf, Wir sind Gefangene. Ein Bekenntnis aus diesem Jahrzehnt, Berlin 1928.

Bernhard Grau, Kurt Eisner. 1867 – 1919. Eine Biographie, München 2001.

Egon Günther, Bayerische Enziane. Ein Heimatbuch, Hamburg 2005.

Emil Julius Gumbel, Vier Jahre politischer Mord, Berlin-Fichtenau 1922.

Sebastian Haffner, Die deutsche Revolution 1918/19, Reinbek 2018.

Ben Hecht, Revolution in der Teekanne. Geschichten aus Deutschland 1919, Hofheim 1989.

Wilhelm Herzog, Menschen, denen ich begegnete, Bern/München 1959.

Lida Gustava Heymann unter Mitarbeit von Anita Augspurg, Erlebtes – Erschautes. Deutsche Frauen kämpfen für Freiheit, Recht und Frieden 1850 – 1940. Hg. von Margit Twellmann, Meisenheim an der Glan 1972.

Rudolf Herz/Dirk Halfbrodt, Revolution und Fotografie. München 1918/19, München 1988.

Heinrich Hillmayr, Roter und Weißer Terror in München nach 1918. Ursachen, Erscheinungsformen und Folgen der Gewalttätigkeiten im Verlauf der revolutionären Ereignisse nach dem Ende des Ersten Weltkrieges, München 1974.

Karl Jakob Hirsch, Novembergedanken. In: Zehn Jahre Novembergruppe, Berlin 1928.

Chris Hirte, Erich Mühsam. „Ihr seht mich nicht feige". Biografie, Berlin (DDR) 1985.

Friedrich Hitzer, Der Mord im Hofbräuhaus. Unbekanntes und Vergessenes aus der Baierischen Räterepublik, Frankfurt/Main 1981.

Chris Hirte/Uschi Otten (Hg.), Zenzl Mühsam. Eine Auswahl aus ihren Briefen. Schriften der Erich-Mühsam-Gesellschaft 9, Lübeck 1995.

Roland Jaccard, Der Wahnsinn, Frankfurt am Main/Berlin/Wien 1983.

Andrea Kampf, Frauenpolitik und politisches Handeln von Frauen während der Bayerischen Revolution 1918/19. Akteurinnen, Konzepte, Handlungsräume, Dissertation, Hagen 2016.

Susanne Kinnebrock, Anita Augspurg (1857 – 1943). Feministin und Pazifistin zwischen Journalismus und Politik. Eine kommunikationshistorische Biographie, Herbolzheim 2005.

Victor Klemperer, LTI. Notizbuch eines Philologen, Leipzig 1966.

Annette Kolb, Zarastro – Memento. Texte aus dem Exil, München 2002.

Hilde Kramer. Rebellin in München, Moskau und Berlin. Autobiographisches Fragment 1900 – 1924, hg. von Egon Günther unter Mitarbeit von Thiess Marsen, Berlin 2011.

Julius Kreis, Der umgestürzte Huber, München 1935.

Jean Baptiste Henri Lacordaire, Conférences de Notre-Dame de Paris, Tome Troisième: 1848 – 1850, Paris 1855.

Rosa Leviné, Aus der Münchener Rätezeit, Berlin 1925.

Joseph Maria Lutz, Bayrisch. Was nicht im Wörterbuch steht, München 1950[2].

Karl Marx/Friedrich Engels, Werke, Berlin (DDR), 1960.

Revolution und Räteherrschaft in München. Aus der Stadtchronik 1918/19. Zusammengestellt und bearbeitet von Ludwig Morenz unter Mitwirkung von Erwin Münz, München/Wien 1968.

Erich Mühsam, Von Eisner bis Leviné. Die Entstehung und Niederlage der bayerischen Räterepublik. Persönlicher Rechenschaftsbericht über die Revolutionsereignisse in München vom 7. Nov. 1918 bis zum 13. April 1919, Berlin-Britz 1929.

Erich Mühsam, Gedichte. Prosa. Stücke. Ausgewählte Werke Bd. 1, Berlin (DDR) 1985.

Erich Mühsam, Tagebücher 1910 – 1924, München 1994.

Cornelia Naumann/Günther Gerstenberg, Steckbriefe. Gegen Eisner, Kurt u. Genossen wegen Landesverrats. Ein Lesebuch über Münchner Revolutionärinnen und Revolutionäre im Januar 1918, Lich/Hessen 2017.

Ernst Niekisch, Gewagtes Leben. Begegnungen und Begebnisse, Köln/Berlin 1958.

NN, Die Münchener Tragödie. Entstehung, Verlauf und Zusammenbruch der Räte-Republik München, Berlin 1919.

Othmar Plöckinger, Unter Soldaten und Agitatoren. Hitlers prägende Jahre im deutschen Militär 1918 – 1920, Paderborn/München/Wien/Zürich 2013.

Rudolf Reiser, Kardinal Michael von Faulhaber. Des Kaisers und des Führers Schutzpatron, München 2000.

Walter Roos, Die Rote Armee der Bayerischen Räterepublik in München 1919, Heidelberg 1998.

Robert E. Sackett, The Message of Popular Entertainment and the Decline of the Middle-Class in Munich 1900 – 23. Diss. St. Louis, Missouri 1980.

Simon Schaupp, Der kurze Frühling der Räterepublik. Ein Tagebuch der bayerischen Revolution, Münster 2017.

Markus Schmalzl, Erhard Auer. Wegbereiter der parlamentarischen Demokratie in Bayern, Kallmünz 2013.

Walter Schmidkunz, Auf der Alm … 365 waschechte Schnaderhüpfln, München 1949.

Franz August Schmitt, Die neue Zeit in Bayern, München 1919.

Franz August Schmitt, Die Zeit der zweiten Revolution in Bayern, München 1919.

Gerhard Schmolze, Revolution und Räterepublik in München 1918/19 in Augenzeugenberichten, Düsseldorf 1969.

Alexander Schöppner, Sagenbuch der Bayerischen Lande. I. Band, München 1852.

Wilhelm von Schramm, Die roten Tage. Roman aus der Münchener Rätezeit, München 1933.

Michael Seligmann, Aufstand der Räte. Die erste bayerische Räterepublik vom 7. April 1919, Grafenau 1989.

Reichsbahnoberrat Max Siegert, Aus Münchens schwerster Zeit. Erinnerungen aus dem Münchener Hauptbahnhof während der Revolutions- und Rätezeit, München/Regensburg 1928.

Christiane Sternsdorf-Hauck,Brotmarken und rote Fahnen. Frauen in der bayrischen Revolution und Räterepublik. Mit einem Briefwechsel zwischen Frauen vom Ammersee, aus München, Berlin und Bremen, Frankfurt/M. 2008.

Eva Strauß, Hexenverfolgung in München. „… dass solch ungewöhnliche Gewitter von den vermaledeiten bösen Weibern gemacht werden", München 1999.

Sabine Sünwoldt, Weiß Ferdl, Eine weiß-blaue Karriere, München 1983.

Adrien Turel, Bilanz eines erfolglosen Lebens. Autobiographie, Zürich/Hamburg 1989.

Weiß Ferdl, Die fröhliche Nase, München 1931.

Weiß Ferdl, Es wird besser! München 1941.

Weiß-Ferdl, O mei – – –! München 1949.

[Walther Victor (Hg.),] Das Felix Fechenbach Buch, Arbon 1936.

Hansjörg Viesel (Hg.), Literaten an der Wand. Die Münchner Räterepublik und die Schriftsteller, Frankfurt/Main 1980.

Paul Werner [i.e. Paul Frölich], Die Bayrische Räte-Republik. Tatsachen und Kritik, Leipzig 1920.

PERIODIKA vor 1933

Das Bayerland, München

Die Bürgerwehr. Wochenschrift für geistigen, politischen und sozialen Fortschritt, München

Die Frau im Staat, München

Der freie Mensch. Unabhängiges und parteiloses Spezialorgan zur Verteidigung der Menschenrechte, für wahre Freiheit und freie Wahrheit sowie für volkstümliches Recht und Gericht, München

Die Freiheit. Berliner Organ der Unabhängigen Sozialdemokratischen Partei Deutschlands

Kain. Zeitschrift für Menschlichkeit, München

Mitteilungen des Vollzugsausschusses der Betriebs- und Soldatenräte, München

Monatsschrift für Kriminal-Psychologie, Heidelberg

Münchener Medizinische Wochenschrift

Münchner Neueste Nachrichten

Münchner Rote Fahne

Neue Zeitung, München

Die Rote Fahne, Leipzig

Rote Hand, München

Simplicissimus, München

Süddeutsche Freiheit, München

Süddeutsche Monatshefte, München

Vorwärts, Berlin
Der wahre Jacob, Stuttgart
Die Weltbühne, Berlin
Zeitschrift für Demographie und Statistik der Juden, Berlin
Zeitschrift für die gesamte Neurologie und Psychiatrie, Berlin
Der Ziegelbrenner, München

PERIODIKA nach 1945

Amperland. Heimatkundliche Vierteljahresschrift für die Kreise Dachau, Freising und
    Fürstenfeldbruck, Dachau
Feuerstuhl, Ostheim vor der Rhön
Geschichte quer. Zeitschrift der bayerischen Geschichtswerkstätten, Aschaffenburg
Psychologie und Gesellschaftskritik, Oldenburg
Schwarze Protokolle, Berlin
Süddeutsche Zeitung, München

GLOSSAR

Towia Akselrod (Oktober 1887 Moskau – ermordet am 10.3.1938 in Kommunanka), Dr. phil., 1905 jüdischer Arbeiterbund, 1910 Flucht aus der sibirischen Verbannung in die Schweiz, April 1917 Rückkehr nach Russland, ab Juli 1918 Leiter des sowj. Pressedienstes in Deutschland, April 1919 Mitglied im Aktionsausschuss der Betriebs- und Soldatenräte Münchens, nach der Niederschlagung der Räterepublik zu 15 Jahren Zuchthaus verurteilt, 6.6.1920 Ausreise nach Petrograd, 1922 – 25 Aufenthalt in der Schweiz, Österreich und Frankreich, Rückkehr in die Sowjetunion, 1937 verhaftet, 1938 zum Tode verurteilt: 100, 164

Martin Andersen Nexö (25.6.1869 Christianshavn/Kopenhagen – 1.6.1954 Dresden), dänischer Schriftsteller, Autor von „Pelle der Eroberer": 91, 131

Anton Graf von Arco auf Valley (5.2.1897 St.Martin im Innkreis – 29.6.1945 Salzburg), bewegt sich im Umkreis der völkischen *Thule-Gesellschaft*, ermordet 1919 Kurt Eisner, daraufhin zum Tod verurteilt, das Urteil in Festungshaft umgewandelt, 1924 auf Bewährung entlassen, Mitglied der BVP: 2, 32, 82, 130, 172, 176

Arnold, am 10.11.1918 Stadtkommandant, am selben Tag von Roßhaupter seines Amtes enthoben: 54

Emil Aschenbrenner, Kaufmann, Vizefeldwebel, Kommandeur der Wache am Hauptbahnhof: 17, 19, 103

Rosa Aschenbrenner, geb. Lierl (27.4.1885 Beilngries – 9.2.1967 München). Dienstmädchen, seit 1909 SPD, seit 1917 USPD, 1919 Laienrichterin im Revolutionstribunal, seit 1920 KPD, 1920 – 22 und 1924 – 32 MdL, 1929 Austritt aus der KPD, 1932 SPD, 1933 und 1937 inhaftiert, 1946 – 48 MdL, 1948 – 56 Stadträtin: 115

Erhard Auer (22.12.1874 Dommelstadl/Passau – 20.3.1945 Giengen/Brenz), Kaufmann, Frontheimkehrer, Sekretär des Landesvorstands der bairischen SPD, MdL, im Kabinett Eisner Innenminister: 1, 9 f., 12, 14, 16, 24, 27, 46, 61 ff., 68, 72, 76, 82 f., 88 f., 117, 130, 158, 160, 171 f.

Nelly Auerbach, seit 1917 mit Ernst Toller befreundet, tätig im Büro der Presseabteilung des *Zentralrats*: 115

Anita Augspurg (22.9.1857 Verden an der Aller – 20.12.1943 Zürich), Dr. jur., Feministin, Radikaldemokratin, Pazifistin, Mitbegründerin der *Internationalen Frauenliga für Frieden und Freiheit*, 1918/19 Mitglied des bairischen *Provisorischen Nationalrats*, 1933 gemeinsam mit Lida Gustava Heyman Exil in der Schweiz: 118, 133 f.

Gertrud Baer (25.11.1890 Halberstadt – 15.12.1981 Genf), Lehrerin, Journalistin, Frauenrechtlerin, schon vor dem Weltkrieg aktiv in der Friedensbewegung, 1929 – 46

Umgebung heißt es: „Malen kann er ja scho, aber er ischt halt a Kommunist." 1972 Rückkehr nach München: 47, 103

Rudolf Egelhofer (13.4.1896 München-Schwabing – ermordet am 3.5.1919 in München), während des Weltkriegs Marine-Angehöriger, beteiligt an der Matrosenrevolte im November 1918, KPD, 13.4.1919 Münchner Stadtkommandant, Anführer der Roten Armee: 19, 86, 103, 127, 130, 182, 188

Thekla Egl (geb. am 17.9.1892 in Putzbrunn), Krankenschwester während des Weltkriegs, seit 27.12.1918 USPD, Delegierte des *Bundes sozialistischer Frauen* im Rätekongress, enge Vertraute Ernst Tollers, Zahlmeisterin und Parlamentärin der Roten Armee bei Dachau, verurteilt zu 1 Jahr 3 Monaten Festungshaft, heiratet in der Haft am 20.2.1922 Eugen Karpf, wandert 1928 in die USA aus: 115, 130

Kurt Eisner (14.5.1867 Berlin – ermordet am 21.2.1919 in München), SPD, Winter 1898 – 1905 Redakteur beim *Vorwärts*, 1907 – 10 leitender Redakteur der *Fränkischen Tagespost*, seit 1910 Journalist in München, 1917 USPD, Untersuchungshaft vom 2.2. bis 14.10.1918, ab 8.11.1918 bairischer Ministerpräsident, bemüht sich, die fatale Rolle der deutschen Reichsleitung im Juli 1914 ans Licht der Öffentlichkeit zu bringen und zieht damit zusätzlich den Hass national denkender Kreise auf sich: 1 ff., 5, 10, 12 ff., 18 f., 23, 25 f., 28, 30 ff., 46, 48, 50, 52, 55 ff., 59 ff., 64 ff., 70, 72 ff., 76, 78 ff., 82 ff., 87 f., 91, 95, 99, 101, 106 f., 115, 130, 152, 159 ff., 168, 171 ff., 175 f., 188

Ludwig Engler (25.8.1875 Villingen im Schwarzwald – 7.8.1922 auf einer Reise nach München), Bildhauer und Maler, lebt bis 1915 mit Kreszentia Elfinger in der Münchner Neureutherstraße zusammen: 131

Franz Ritter von Epp (16.10.1868 München – 31.1.1947 München), Berufssoldat, als Kompanieführer in Deutsch-Südwestafrika an Völkermord an den Herero beteiligt, Weltkriegsteilnehmer, Teilnahme am Kapp-Putsch, seit 1928 NSDAP und MdR, Reichsstatthalter in Baiern 1933 – 45: 35

Hermann Ewinger (geb. 1887 in Baiersdorf bei Erlangen), Weltkriegsteilnehmer, Leutnant d.R., SPD, Rechtsanwalt, Dr. jur., nach dem 7.11.1918 vom *Arbeiter- und Soldatenrat* gemeinsam mit Schneppenhorst an die Spitze des Generalkommandos III. b.A.K. gewählt, 3.5. – 10.7.1919 Staatskommissar für Südbaiern: 84, 88

Michael Faulhaber (5.3.1869 Klosterheidenfeld/Unterfranken – 12.6.1952 München), 1895 Dr. theol., 1899 Habilitation an der Universität Würzburg, ab 1903 Prof. an der Universität Straßburg, 1911 Bischof von Speyer, 1913 geadelt, seit 1914 stellvertretender Feldprobst der bairischen Armee, seit 1917 Erzbischof von München und Freising, seit 1921 Münchner Kardinal, 1951 Großkreuz des Verdienstordens der Bundesrepublik Deutschland: 170 ff., 176, 180 f.

Felix Fechenbach (28.1.1894 Mergentheim – ermordet am 7.8.1933 im Kleinberger Wald zwischen Paderborn und Warburg), Mitglied der Münchner „Achtzehner", Frontheimkehrer, verwundet, Journalist und Dichter, nach dem 7.11.1918 engster Mitarbeiter Eisners, im Januar 1919 Mitglied des Vorstands der Münchner USPD, 1922 zu elf Jahren Zuchthaus verurteilt, 1924 auf Bewährung frei: 34, 48, 60, 82, 95, 102, 104, 111, 121, 128

Leonhard Frank (4.9.1882 Würzburg – 18.8.1961 München), Pazifist, Schriftsteller, während des Weltkrieges Emigration in die Schweiz, Mitglied im Vollzugsausschuss des *Arbeiter- und Soldatenrats*, 1933 Emigration über Zürich und London nach Paris, 1940 Flucht in die USA, 1950 Rückkehr nach Deutschland: 91

Heinrich Ritter von Frauendorfer (27.9.1855 Höll/LK Waldmünchen – Suicid am 23.7. 1921 in Geiselgasteig), 1904 – 12 und 8.11.1918 – 1.4.1920 bairischer Verkehrsminister: 64

Paul Frölich (7.8.1884 Leipzig – 16.3.1953 Frankfurt/Main), 1902 SPD, Weltkriegsteilnehmer, verwundet, IKD, Pseudonym: Paul Werner, KPD, 1921 – 24 und seit 1928 MdR, Nachlassverwalter Rosa Luxemburgs, KPD-Opposition, dann SAPD, 1933 KZ Lichtenburg, 1934 Flucht über die Tschechoslowakei nach Frankreich, 1941 in die USA, 1950 Rückkehr nach Deutschland, SPD: 103, 124 f.

Viktoria Gärtner geb. Lohr (geb. am 31.8.1888 in München), Mitglied der Münchner »Achtzehner«, USPD, 1918/19 Mitglied des RAR in München, März – Okt. 1919 Mitglied des Landesvorstandes der bairischen USPD, Juni 1920 Kandidatur zum Reichstag für die USPD: 114

Pietro Gasparri (5.5.1852 Capovallazza di Ussita, Kirchenstaat – 18.11.1934 Rom), Kardinalstaatssekretär, unterzeichnet 1929 mit Mussolini die Lateranverträge: 171 f.

Antonie Gernsheimer, um Friedensbotschaft bemühte Kontaktfrau zwischen der englischen *Independent Labour Party* und Karl Liebknecht nach dessen Rede am 2. Dezember 1914 im Reichstag, Trauzeugin bei der Heirat der Eisner-Tochter mit Hans Unterleitner am 4.10.1919: 128

Silvio Gesell (17.3.1862 Sankt Vith/Rheinprovinz – 11.3.1930 Obstbaugenossenschaft Eden bei Oranienburg), 1887 – 92 Kaufmann in Buenos Aires, dann Landwirt in der Schweiz, Finanztheoretiker, Begründer der Freiwirtschaftslehre, 1907 – 11 erneut Aufenthalt in Argentinien, dann Obstbaugenossenschaft Eden, April 1919 Volksbeauftragter für Finanzen der ersten Münchner Räterepublik, Anfang Mai verhaftet, teilt die Zelle mit dem Lebensreformer und Dichter Gusto Gräser, im Juli 1919 im Hochverratsprozess freigesprochen, aber zusammen mit Gräser aus Baiern ausgewiesen: 160

Oskar Maria Graf (22.7.1894 Berg – 28.6.1967 New York), Schriftsteller, am 1.12.1914 zum Kriegsdienst eingezogen, wiederholt Befehlsverweigerung, 1933 Flucht über Österreich, Tschechoslowakei und die Niederlande in die USA: 19 f., 30 f., 38 f., 132 f., 137

Martin Grünewald, Oberleutnant d.Res. a.D., Provinzial-Baurat, bis zum 7.11.1918 Adjutant der Stadtkommandantur: 46

Olaf Gulbransson (26.5.1873 Christiania, später Oslo – 18.9.1958 Schererhof bei Tegernsee), Karikaturist und Maler, Mitarbeiter beim *Simplicissimus*, verhält sich in der Nazizeit systemkonform: 159

Emil Julius Gumbel (18.7.1891 München – 10.9.1966 New York), Dr. oec. publ., Mathematiker, Publizist und Pazifist, 1917 USPD, beweist mit statistischen Erhebungen die Rechtslastigkeit der Justiz in der Weimarer Republik, 1923 SPD und Habilitation an der Uni Heidelberg, 1933 Paris, 1940 USA, 1953 Professor an der Columbia University: 131

Ludwig Gurlitt (31.5.1855 Wien – 12.7.1931 Freudenstadt), Dr. phil., Gymnasiallehrer, Reformpädagoge: 188

August Hagemeister (5.4.1879 Detmold – 16.1.1923 Festungsanstalt Niederschönenfeld), Buchdrucker, SPD, ab 1917 USPD, 8.11.1918 – 12.1.1919 Mitglied des *Provisorischen Nationalrats*, seit 21.2.1919 Mitglied des *Zentralrats*, in der ersten Räterepublik Volksbeauftragter für Volkswohlfahrt, beim Palmsonntagsputsch verschleppt, verurteilt zu 10 Jahren Festungshaft, 1920 in den Landtag gewählt, bleibt trotzdem in Haft, 1920 Übertritt in die KPD, stirbt, nachdem ihm in der Haft ärztliche Hilfe verweigert wird: 24, 85

Haller von Hallerstein, Major: 50, 53 f.

Constance Hallgarten (12.9.1881 Leipzig – 25.9.1969 München), Frauenrechtlerin, führend in der deutschen Friedensbewegung, schon beim Hitler-Putsch auf der „schwarzen Liste" der Nazis, 1933 Emigration in die Schweiz, dann nach Frankreich und weiter in die USA, 1955 Rückkehr nach Deutschland: 115

Franz Xaver Hartl (1882 – 1950), Fotograf, SPD: 110

Ben Hecht (28.2.1894 New York – 18.4.1964 New York), Journalist, Schriftsteller, Drehbuchautor, Filmregisseur: 177

Thomas Theodor Heine (28.2.1867 Leipzig – 26.1.1948 Stockholm), Landschaftsmaler, Karikaturist bei den *Fliegenden Blättern*, 1895 – 1933 beim *Simplicissimus*, 1933 Flucht nach Prag, 1938 nach Norwegen, 1942 nach Stockholm: 79, 156, 165

Philipp von Hellingrath (22.2.1862 München – 13.12.1939 München), Weltkriegsteilnehmer, 1916 – 18 Kriegsminister, 1918 zum General der Kavallerie befördert: 45 f., 49, 53 f.

Wilhelm Herzog (12.1.1884 Berlin – 18.4.1960 München), Pazifist, Literatur- und Kulturhistoriker, 1914/15 und 1918 – 19 Hg. des Magazins *Das Forum*, 1918/19 USPD, Hg. der Tageszeitung *Die Republik*, 1920 – 1928 KPD, 1933 Emigration in die Schweiz, dann nach Frankreich und weiter nach Amerika, 1947 Rückkehr in die Schweiz, 1952 nach München: 50

Lida Gustava Heymann (15.3.1868 Hamburg – 31.7.1943 Zürich), Frauenrechtlerin, Pazifistin, Initiatorin des *Verbands für Frauenstimmrecht* 1902, Mitbegründerin der *Internationalen Frauenliga für Frieden und Freiheit*, 1933 gemeinsam mit Anita Augspurg Exil in der Schweiz: 112 ff., 115, 117, 134, 178

Heinrich Hoffmann (12.9.1885 Fürth – 16.12.1957 München), Fotograf, 1920 NSDAP, Teilnahme am Hitlerputsch, Bildpropagandist der Nazis: 17, 29, 41, 121

Johannes Hoffmann (3.7.1867 Ilbeheim bei Landau in der Pfalz – 15.12.1930 Berlin), Volksschullehrer, seit 1908 SPD-MdL, seit 1912 MdR, im Kabinett Eisner Kultusminister, 17.3.1919 – 14.3.1920 bairischer Ministerpräsident: 1, 3, 35 f., 38 f., 84, 89, 91 ff., 103, 106, 120, 123, 125, 168, 175, 180 ff.

Hans Holländer (24.10.1872 Nürnberg – 9.7.1950), bis 1913 Hauptmann der Kaiserlichen Landespolizei von Deutsch-Südwestafrika, am 11.11.1918 zum Platzmajor in München ernannt, 1920 Abschied aus der Armee im Rang eines Oberstleutnant: 54

Holle, Oberstleutnant: 45, 48 f.

Joseph Carl Huber (geb. 1870 oder 1871 – nach 1934), Druckereibesitzer in Dießen am Ammersee, druckt 1920 – 33 zahlreiche Bücher, Broschüren und Flugblätter für die NSDAP: 74

Alfred Hugenberg (19.6.1865 Hannover – 12.3.1951 Kükenbruch), Dr. phil., deutsch-nationaler Montan-, Rüstungs- und Medienunternehmer, als Kontrolleur der Hälfte der deutschen Presse Wegbereiter der Nationalsozialisten, in Hitlers erstem Kabinett Minister für Wirtschaft, Landwirtschaft und Ernährung: 129

Edgar Jaffé (14.5.1866 Hamburg – 29.4.1921 München), Nationalökonom, Ordinarius an der Münchner Handelshochschule, Finanzminister im Kabinett Eisner: 16, 78

Hedwig Maria Kämpfer, geb. Nibler (23.1.1889 München – 7. oder 8.1.1947 Paris), Kontoristin bei der *Zentralstelle des Deutschen Handlungsgehilfen-Verbandes* in München, SPD, 1917 USPD, nach der Inhaftierung ihres Mannes Richard übernimmt sie nach dem Januarstreik 1918 eine zentrale Rolle in der Münchner USPD, wird im Mai 1918 aus Baiern ausgewiesen, Aufenthalt in Berlin, Ende Oktober 1918 Rückkehr nach München, November 1918 – Januar 1919 Mitglied im *Revolutionären Arbeiterrat*, 1918/19 Mitglied des bairischen *Provisorischen Nationalrats*, amtiert in dem am 10.4. 1919 errichteten *Revolutionstribunal* als Sprecherin des Staatsanwalts, kurze Haft im Gefängnis Stadelheim, USPD/SPD-Stadträtin 1919 – 24, flieht 1935 mit ihrem Mann nach Paris, Anfang der 40er Jahre Deportation in das Internierungslager *Gurs*: 114 ff., 128

Eugen Kahn (20.5.1887 Stuttgart – 19.1.1973 Houston), Psychiater, Dr. med., Schwerpunkt Genetik der Schizophrenie und Psychopathologie, 1927 außerordentlicher Professor, ab 1930 an der Yale Univetsity und in verschiedenen amerikanischen Krankenhäusern tätig, 1951 Professor am Baylor University College of Medicine in Houston: 187 f.

Harry Kahn (11.8.1883 Mainz – 18.7.1970 Massagno/Schweiz), Journalist, Schriftsteller, Drehbuchautor, Übersetzer, schreibt 1907 – 30 für die *Weltbühne*, 1933 Emigration nach Frankreich, 1943 in die Schweiz: 46

Eugen Karpf (geb. am 5.6.1893 in München), Kriegsteilnehmer, Leutnant, Berater des Oberkommandos der Roten Armee, zu zwölf Jahren Festung verurteilt, heiratet in der Haft am 20.2.1922 Thekla Egl: 190

Nanette Katzenstein, geb. Gerstle (1.11:1889 München – 21.9.1967 Zürich), mit Ernst Toller befreundet, flieht nach der Niederschlagung der Münchner Räterepublik in die Schweiz, promoviert in Bern zum Dr. phil., 1933 Gründungsmitglied des *Schweizer Hilfswerks für Emigrantenkinder*: 115

Fritz Kautz (1898 – 1979), Freikorpsoffizier: 182

Hermann Keimel (24.2.1899 München – 15.101948 München),Maler und Gebrauchsgraphiker: 174

Rosa Kempf (8.2.1874 Birnbach – 3.2.1948 Wixhausen), Volksschullehrerin, Frauenrechtlerin, Pionierin der Wohlfahrtspflege, 1911 Promotion zum Dr. phil., DDP, 1919/20

MdL, zahlreiche Mitgliedschaften und Ämter in Frauenorganisationen, 1933 aller ihrer Ämter enthoben: 14, 117

Viktor Klemperer (9.10.1881 Landsberg an der Warthe – 11.2.1960 Dresden), Romanist, Dr. phil., Kriegsfreiwilliger, 1920 Professor an der Technischen Hochschule Dresden, 1950 Abgeordneter der Volkskammer der DDR: 96

Elma Klingelhöfer (geb. am 14.6.1884 in Konitz), Sekretärin in der Kommandantur, bei der Roten Armee in Dachau tätig, Gefängnis Stadelheim: 115

Gustav Klingelhöfer (16.10.1888 Metz – 16.1.1961 Berlin), Schriftsteller, Nationalökonom, Weltkriegsteilnehmer, 1917 SPD, 1918 Mitglied des *Soldatenrats* und Mitglied des *Provisorischen Nationalrats*, Stellvertreter Tollers im Oberkommando der Dachauer Truppen, zu 5 Jahren 6 Monaten Festungshaft verurteilt, nach seiner Entlassung Wirtschaftsredakteur beim *Vorwärts*, 1946 – 50 Stadtrat in Groß-Berlin, bis 1953 Stadtrat in West-Berlin, MdB 1953 – 57: 99

Kurt Königsberger (1.9.1891 Fürth – 14.7.1941 ermordet in Pirna-Sonnenstein), Student der Nationalökonomie in München, Heidelberg, Berlin und Erlangen, Weltkriegsteilnehmer, seit Anfang 1916 Leutnant der Reserve, aktiver Teilnehmer am Umsturz in München, Anfang der 20er Jahre Promotion zum Dr. phil. in Berlin, Direktions-Sekretär bei Rudolf Mosse, Anfang 1933 Festnahme und „Schutzhaft", 1936 KZ Dachau, 22.9.1938 KZ Buchenwald: 49 f. 52 ff.

Annette Kolb (3.2.1870 München – 3.12.1967 München), Schriftstellerin, Pazifistin, während des Weltkrieges im Schweizer Exil, 1933 Emigration nach Paris, 1941 nach New York: 56

Wilhelm Krämer, vor dem Ersten Weltkrieg bekannter Schriftsteller: 145 ff.

Emil Kraepelin (15.2.1856 Neustrelitz – 7.10.1926 München), einer der bedeutendsten Psychiater der Jahrhundertwende, Münchner Ordinarius, Geheimrat, schafft die Grundlagen der Klassifizierung psychischer Störungen, richtungsweisend sein Konzept der „Dementia praecox" und des „Manisch-depressiven Irreseins", engagiert in der Strafrechtsreform und der Abstinenzbewegung. 1908 erscheint sein Werk »Zur Entartungsfrage«, 1918 sein Werk »Geschlechtliche Verirrungen und Volksvermehrung«. Der Wegbereiter der Rassenhygiene und Befürworter der Zwangssterilisation will das „Starke" fördern und das „Schwache" an der Fortpflanzung hindern: 110 f. 185 ff.

Hilde Kramer (11.4.1900 Leipzig – 17.2.1974 Otley), USPD, Mitbegründerin der *Vereinigung Revolutionären Internationalisten Bayerns*, ab 8.1.1919 Sekretärin Rudolf Egelhofers, KPD, am 14.5.1919 verhaftet, in Prozess freigesprochen, 1920 Übersetzerin für das Westeuropäische Büro der KI, Protokollantin beim 2. Kongress der KI in Moskau, 1926 tätig für die *Internationale Rote Hilfe*, 1929 KPO, 1931 SAPD, 1937 Ausreise nach England, ab 1940 *Labour Party* und Sozialwissenschaftlerin: 18, 127

Julius Kreis (31.8.1891 München – 31.3.1933 München), Volksschullehrer, Schriftsteller und Buchillustrator: 2, 165

Ludwig Kröber (geb. am 8.8.1899 in Donauwörth), Student, Deserteur im Weltkrieg, 1918/19 KPD, im März 1919 Reise nach Moskau: 189

Carl Kröpelin (12.9.1893 Velgast/Pommern – 20.3.1977 München), Mitglied der Münchner „Achtzehner", Schlosser und Werkzeugdreher, SPD, Infanterist und invalider

Frontheimkehrer, seit April 1917 USPD, Bezirksleiter der USPD München-Süd, Untersuchungshaft bis 20.6.1918, Mitglied im bairischen *Provisorischen Nationalrat* 1918/19, 1919 – 22 führende Parteiämter in der bairischen USPD, bis 1933 Funktionär im DMV, nach 1933 Gefängnis und KZ, Exil in die USA: 84

Friedrich von Kunzmann (13.1.1863 Würzburg – 6.11.1919 München), Generalmajor, Stadtkommandant 10. – 24.11.18: 51, 54

Erich Kuttner (27.5.1887 Schöneberg – ermordet am 6.10.1942 im KZ Mauthausen), 1910 SPD, Weltkriegsteilnehmer, 1916 Redakteur beim *Vorwärts*, 1919 beteiligt an der Niederschlagung des sogenannten Spartakusaufstands in Berlin, 1921 – 33 MdL in Preußen, 1933 Flucht über Prag in die Niederlande, 1936 Spanien, 1937 Niederlande, 1942 von der Gestapo verhaftet: 66

Betty Landauer (geb. am 3.12.1889 in Ansbach – ermordet am 25.11.1941 im litauischen Kaunas, Fort IX), Mitglied der Münchner „Achtzehner", Buchhalterin, seit Anfang 1914 SPD, seit Frühjahr 1917 USPD, Untersuchungshaft vom 1.2. – 9.4.1918, am 20.11. 1941 nach Kaunas deportiert: 7

Gustav Landauer (7.4.1870 Karlsruhe – ermordet am 2.5.1919 in München-Stadelheim), Philosoph, Anarchist, befreundet mit Kurt Eisner, aktiv in der Münchner Rätezeit, mit Betty Landauer weder verwandt noch verschwägert: 15 f., 24 ff., 35 f., 62 f., 69, 76, 78, 87, 89, 91, 95, 100, 102, 106 f., 120, 125, 131, 176 f.

Julius Friedrich Lehmann (28.11.1864 Zürich – 24.3.1935 München), Gründungsmitglied und Vorsitzender der Münchner Ortsgruppe des *Alldeutschen Verbandes*, Verleger von medizinischer und ab 1905 völkischer und rassistischer Literatur, Vorstandsmitglied in der *Deutschen Gesellschaft für Rassenhygiene*, Mitglied der *Thule-Gesellschaft*: 172

Max Levien (21.5.1885 Moskau – 15. oder 17.6.1937 Sowjetunion), Teilnehmer an der russ. Revolution 1905, 1907/08 Gefängnis, 1913 Dr. phil. in Zürich, 1914 bis 18 Weltkriegsteilnehmer auf deutscher Seite, 1918/19 Mitglied des *Münchner Soldatenrats* und der Münchner *Spartakusgruppe*, seit Anfang 1919 bairischer KPD-Vorsitzender, Mai 1919 Flucht nach Wien, 1921 Übersiedelung nach Moskau, 1936 vom NKWD verhaftet, 1937 Todesurteil: 16, 18 f., 23 ff., 28, 30, 34, 84 f., 88 f., 100 f., 103, 125, 164

Eugen Leviné (10.5.1883 Sankt Petersburg – erschossen am 5.6.1919 in München-Stadelheim), Dr. jur., 1905 Teilnehmer an der russischen Revolution, SPD, schließt sich dem *Spartakusbund* an, 1917 USPD, Delegierter auf dem Gründungsparteitag der KPD, ab 15.4.1919 in der Führung der zweiten Münchner Räterepublik: 34, 39, 92, 95, 100, 102 f., 119, 164

Rosa Meyer-Leviné, geb. Broido (18.5.1890 Gródek bei Bialystok – 11.11.1979 London), Ehefrau Eugen Levinés, Schriftstellerin, 1933 Exil in London: 39, 92

Karl Liebknecht (13.8.1871 Leipzig – ermordet am 15.1.1919 in Berlin), Dr. jur., Rechtsanwalt, SPD-MdR, Anfang 1919 Mitbegründer der KPD: 26, 29 f., 74, 78, 93, 106 f., 118 f.

Franz Lipp (9.2.1855 Karlsruhe – 18.3.1937 Florenz), Dr. phil., USPD, 7. – 13.4.1918 Volksbeauftragter des Auswärtigen, seit Ende Mai 1919 Nervenklinik Erlangen, 1920 aus Baiern ausgewiesen: 100 f.

Walter Loewenfeld (6.8.1889 – 30.9.1925 München), Rechtsanwalt, SPD: 103

Agnes Losem (geb. am 10.5.1894 in München), Möbelpoliererin, USPD: 114

Conrad Lotter (geb. am 7.4.1889 in Nürnberg – 1978), Obermaat, Mitglied im *Landessoldatenrat* und im *Provisorischen Nationalrat*: 68, 82

Rosa Luxemburg (5.3.1871 Zamość/Polen – ermordet am 15.1.1919 in Berlin), Dr. phil., SPD, tritt für Massenstreiks als Mittel sozialpolitischer Veränderungen und zur Kriegsverhinderung ein, Anfang 1919 Mitbegründerin der KPD: 26, 29 f., 74, 78, 106 f., 118, 132

Heinrich Mann (27.3.1871 Lübeck – 12.3.1959 Santa Monica/Kalifornien), Schriftsteller, 1. Vorsitzender des *Politischen Rats geistiger Arbeiter*: 32

Viktor Mann (12.4.1890 Lübeck – 21.4.1949 München), jüngerer Bruder von Heinrich und Thomas Mann: 49

Hildegard Menzi, geb. Bischoff (geb. am 7.4.1872 in Schöneck/Kreis Beher), Dr. med., USPD, ab 1919 KPD, Sanitätsdienst in der Roten Armee während der Räterepublik, 1933 Exil in der Schweiz: 103, 130

Max Merl (49 Jahre alt), Schieferdecker: 189

Theobald Michler (geb. am 25.4.1891 in München), Schriftsetzer, Frontheimkehrer, Mitglied im *Verband der Deutschen Buchdrucker*, Untersuchungshaft vom 18.4. bis 22.10. 1918, ab 16. April 1919 Mitglied des Aktionsausschusses der Betriebs- und Soldatenräte in München, 1919/20 in der USPD München führend aktiv, 1920 Übertritt zur KPD, 1921 Auswanderung nach Argentinien: 185

Ernst Graf von Moy (17.10.1860 München – 10.5.1922 München), Reichsrat: 54

Erich Mühsam (6.4.1878 Berlin – ermordet am 10.7.1934 im KZ Oranienburg), Anarchist, Schriftsteller, Dichter, aktiv in der Münchner Räterepublik: 10, 13, 15 f., 18 f., 24 f., 26, 28, 35, 42, 46, 48, 50 f., 53 ff., 62, 64, 72, 74, 78, 83 ff., 88 f., 91, 93 ff., 99 ff., 120, 123, 127, 132, 136 f., 157, 188, 193 f.

Zenzl Mühsam, geb. Elfinger (27.7.1884 Haslach, heute Au in der Hallertau – 10.3.1962 Berlin/DDR), aktiv in der Münchner Räterepublik, flieht 1934 über Prag in die Sowjetunion, hier mehrmals inhaftiert, Arbeitslager und Verbannung, 1954 Ausreise in die DDR: 91, 110, 131, 157

Murmann, Oberstleutnant: 51 ff.

Otto Neurath (10.12.1882 Wien – 22.12.1945 Oxford), Nationalökonom, Wissenschaftstheoretiker, Austromarxist, Dr. phil., 1917 Habilitation an der Uni Heidelberg, Präsident des Zentralwirtschaftsamts der Münchner Räterepublik, wegen Beihilfe zum Hochverrat 18 Monate inhaftiert, 1934 Flucht aus Wien nach Den Haag, 1940 Flucht nach England: 35

Ernst Niekisch (23.5.1889 Trebnitz – 23.5.1967 West-Berlin), Volksschullehrer, SPD, 1918/19 Vorsitzender des *Zentralen Arbeiter- und Soldatenrats* in München, wegen Beihilfe zum Hochverrat zwei Jahre Festungshaft in Niederschönenfeld, 1919 – 22 USPD, bis 1923 MdL, ab 1923 bei den Jungsozialisten im „Hofgeismarer Kreis", 1926 Mitglied der *Alten Sozialdemokratischen Partei Deutschlands*, 1926 – 33 Hg. des *Widerstand. Zeitschrift für nationalrevolutionäre Politik*, 1937 verhaftet, 1939 zu lebenslangem Zuchthaus verurteilt, 1945 nach der Befreiung Mitglied der KPD, 1948 Soziologie-

Professor an der Humboldt-Universität Berlin, 1949 Abgeordneter der Volkskammer der DDR, 1955 Austritt aus der SED, 1963 Übersiedelung nach West-Berlin: 34, 87, 99

Hans Nimmerfall (25.10.1872 München – 20.8.1934 München-Pasing), Schreiner, SPD, Stadtrat der ehemaligen Stadt Pasing, MdL 1912 – 20 und 1924 – 28, 1933 KZ Dachau, stirbt an den Folgen der Misshandlungen: 49

Gustav Noske (9.7.1868 Brandenburg an der Havel – 30.11.1946 Hannover), seit 1884 SPD, seit 1906 MdR, 1919 als Volksbeauftragter für Heer und Marine für die Niederschlagung des sog. Spartakusaufstands in Berlin und die Ermordung Rosa Luxemburgs und Karl Liebknechts verantwortlich, 1920 wegen „Begünstigung der Konterrevolution" nach dem Kapp-Putsch zum Rücktritt als Reichswehrminister gezwungen: 26, 42, 106, 129, 160

Pfaff, Beamtenstellvertreter: 53 f.

Antonie Pfülf (14.12.1877 Metz – 8.6.1933 München), Lehrerin, SPD, 1920 – 33 MdR, nimmt sich aus Verzweiflung über die laue Haltung ihrer Partei das Leben: 115

Ernst Pöhner (11.1.1870 Hof an der Saale – 11.4.1925 bei Feldkirchen), Jurist, *Alldeutscher Verband*, *Thule-Gesellschaft*, 3.5.1919 – 28.9.1921 Münchner Polizeipräsident, beteiligt am Hitler-Putsch 1923: 168

Henny Porten (7.1.1890 Magdeburg – 15.10.1960 Berlin), Schauspielerin, Stummfilmstar: 129

Wilhelm Reichart (geb. 1878 in Obervillern), Kellner, Gewerkschaftssekretär, USPD, dann KPD, 9.4. – 13.4.1919 Volksbeauftragter für das Militärwesen, verurteilt zu 4 Jahren Festungshaft: 84

Lorenz Reithmeier, Spitzel der Polizeidirektion: 23

Gustav Riedinger (24 Jahre alt) stammt aus Augsburg, stud. agr., Kommandant der Roten Südarmee, verurteilt zu 1 Jahr und 6 Monaten Festung: 188

Albert Roßhaupter (8.4.1878 Pillnach, heute Kirchroth – 14.12.1949 Olching), Lackierer, Redakteur, SPD-MdL 1907 – 18, im Kabinett Eisner Minister für militärische Angelegenheiten, MdL bis 1933, KZ Dachau, 1945 – 47 bairischer Arbeits- und Sozialminister: 1, 12, 23 f., 27, 76, 82 f., 89, 113, 171 f., 175

Christian Roth (12.2.1873 Forchheim – 16.9.1934 Breslau), Dr. jur., *Deutschnationale Volkspartei*, 1920 – 1928 MdL, 16.7.1920 – 11.9.1921 Justizminister im Kabinett von Kahr, seit 1923 NSDAP, Teilnahme am Hitlerputsch, 1924 MdR, seit 1928 Generalstaatsanwalt im bairischen Verwaltungsgerichtshof: 172

Friedrich „Fritz" Sauber (20.8.1884 Friedrichsgmünd – 24.4.1949 Frankfurt/Main), Kellner, SPD, seit 1917 USPD, bis Dezember 1918 Vorsitzender des *Münchner Soldatenrats*, 1918/19 Mitglied des bairischen *Provisorischen Nationalrats*, 21.2.1919 – 7.3.19 Mitglied des *Zentralrats* als Vertreter der Soldatenräte und Mitglied des Aktionsausschusses des Rätekongresses als Vertreter des *Landessoldatenrats*, zu zwölf Jahren Festungshaft in Niederschönfeld verurteilt, 1925 aus der Haft entlassen, seit 1920 KPD, 1933 Flucht ins Saarland, 1935 nach Frankreich, dort verhaftet und an die Gestapo ausgeliefert, 1945 aus dem KZ Dachau befreit, stirbt an den Spätfolgen der Haft: 16, 25

August Schad, Oberstleutnant: 54

Fritz Schaefler (31.12.1888 Eschau im Spessart – 24.4.1954 Köln), Weltkriegsteilnehmer, schwer verwundet, Grafiker und Maler, Schriftführer im *Aktionsausschuss Revolutionärer Künstler*, nach 1933 als „entartet" diffamiert und aus Museen entfernt: 98 f.

Richard Scheid (11.5.1876 Koblenz – 19.2.1962 München), Schriftsteller, Gewerkschaftssekretär, SPD, Münchner Stadtrat 1911 – 12.6.1919, USPD, Führer des *Landessoldatenrats*, 1. – 18.3.1919 prov. Minister für militärische Angelegenheiten, Münchner Stadtrat 15.6.1919 – 2.11.1920, nach 1933 dreimal festgenommen, vier Jahre KZ Dachau: 85

Philipp Scheidemann (26.7.1865 Kassel – 29.11.1939 Kopenhagen), Schriftsetzer und Buchdrucker, SPD, seit 1903 MdR, seit Oktober 1917 mit Ebert Parteivorsitzender, am 10.11.1918 von den Arbeiter- und Soldatenräten Berlins in das sechsköpfige Kabinett der Volksbeauftragten gewählt, vom 13.2.1919 – 20.6.1919 Reichsministerpräsident, bis 1933 MdR, Flucht nach Salzburg und über die Tschechoslowakei, Schweiz, Frankreich, USA nach Dänemark: 26, 42

Lorenzo Schioppa (10.11.1871 Neapel – 23.4.1935 Rom), Uditore Faulhabers, 1920 Nuntius in Ungarn, 1925 Internuntius in den Niederlanden, 1927 in Litauen: 171 f.

Walter Schnackenberg (2.5.1880 Lauterberg – 10.1.1961 Rosenheim), Studium bei Franz von Stuck, Zeichnungen und Karikaturen für die *Jugend* und den *Simplicissimus*, Entwürfe für Plakate und Bühnendekorationen: 71

Ernst Schneppenhorst (19.4.1881 Krefeld – am 23. oder 24.4.1945 in Berlin ermordet), Schreiner, SPD, 1906 – 18 Geschäftsführer des *Deutschen Holzarbeiterverbandes* in Nürnberg, 1912 – 20 MdL, 18.3. – 1.9.1919 Minister für militärische Angelegenheiten, 1932 – 33 MdR, 1937 für ein Jahr inhaftiert, 1939 und 1944 erneut verhaftet: 84, 87 f., 91 f., 120

Rudolf Schollenbruch (11.1.1856 Schwelm – November 1938 Stuttgart), Dr. med., Armenarzt im Münchner Osten, seit 1880 SPD, seit 1916 USPD, 1919 KPD, seit 24.4.1919 Volksbeauftragter für Gesundheitswesen, 1933 verhaftet und verhört: 130

Lorenz Schott, Dachdecker, Obmann der KPD und Anführer der Roten Armee in Giesing: 180

Friedrich Heinrich „Fritz" Schröder (3.1.1891 Tangermünde/Stendal – 16.8.1937 in Hamburg), Handlungsgehilfe, seit 1909 SPD, Frontheimkehrer, Geschäftsführer der *Zentralstelle des Deutschen Handlungsgehilfen-Verbandes* in München, seit 1917 USPD, Untersuchungshaft vom 17.4. bis 3.11.1918, November 1918 zweiter Vorsitzender des bairischen *Landessoldatenrats*, im Januar 1919 Mitglied des Vorstands der Münchner USPD, seit November 1920 in Berlin-Grunewald, SPD-MdR von April bis Juni 1933 im Nachrückverfahren für Kurt Löwenstein, der von der SA bedroht wurde, Mai 1933 Emigration in die Niederlande (Amsterdam), wiederholt illegaler Aufenthalt in Deutschland, November 1934 illegale Rückkehr nach Deutschland, im November 1934 festgenommen, im „Bullerjahn-Prozeß" zu 13 Monaten Gefängnis verurteilt, im Februar 1936 Haftentlassung, dann in Harburg-Wilhelmsburg wohnhaft, Gestapoaufsicht, die Art seines Todes ungeklärt: 68 f., 175

Martin Segitz (26.7.1853 Fürth – 31.7.1927 Fürth), Zinngießer, SPD, MdL 1898 – 1903, MdR 1912 – 24, 1. – 17.3.1919 Ministerpräsident, 18.3. – 31.5.1919 Innenminister im

1. Kabinett Hoffmann, 31.5.1919 – 14.3.1920 Minister für soziale Fürsorge im 2. Kabinett Hoffmann: 54, 91

Fritz Seidel (9.3.1894 Chemnitz-Gablenz – 19.9.1919 Stadelheim), Kaufmann, seit Ostern 1919 Kommandant im Luitpoldgymnasium, zum Tode verurteilt: 130

Hans Ritter von Seißer (9.12.1874 Würzburg – 14.4.1973 München), Weltkriegsteilnehmer, Major, an der Niederwerfung der Räterepublik beteiligt, seit Nov. 1920 Chef der bairischen Landespolizei, begründete u.a. mit von Kahr und Pöhner die „Ordnungszelle Bayern": 48 f.

Alfred Seyffertitz (6.10.1884 München – 10.5.1944 Linz), Kriegsfreiwilliger, Gefreiter, Gründer und Führer der *Republikanischen Schutztruppe*: 15, 103

Josef Simon (23.5.1865 Schneppenbach/LK Alzenau – 1.4.1949 Kornwestheim), Schumacher, SPD, seit 1907 MdL, seit 1912 MdR, seit 21.2.1919 Mitglied des *Zentralrats*, 1. – 18.3.1919 Minister für Handel, Gewerbe und Industrie im Kabinett Segitz, 18.3. – 7.4. im 1. Kabinett Hoffmann, 1933 – 34 KZ Dachau: 91

Josef Sontheimer (16.3.1867 – erschossen am 4.5.1919 in München), Kaufmann, Freidenker, Anarchist: 18, 36, 38, 74, 78, 188

Friedrich Stampfer (8.9.1874 Brünn – 1.12.1957 Kronberg/Taunus), sozialdemokratischer Redakteur und Schriftsteller, 1915/16 Kriegsteilnehmer, 1916 – 1933 mit kurzer Unterbrechung Chefredakteur des *Vorwärts*, 1920 – 33 MdR., nach 1933 Fluch über Saarbrücken, Prag und Paris in die USA, 1948 Rückkehr nach Deutschland: 66 f.

Martin Steiner (10.11.1864 Blaika/BA Pfarrkirchen – 31.8.1950 Egglham), Besitzer eines Guts, einer Kunstmühle, eines Sägewerks und einer Molkerei, *Bauernbund*, Ökonomierat, Landwirtschaftsminister im 1. Kabinett Hoffmann: 91

Sophie Steinhaus (gest. 1942), USPD, Archivarin der Presseabteilung des *Vollzugsrats*, 1933 Exil in London, dann USA: 115

Siegmund von Suchodolski (8.7.1875 Weimar – 28.7.1935 München), Architekt und Grafiker, gestaltet für die *Vereinigung zur Bekämpfung des Bolschewismus* nach 1918 Plakate: 191 f.

Eduard Thöny (9.2.1866 Brixen/Südtirol – 26.7.1950 Holzhausen am Ammersee), Karikaturist und Maler, Mitarbeiter beim *Simplicissimus*, 1938 von Hitler zum Professor ernannt: 11

Johannes Timm (13.4.1866 Schashagen – 3.12.1945 München), Schneider, seit 1898 Arbeitersekretär in München, 1904 – 19 Vorsitzender der südbairischen SPD, 1905 – 32 MdL, seit 1911 Vorsitzender des *Gewerkschaftsvereins München*, seit November 1918 Mitglied des bairischen *Provisorischen Nationalrats*, im Kabinett Eisner Justizminister: 1, 12, 23 f., 27, 64, 72, 83, 89, 172

Ernst Toller (1.12.1893 Samotschin/Posen – Suizid am 22.5.1939 in New York), Unteroffizier, Frontheimkehrer, Dichter, USPD, 1918 drei Monate Militärgefängnis, Psychiatrie, im September 1918 als kriegsuntauglich endgültig aus dem Militärdienst entlassen, zeitweiliger Vorsitzender der bairischen USPD, Protagonist der Münchner Räterepublik, April 1919 Kommandeur der Roten Armee in Dachau, im Juli 1919 zu fünf Jahren Festungshaft verurteilt, seit 1924 Schriftsteller in Berlin, 1932 Emigration in die Schweiz und nach verschiedenen Exilstationen in die USA: 19, 31, 34, 93, 97, 100, 103, 120, 122, 130, 172, 185, 189, 193

Benno von Trost-Regnard, expressionistischer Maler: 145 ff.

Adrien Turel (5.6.1890 St. Petersburg – 29.6.1957 Zürich), Schriftsteller, 1932 – 33 Mitarbeiter an Franz Jungs *Gegner*, 1933 verhaftet und misshandelt, Flucht über Frankreich in die Schweiz: 35

Johann Baptist „Hans" Unterleitner (27.1.1890 Freising – 30.8.1971 New York), Schlosser, seit 1908 SPD, Unteroffizier, Frontheimkehrer, seit Juni 1917 USPD, bis Anfang Januar 1918 Bezirksleiter der USPD in Haidhausen, Untersuchungshaft vom 2.2. bis 22.10. 1918, Nov. 1918 – April 1919 bairischer Minister für soziale Fürsorge, 1920 – 33 USPD- und SPD-MdR, 1933 – 35 KZ Dachau, 1936 Exil in der Schweiz, Nov. 1939 in den USA, Schwiegersohn von Kurt Eisner: 13, 18, 91 f.

Aloys Wach (30.4.1892 Lambach – 18.4.1940 Braunau am Inn), Maler und Grafiker: 99

Arnold Wadler (7.5.1882 Krakau – 2.9.(?)1951 Los Gatos/Kalifornien), 1907 Dr. jur., Rechtsanwalt, USPD, 7. – 13.4.1919 Wohnungskommissar, zu 8 Jahren Zuchthaus verurteilt, im Juli 1924 begnadigt, 1933 Emigration in die Schweiz, dann nach Frankreich, Spanien und USA: 35, 100 f.

Karl Weiler, Dr. med., im Weltkrieg psychiatrischer Sachverständiger der Kriegsgerichte beim I. b.A.K.: 186

Ferdinand Weisheitinger (28.6.1883 Altötting – 19.6.1949 München), als Weiß Ferdl im Münchner *Platzl* bekannter Humorist, Volkssänger und Volksschauspieler, seit 1922 auch Auftritte bei Unterhaltungsabenden der NSDAP: 138 ff., 141

Ferdinand Wimmer (38 Jahre alt), Handlungsgehilfe: 189

Lorenz Winkler (geb. am 10.1.1893 in Prien/BA Rosenheim), Schreiner, Werkzeugschlosser und Streikführer bei BMW, seit August 1917 USPD, Untersuchungshaft vom 5.2. bis 3.11.1918, nach dem 7.11.1918 Mitglied des RAR, Mitglied im bairischen *Provisorischen Nationalrat* und im *Landesarbeiterrat*, Jan. 1919 Kandidatur für die USPD zur deutschen Nationalversammlung, aktiv in der Münchner Räterepublik, Mitglied des *Revolutionären Hochschulrats*, nach der Niederschlagung der Räterepublik 4 Jahre Zuchthaus: 185

Ludwig von Wittelsbach (7.1.1845 München – 18.10.1921 Schloss Nádasdy in Sárvár/Ungarn), seit 1912 Prinzregent, als Ludwig III. 1913 – 18 bairischer König: 54, 95, 142 ff.

Rupprecht von Wittelsbach (18.5.1869 München – 2.8.1955 Schloss Leutstetten bei Starnberg), seit August 1914 Oberbefehlshaber der deutschen 6. Armee, seit August 1916 Kommando der *Heeresgruppe „Kronprinz Rupprecht"*: 53, 172

Marie Therese von Wittelsbach, geb. Erzherzogin von Österreich-Este und Prinzessin von Modena (2.7.1849 Brünn – 3.2.1919 Schloss Wildenwart/Chiemgau), Gemahlin Ludwigs III.: 95, 144

Verlag Edition AV – Teichstraße 1 – 31162 Bodenburg

Zur freundlichen Beachtung empfehlen wir

Cornelia Naumann/Günther Gerstenberg
(Hg.)

Steckbriefe –
gegen Eisner, Kurt u.
Genossen wegen Landesverrats –
Ein Lesebuch über Münchner
Revolutionärinnen und
Revolutionäre im Januar 1918

Frühjahr 2017, ISBN 978-3-86841-173-7
24,90 Euro

Sie wollten den Frieden und wurden von allen im Stich gelassen: von Gewerkschaften, Parteien und von Politikern. Im Januar 1918 traten in München ca. 8.000 Menschen der Munitions- und Waffenindustrie in den Streik. Allen voran: Kurt Eisner und Sarah Sonja Lerch. Durch Generalstreik wollten sie Frieden, aber sie wurden bespitzelt, eingeschüchtert, Monate lang in Untersuchungshaft genommen, an die Front geschickt. Knapp 20 dieser bisher unbekannten Frauen und Männern setzen Cornelia Naumann und Günther Gerstenberg mit ihrem Lesebuch ein Denkmal. Sie veröffentlichen zum ersten Mal die Verhaftungs- und Verhörprotokolle dieser mutigen Menschen und ihre erschütternden Biografien, zum Teil mit Fotos und Originalen der Signalements, versehen mit einem einleitenden Vorwort und einem Glossar.

Cornelia Naumann, Autorin, Theaterwissenschaftlerin, Dramaturgin, geb. in Marburg. Schauspiele und Romane zu vergessenen Frauen der Geschichte, u.a. Gertrud Kolmar, Anna Dorothea Therbusch, Isabeau de Baviére, lebt in München. 2018 erscheint ihr Roman über die vergessene Revolutionärin Sarah Sonja Lerch.

Günther Gerstenberg, Maler und Autor, aufgewachsen in Obermenzing, lebt und arbeitet im Münchner Norden und betreibt die Seite www.protest-muenchen.sub-bavaria.de.

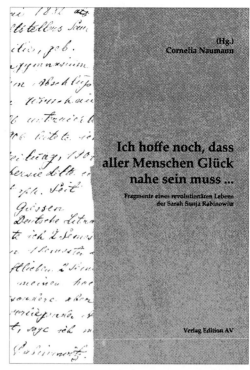

Als es im Sommer 1914 gegen Russland, Frankreich und England ging, waren auch Sozialdemokraten mit von der Partie. Sie stellten das Wohl der Nation über die Solidarität mit den Arbeitern der anderen Völker. Erst waren es nur wenige, dann wurden es immer mehr, die das Gemetzel an den Fronten beenden wollten und gegen den „Burgfrieden" der SPD protestierten. Ende Januar 1918 streikten auch in München Tausende Arbeiterinnen und Arbeiter für Frieden und Volksherrschaft. Die Behörden konnten den Ausstand mit Hilfe der Sozialdemokraten noch einmal „in ruhigere Bahnen lenken". Sie zögerten das Ende aber nur hinaus. Im November 1918 brachen die Monarchien in Deutschland zusammen.

Günther Gerstenberg: **Der kurze Traum vom Frieden**. Ein Beitrag zur Vorgeschichte des Umsturzes in München 1918 mit einem Exkurs über Sarah Sonja Lerch in Gießen von Cornelia Naumann, Verlag Edition AV 2018, ISBN: 978-3-86841-189-8, 24.50 Euro

Eine Frau taucht 1918 unvermittelt an der Seite Kurt Eisners in München auf und betreibt gezielte Agitation für den Generalstreik, mit dem sie den Krieg beenden, den Frieden mit Russland erzwingen und Deutschland in eine Republik verwandeln will. Es ist Sarah Sonja Lerch, geb. Rabinowitz (1882 – 1918), die schon nach wenigen Streiktagen verhaftet und 8 Wochen später im Gefängnis Stadelheim erhängt aufgefunden wird. Aber wer war diese Frau? Eine gelangweilte Professorengattin, die den Aufstand probte?

Cornelia Naumann (Hg.): „**Ich hoffe noch, dass aller Menschen Glück nahe sein muss …**" Fragmente aus dem revolutionären Leben der Sarah Sonja Rabinowitz, Verlag Edition AV 2018, ISBN: 978-3-86841-190-4, 18 Euro